國朝先正事畧

四部備要

史部

中華書局據原刻本校刊

桐鄉 陸費逵總勘
杭縣 高時顯
吳汝霖 輯校
杭縣 丁輔之監造

國朝先正事略卷十

平江李元度次青纂

名臣

韓文懿公事略 子孝基

公姓韓氏諱菼字元少別字慕廬長洲人康熙十一年由國子生中順天鄉試明年會試殿試皆第一禮闈撤棘 上取公卷覽之深以主司爲得人及廷對復 親拔之遂授修撰纂修孝經衍義百卷充日講起居注官 聖祖召公至起居注館 命作太極圖說越三日 諭作四書文二首復 命悉呈平日文稿又 召至宏德殿講大學十四年典順天鄉試累遷侍講十八年假歸二十三年補原官二十四年 上親試翰林公名列第二遷侍講學士未踰月擢內閣學士兼禮部侍郎公以文學結 主知凡應奉文字每進一篇輒稱善 天語稠疊嘗云韓菼天下才風度好奏對亦誠實又云韓菼學問優長文章古雅前代所僅有也又云韓菼所爲文能道朕意中事每侍經筵日講䓁陳

治理時有所獻替動　天聽者多矣而公厚重不泄未嘗有自矜之色二十六
年引疾歸里居八年以詩古文開其鄉之後進性恬曠好山水朋游暇則與二
三遺老徜徉泉石閱點勘六經二十二史自明亡科舉業日就腐爛公出始漸
復於古未遇時鄉先達頗怪之徐尚書乾學典鄉試得公文於遺卷中擊節歎
賞尋取上第其文橫被六合世以比於昌黎而公未嘗以此自喜及尚書與要
人相搆罷歸田里領書局洞庭山踰年兩江總督傅臘塔承意興大獄將盡鉤
其黨居門下者皆陰自貳甚者訟言攻之以自湔滌公時在籍獨昕夕造門助
其討論排纂且爲別白於在事者嘗乘小舟出遊會縣令出隸卒爭道覆公舟
比登岸衣裘盡濡戰栗移時戒從者勿聲竟不知爲公也公得漁村別墅將著
書以終老矣會有欲與公並起以爲名者復　召掌翰林院有司敦促就道乃
行入朝　上慰勞再三　命充一統志總裁官時康熙三十四年也逾年授
禮部右侍郎三十八年調吏部明年充經筵講官教習庶吉士擢禮部尚書仍
兼掌翰林院學士事公以院務繁請解尚書任得　旨卿才品優長不必以衰

病求解部務幷　賜篤志經學潤色鴻業堂額屢與孝感熊文端公同召對忌
者謂公旦暮且入相會江南布政使張萬祿虧庫金三十餘萬制府阿山上言
費由南巡非侵牟或謂張於制府爲姻家　上震怒下九卿議左都御史某
訟言法當誅公正色曰果有連其情私其語則公也且斯言得上達所益不細
忌者增益其辭以聞　上公由是得罪或謂公
伏闕下請罪累日卽解公曰吾身可危臣節不可辱也　聖祖嘗親試翰林
欲黜者二人時公與法良公同掌院事　命劾奏公謂法公曰姑徐之此民譽
也越日法公入對　上怒命削職隨本旗供勞辱事衆皆趣公公曰法公以
吾言至此而吾乃苟免乎又數日　召公詰責公徐曰此二人於院中不在應
黜之列文雖不工惟　上寬假之　上霽顏爲公曲止焉公天性與物無
町畦然持論侃侃不爲兩可之說其所不爲不可以利害禍福動也當　廷試
日吳三桂逆節已萌公對策力言三藩當撤無少顧忌其後論海關不當設關
稅不當添私鈔禁不當過嚴永定河事例不當許捐道府會試所重掄才業分

南北中卷不當復分左右皆言人所不敢言祭酒阿理瑚請以故大學士達海從祀孔廟公持議以謂達海造 國書一藝耳法不當從祀御史鄭惟孜以國子生多江浙人有冒籍赴試者疏請盡發回原籍肄業公曰京師首善地遠人嚮化方且聞風慕義來學若因一二不肖輒更定制恣驅除勢至太學一空失國體事遂寢公待士出於至誠士有道藝而弗伸如疾病之在己方望溪侍郎未遇時公實禮先焉每聞望溪下第必面責主司及鄉貢相見京師愀然曰是非子之幸也子終不遇學與行可成公晚年病肺飲酒不輟望溪勸公少止公曰子知我者吾少不能自晦崎嶇官途碌碌無所建豎負 聖主之知今老矣嘗恐未得死所以至再辱壽考非吾福也且子終謂我何如人望溪曰公為人天下士盡知之況某邪公曰世人多好吾文吾文不足言或目為曠達亦似矣而非也吾立身尚能粗見古人之繩墨耳吾為亞卿未嘗一至官正之門也吾為學士未嘗一至執政之門也自趨朝外輿馬未嘗入內城吾好朋游嘗與酣嬉淋漓然貳冢宰歲未再終發吏之姦為永禁者七百餘事鏝諸板是誠沈

飲人邪公每與廷議歸輒頽然自沮喪望溪叩之曰凡吾有言衆若弗聞焉將爲　上別白之則更有陰爲掣曳者而其道必反矣內負吾心而外赧於友朋孰若曩者家居浩然有以自得哉望溪曰　上於公意倦矣而公不告休何也公曰剛當位而應與時行也吾後而失其時矣徒滋譴呵耳望溪曰進退有禮譴呵非所避也是歲公果再告再奉詰責由此愈臲跪四十三年八月公以疾薨於位年六十有八望溪嘗曰某往還公卿閒其敢以古義相繩與用余言而不疑且悔者自公而外未之多見也公嘗與門弟子張大受曰吾貴爲尚書何如秀水朱錫鬯以七品官歸田飯蔬飲水多讀萬卷書嗚呼公之胸懷可謂超然物外矣湯文正公數語人曰表裏洞然不可奪以非義惟韓公耳乾隆十七年　諭內閣曰故禮部尚書韓菼生平種學績文湛深經術制藝清真雅正實開風氣之先足爲藝林楷則可加恩進諡用示褒榮乃　賜諡曰文懿第三子孝基字祖昭少承家學能文章康熙三十九年進士選庶吉士授編修時文懿公負海內重望天下士爭趨之因樂與祖昭昆仲遊公薨後奉母十餘年

不出雍正初以原官　召修明史事竣移疾歸治經精三禮之學篤孝友事伯兄如嚴師乾隆十六年　上南巡　召見行宮慰問者再時年八十有八矣御書家學耆儒四言以　賜之年九十卒其子彥曾進士官洗馬慶曾萊曾皆舉人

徐文敬公事略 子文穆公本　杞　孫以烜

錢塘徐文敬公先世業漁公生日江潮大上一舟爲風漂沒封翁急拯之得免僦舟者爲閩省孝廉入都應試者也翁延至家致雞黍之敬次日洗兒請孝廉命名以江潮之異名之曰潮其後孝廉累不第而文敬早達分校會試時孝廉竟出其門云公字青來康熙十二年進士由庶吉士授檢討二十三年遷贊善典試江南洊陟諭德庶子少詹事通政使晉左副都御史工部侍郎三十三年充會試副考官母憂歸起補刑部侍郎三十九年授河南巡撫　聖祖諭之曰聞河南火耗重州縣虧帑者多其嚴行禁止並加意籌畫公抵任潔己率屬自布政使以下舊時加徵於民者皆革除之又奏除南陽辦鉛衞輝辦漕之弊

開溝渠以資灌溉革牙行以恤商民禁發馬以安驛遞政俗一變　上巡幸
畿甸　諭巡撫李公光地曰直隸與河南山東接壤其巡撫賢否爾必知之李
奏公居官甚優翼日　諭廷臣曰近日督撫李光地張鵬翮彭鵬郭琇最優徐
潮在河南聲績亦著四十一年偏沅巡撫金璽奏甯遠盜犯關翰芳等四十餘
名罪皆應死部如所議　上特命公馳驛往讞公奏關翰芳等二犯應照原
擬梟示餘並應監候俟緝獲盜首關四質認明確後寘諸法既而偏沅巡撫趙
公申喬奏關四遁入猺峒偏緝無蹤其監候之三十五犯請照原議處決得
旨俱免死發遣黑龍江先是五經博士程延祀請給二程子祭田格於部議
上諭公曰程子宋之大儒祀典不可有缺第祭田恐年久變鬻其更籌久遠
策公奏請於每年春秋致祭外別給其後嗣銀四十兩俾展時祀從之是年歸
德府屬災疏請蠲賑有差又請以常平義社各倉穀糶借兼行并借給貧民牛
種又言豫省秋霖傷稼米價日昂請改應運漕糧二十五萬石爲折色庶民閒
食米不至騰貴均得　旨俞行四十二年二月　上南巡公迎　駕泰安

賜御書督撫箴及懍矢清風匾額疏請加考城柘城溫登封四縣學額從之十
二月　上西巡回　鑾公迎　駕衛輝　御書楹聯及過孟津詩一幅賜之
四十三年　上以汾河渭河皆與黃河相通擬於河南貯米粟遇山陝饑即
運以賑濟又慮經三門砥柱之險水溜船不能上　命公及川陝山西督撫勘
議公既與總督博霽等會疏覆奏又疏言豫省汴河通淮故道有二一自中牟
經祥符宿遷而達於淮久淤塞一自中牟經尉氏等縣歷太和而達於淮經元
臣賈魯修濬今名賈魯河宜加挑濬至賈魯河外尚有支河與黃河止隔一堤
地曰花園在鄭州之北雖久涸而舊跡尚存若加疏濬通舟楫誠商民之大利
得　旨如所請行是歲山東饑災民多就食河南公令有司給糧養贍復倡捐
米粟於省會四門按日散賑秋成後資送回籍全活者多四十三年遷戶部尚
書初　上擢李公光地長吏部　諭廷臣曰李光地徐潮居官優皆得大臣
體應早擢用因地方起見故久留外任至是　諭曰徐潮爲巡撫平易得體民
無不稱頌之者尋充經筵講官四十四年　上南巡公扈從時總河張公鵬

翮劾淮安同知佟世祿冒銷誤工罰償工費銀七萬餘兩幷令淮揚道王謙枉
斷擬杖世祿叩閽　命公同兩江總督阿山會讞公覆奏世祿無冒銷誤工情
事不應追償宜復職鵬翮偏執苛刻刪供枉斷應奪職留任謙附會欺隱應褫
職擬杖徒從之明年兼掌院學士教習庶吉士尋奉　命兼理高家堰等處河
工挑河十萬四千九百丈有奇築堤四萬一千五百丈有奇四十六年　命齎
帑監修武家壩天然壩蔣家壩及挑河建閘築堤諸工先後報竣尋調吏部尚
書掌翰林院如故四十九年春乞休　命以原官致仕五十二年春赴京得
旨徐潮以慶祝遠來其與見任官一體給廩五十四年五月薨於里第年六十
有九遺疏至　優詔悼恤　賜祭葬雍正十年　詔入祀賢良祠乾隆九年
賜謚文敬
子本字立人康熙五十七年進士選庶吉士授編修雍正六年督貴州學政尋
授贊善遷侍讀七年遷貴州按察使八年調江蘇尋遷湖北布政使十年擢安
徽巡撫奏定緝盜章程又條陳權政四則釐剔蕪湖鳳陽諸關積弊又疏陳徽

糧事宜三則均下部議行壽州濱淮河積盜聚族居假捕魚爲業劫掠商旅公
陸續擒治凡漁舟皆取連環保編甲乙號嚴查其孫平焦鄧諸姓久習爲匪設
族正令不時舉發疏聞得 旨嘉獎又請增設巡道分巡安徽甯池太廣等屬
部議從之遷左都御史充經筵講官十二年擢工部尚書協辦大學士先是浙
江江山奸民王益善等謀不軌事發株連甚衆 命本往同浙督程元章鞫治
寘爲首者十餘人於法全活千餘人疏言衢屬崇山密箐最易藏奸請改衢協
爲總兵以資彈壓添設巡道一人駐衢州其江山之清湖鎮等處地皆險要請
增設同知駐防皆報可十三年命同果親王允禮大學士鄂爾泰等辦理苗疆
事務八月 高宗御宇調刑部尚書協辦總理事務乾隆元年授東閣大學
士兼禮部尚書總裁實錄二年入直南書房 賞雲騎尉世職三年充軍機大
臣 賜紫禁城騎馬加太子太保七年兼管戶部九年春以病乞休 上慰
留六月具疏力請加太子太傅允解任八月 諭曰大學士徐本老成謹慎宣
力有年今因疾請告朕心眷注特賦詩篇以寵其行並錫御用冠服及內府文

綺貂皮等物朕於本月二十五日行幸南苑當親至大學士邸寓慰問之尋
命在籍食俸其子侍講學士以烜給假送歸十年　上念本歸里將一載
御製五言古詩三章　賜之詩有云卿雖適江湖豈不念朝廷努力加餐飯慰
予跂望情又云所願眠食佳速整歸朝駕十二年薨於里第遺疏入　上震
悼　優詔賜卹　贈少傅　賞庫銀千兩治喪　命巡撫顧琮往奠尋　賜祭
葬謚文穆二十二年　上南巡禮部以公未入賢良祠不請遣祭　諭曰朕
巡幸所經致祭名臣舊輔乃國家念舊酬功之典徐本歷事三朝宣力中外法
當致祭胡膠柱鼓瑟乃爾卽　命入浙省賢良祠遣官致祭五十一年　命入
京師賢良祠本弟杞康熙五十一年進士雍正四年以編修典試廣西尋授御
史轉給事中遷通政司參議太常少卿授甘肅布政使調湖南九年還陝西巡
撫召補宗人府丞三十四年卒子以烜雍正八年進士由編修五遷至詹事乾
隆十八年擢內閣學士督順天學政明年還禮部侍郎充經筵講官坐失察僱
倩代考降太常卿尋署禮部侍郎以疾歸

陳清恪公事略　子文勤公世倌　從弟文簡公元龍

陳公諱詵字叔大號實齋浙江海甯人明季陳氏衣冠日盛子弟皆治舉業務進取而公本生父之問獨承學於念臺劉公劉公殁黃先生梨洲傳師說以教浙東西而公復從梨洲游自入　國朝伯叔父兄弟兄弟之子登上甲宅政府長六官出秉節鉞者林立惟公第舉乙科由康熙壬子舉人授中書三遷而副長御史開府貴州湖北入爲尚書皆特擢不由階資其給事吏科轉刑科都給事言多施用而以稽貴州土司承襲遲延指索狀劾罷大吏及請復天妃閘以奠淮黃語尤著薦紳閒其疏論河務謂黃淮自古不兩行助黃刷沙之清水亦不宜分洩黃水塞清水不過一時之異漲稍平即可暢流清水旁分則流弱黃水灌入淤沙愈積愈高邇者修歸仁堤開胡家溝以出睢湖之水閉六壩培築高家堰以出洪澤湖之水此直借淮敵黃一定不易之經然淮水分入運河者多則敵黃仍弱舊說天妃閘離淮黃交會處二百餘丈南至清江浦共有五閘重運到時更迭啓閉重運一過即下板鎖斷官民船概用車盤是以淮之全力

俱注於黃其引入運河者不過暫時資其濟運耳自改建草壩之後無復閘板啓閉淮黃盡趨運河清江浦民居可危宜復天妃閘舊制使淮水易以敵黃此目前急務也事下總河張公鵬翮酌行尋自鴻臚卿倅大理領臺中屢決疑獄及巡撫貴州民艱於食行視山坂皆可耕諮於介衆僉曰收穫不可期入稅籍終難脫矣遂奏免陞科踰年斗米錢三十因教以蠶桑時果樹就王文成謫戍講學處建書院聚教羣士延及苗童黔民久而慕思之移鎮湖北值武漢所屬十五州縣衛夏秋歉收請分別蠲緩賑濟得 旨允行尋晉工部尚書轉禮部尙書官中事無不釐飭當 聖祖中年直省大吏員缺必咨臺垣九卿舉者多陰奉要人恉或自援親故而公所舉惟三人高安朱文端公始令潛江以讞疑獄公記其名前後凡四薦沈端恪公未遇時給資誘進既通籍揚於朝淮黃決溢舉陳恪勤公爲河督世以公爲知人公性沈靜其治事句稽文簿終日不倦事畢卽閉閣下簾手一編未嘗一日去書謂四子書諸經之膏液也近體諸身然後知須臾不可離作四書述嘗慨酷吏深文擊斷曰律者聖人以不忍人

之心著之爲精義之學者也作讀律述謂孔子學易期於寡過人事萬變包於六位隨時隨事必有合焉作玩辭述手批通鑑及綱目丹黃凡五周論多獨見作通鑑述晚年將次第排纂未卒業康熙五十八年具疏乞休得

旨鄉才品優長服官日久兩授巡撫潔己愛民茲簡任秩宗正資倚任覽奏以老疾乞休情詞懇切可原官致仕六十一年冬卒年八十有一

諭賜祭葬謚清恪子六長世儁丙戌進士江西建昌守次世儼辛卯舉人次世仁乙未進士官檢討次世倌官至大學士次世侃癸巳進士官檢討

世倌字秉之號蓮宇登康熙四十二年進士選庶吉士授編修五十年充山東副考官累遷中允侍讀五十二年典廣東鄉試充日講起居注官五十八年充順天鄉試副考官明年提督順天學政遷侍讀學士雍正二年父服除擢內閣學士授山東巡撫會境內多蝗入境後密訪被蝗各屬損稼重輕且察羣吏能否具得其大略而後視事尋疏言社倉通有無濟豐歉古今皆可行請令每鄉立印簿捐者自注籍穀數不拘多寡舉公正鄉約三人輪管出入冊報官查春

夏之交許民閒借領至秋每石收息二斗歉則減之十年後息倍於本祇收一斗第小民可與落成難與慮始各督撫宜於一省中先行數州縣俟著有成效然後廣行下部議如所請又奏通省丁銀請攤入地畝徵收又遵　旨會議海防事宜五則皆從之四年母憂歸　命督修江南水利坐遲誤落職仍　命赴曲阜督修　文廟十三年起副都御史乾隆元年陳臺灣事宜三則下所司議行未幾授倉場侍郎調戶部左侍郎遷左都御史疏請定各部院會議遲延處分五年轉工部尚書六年授文淵閣大學士教習庶吉士奉　命往視淮黃河工乘傳周覽每疏論河務皆本確見九年春　予假回籍請開缺不許尋疏言山東劇盜田豬頭等及沛縣巨窩姚乾等見均就獲因各省均有劫案關訊待質臣以爲此等大盜但數案審實即應正法毋久稽顯戮　上韙其言十月還朝明年加太子太保　命紫禁城騎馬十三年冬坐票擬錯誤罷歸十五年入京恭祝　萬壽　賞原銜回籍十六年三月　特召入閣視事兼管禮部十七年典會試十九年再典會試二十二年請老得　旨允其回籍如一二年

後精神清健仍可來京辦事以副優眷耆臣至意尋　命加太子太保明年春
陛辭　御製詩賜之賚白金五千兩　命在籍食俸四月薨於京邸公少承
家學嘗言自始仕至服大僚戰戰慄慄惟懼或蹈於非義以負先人之志事當
官守道棘棘不阿方侍郎苞嘗謂公長臺垣其規模氣象與念臺劉公爲近乃
歎清恪公之教行於家而劉公之風能使異世下聞而興起也公卒年七十有
八　上聞軫悼再　賞白金千兩治喪派散秩大臣帶領侍衛十人往奠醊
賜祭葬　予諡文勤
元龍字廣陵號乾齋清恪公從弟也康熙二十四年一甲二名進士授編修入
直南書房明年充日講起居注官夏四月侍班　乾清宮西閣　聖祖顧謂
曰朕素知爾工楷法其作大書一幅　命就　御前作書　上嘉奬以　御
書闕里碑文示之二十八年爲都御史郭琇劾罷逾年　詔復任三十三年還
侍讀　御書鳳池良彥額並　御書一卷　賜之三十五年隨　上親征噶
爾丹還庶子三十八年典試陝西又明年遷侍讀學士　上御便殿作書

賜內直翰林觀　諭曰爾等各有堂名可自陳當書以賜公奏臣父之闓年逾八十擬愛日堂三字　御書賜之四十二年擢詹事充經筵講官四十三年請終養許之　賜公父人葠參斤　命攜歷代賦彙歸校對增益明年　上南巡公迎　駕慰問備至兼詢其父起居狀　賜御書南陔日永額　賜公父人葠金扇諸珍又　賜公母陸氏慈教貽休額　諭以家有老親毋遠送尋丁父憂四十九年擢掌院學士教習庶吉士明年授禮部侍郎出爲廣西巡撫首疏陳三事一桂林貯穀高建倉廒百餘間以避潮溼一與定陡河水通灕江達廣東爲三楚兩粵運糧要道舊閘傾圮率屬捐俸修築一養濟院外別構屋數十間收養鰥寡又立義學以貧士爲師量給修膳創育嬰堂設粥廠施藥餌以賑窮民報聞治粵七年盡心撫字吏畏民懷所建陡河石隄及三十六陡門盡復漢馬援唐李渤故蹟五十七年擢工部尚書六十年調禮部疏言選拔久停請照康熙三十六年例命學臣如數拔取送監肄業從之　世宗御極　命奉守　景陵仍食禮部尚書俸結茅馬蘭峪者六載雍正七年　詔尚書陳元

龍左都御史尹泰均係　聖祖舊臣雖年近八旬精力尚健其各授額外大學士以示優眷尋晉文淵閣大學士兼禮部尚書先是公撫粵時奏請捐穀折銀交納分得羨金十一萬七千有奇內捐出公費銀九萬三千及捐佽軍需銀十萬均經奏明嗣因倉穀有虧部議仍追償銀二十一萬有奇不準扣抵限五年交納至是　特旨許照數扣除尋疏言各省題奏請增揭帖一通送起居注館記注後送內閣從之又疏言各番役多與流棍串通所獲賭博鬬毆等犯往往匿犯索財即行私釋其窮苦者始行送官請嚴定送官期限違者訊治詐贓賣放罪下部議行十一年　優詔許原官致仕加太子太傅令公子編修邦直隨歸侍養啓程日　賞御膳著六部滿漢堂官餞送沿途官弁迎送如禮乾隆元年　詔在籍食俸八月薨　諭賜祭葬諡文簡著有愛日堂文集海甯陳氏自素庵相國之遴後與爰立者得文簡文勤而三官正卿及卿貳者復四三人大司空文和公數永少司寇論少宗伯邦彥其最著也其他侍從甲科不可勝數蓋一時之盛云

王文恭公事略 弟九齡 鴻緒

國初漢大臣兄弟並起家詞館躋政府長七卿及爲卿貳者若崑山徐氏海甯陳氏華亭王氏其最著者也王氏昆仲三而文恭公居長公諱頊齡字顓士號瑁湖父廣心字農山順治六年進士官御史以文名巡視京通二倉時釐剔漕弊疏凡三十餘上清操懍然猾吏莫敢犯公由康熙十五年進士授太常博士十八年 詔舉博學鴻儒郝尚書惟訥薦公詩詞風雅品誼端方 召試一等授編修纂修明史二十年充日講起居注官二十一年上元節 上御乾清宮 賜大學士等宴倣柏梁體賦詩公與焉尋遷贊善侍講典福建鄉試提督四川學政母憂歸起補侍讀遷侍講學士會都御史郭琇疏劾少詹事高士奇與公弟左都御史鴻緒植黨營私請令公及士奇鴻緒並休致十月 詔公留原任三十年轉侍讀學士三十六年遷少詹事再充日講官知起居注歷宗人府丞晉禮部侍郎四十三年 聖駕南巡幸公第秀甲園 賜御書蒸霞額四十六年 上南巡閱河復幸秀甲園先是公弟鴻緒官侍郎時乞假省親

蒙　賜白金文綺亦葺園爲奉親之所額曰　賜金園至是並邀　宸顧海內
榮之五十一年公調吏部左侍郎充經筵講官明年擢工部尚書八月充　恩
科會試正考官五十四年二月復典會試五十七年拜武英殿大學士松江濱
海日兩潮歷久不易是歲重九日公拜入閣之　命潮忽三至人咸異之雍正
元年癸卯　詔開鄉會恩科公以重與鹿鳴宴加太子太傅尋乞致仕得　旨
卿品行端凝學問淵博典章政事經歷最多且係　先帝舊臣正資襄贊可
照舊供職二年再疏乞休　上復慰留並　諭內閣曰　皇考簡用之人
如因衰老休致朕心不忍王頊齡年邁閒時行走可也　賜詩有跡與松喬合
心緣啓沃留之句因自號松喬老人三年秋公疾　命御醫診視　賜蔘餌八
月薨年八十有四　優詔悼惜且曰王頊齡去歲以老乞休朕念　皇考時
大臣無幾每見伊等心甚愴然不忍遽允所請降旨慰留待三年後始行予告
不意遽溘逝豈朕體恤舊臣之意有未誠邪可特贈太傅予優卹加祭二次輟
朝一日朝臣出其門下者均令素服持喪各部院漢官俱前往祭送以副朕惓

惓老成至意尋　賜祭葬諡文恭公初以文學進洊歷卿曹諳練典故在政府八載恪誠純一以風度稱所著有世恩堂諸集弟九齡字子武恬靜有雅量康熙二十一年進士由庶吉士授編修累遷通政司參議侍講學士充日講起居注官洊陟少詹事僉都御史三十九年充會試副考官擢內閣學士尋擢禮部右侍郎時兄頊齡亦貳禮部公疏請迴避調兵部尋調吏部晉左都御史四十八年十二月卒於官　賜祭葬如例著有艾納山房集鴻緒字季友號橫雲康熙十二年一甲二名進士　賜及第授編修十四年充順天鄉試副考官尋充日講官知起居注累遷贊善侍講十九年　聖祖諭獎諸講官奉職勤勞加公侍讀學士銜時廣東有朱方旦者自號二眉山人以左道惑衆造中說補聚徒橫議常至數千人又自詡前知與人決休咎會順承郡王勒爾錦討吳逆駐師荊州方旦以占驗出入軍營巡撫張朝珍亦稱之公具疏列其誣罔君上悖逆聖道搖惑人心三大罪方旦伏誅二十一年轉侍讀充明史總裁再擢內閣學士戶部侍郎二十四年典會試明年請回籍治本生母喪得　旨賜祭又明

年擢左都御史疏劾廣東巡撫李士楨昏憒貪劣於曾從吳逆之知府林杭學保舉清廉士楨坐罷杭學奪官公尋以憂歸二十八年服闋將赴補而郭琇之劾疏上矣疏稱鴻緒兄弟與詹事高士奇招權納賄幷及科臣何楷編修陳元龍得 旨均休致未幾江甯巡撫鄭端再疏劾之 聖祖特諭曰朕崇尚德教蠲滌煩苛凡大小臣工咸思恩禮下逮曲全始終卽因事放歸仍令各安田里近見諸臣黨同伐異私怨相尋牽連報復雖業已解職投閒仍復吹求不已株連逮於子弟顛覆及於身家朕總攬幾務已三十年此等情態知之甚悉夫媢嫉傾軋之害歷代皆有而明季爲甚公家之事置若罔聞而分樹黨援飛誣排陷迄無虛日朕於此等背公誤國之人深切痛恨自今以往內外大小諸臣宜各端心術盡蠲私忿共矢公忠如或不悛朕將窮極根株悉坐以朋黨之罪時公方就質 詔至得釋三十三年大學士王公熙張公玉書合疏薦公與徐尚書高詹事文學優裕並 召來京修書三十八年授工部尚書充經筵講官四十七年調戶部尚書明年坐附會內大臣阿靈阿等議奏改立 皇太子事

奏　諭切責以原品休致五十三年疏進所修明史列傳稿二百八卷請宣付史館備參考得　旨下明史館察收始公任館職時奉　命總裁明史與湯潛庵徐健庵葉訒庵諸公互相參訂僅成數卷及奉　召重領史局諸公罕有存者惟張文貞玉書爲監修陳文貞廷敬爲總裁各專一類張公任志陳公任本紀公任列傳而公以原銜食俸較二公多暇日數年閱彙分成帙會熊文端賜履續奉監修之　命檄取其傳稿以進公與張陳兩文貞皆未參閱恐尚多舛誤及歸田後重理舊編復經五載始克搜殘補闕以成此書也五十四年復召來京修書充詩經傳說彙纂及省方盛典總裁官雍正元年八月薨於京師所著曰横雲山人集

劉喬南中丞事略

康熙四十五年夏江甯太守陳公鵬年被劾士民鳴鉦擊鼓撞搪嚣呼叩制府鳴不平者日數萬人於時江西父老挐舟東下爲贛南道劉公蔭樞訟冤亦數千人遠近爭傳爲民所依而獲戾上官者同時而得二公劉公字相斗別字喬

南陝西韓城人晚自號秉燭子性樸直無游移康熙十五年進士知蘭陽縣地
濱河舊設巡河夫爲民困公減其半行取爲給事中母服闋補原官前後章數
十上論連捐速陞之弊陳豫秦兩省事宜又言藩臬兩司宜入覲奏事又請試
捐員停保舉開言路覈名實皆報可每會議反覆爭執數梗要人所欲保薦者
外轉贛南道徧示屬吏曰子欲爲忠臣乎夫愛民卽忠也郡守與鎭將比重門
稅以朘民公詰之陽奉而陰違乃置酒邀守與將甫就坐僕白奉命市麥布門
者索稅留質在門守將語塞乃盡革其稅公復具觴邀鎭將揖之升堂疾下拜
曰帥惠吾民敢不拜嘉市故有米稅牙人主之溢額數十倍公得其記簿別委
人收之籍盈餘官買田以抵牙稅勒石永禁署按察使有重獄督撫各持所見
公桀立其中央遂以失出罷官會關中饑盜且起公歸貸粟賑荒爲築堡以守
黃河自縣東北南行出龍門山中兩岸皆絕壁公治鐵爲柱索俾舟皆緣之以
行無漂溺患修石路二十餘里造南郭石橋修柿谷陂鄉里賴之四十二年
聖祖西巡公迎　駕潼關　上遙望卽曰此劉髯也何爲民服公以被劾

對　詔復官公廣額美髯官科垣疊　召對　上故識之起雲南按察使濬昆明湖築六河岸牐各屬府州縣例用親信人坐省與院司家僕胥吏交通公首革之有造蜚語謀叛者戮其渠散其黨姦豪屏跡訟獄以稀就遷布政使除科場雜派賑凶饑所措注皆順民心四十七年擢貴州巡撫其地苗狆雜處民多僑寓自前明安播始禍　國初水西大閧號難治公至絕餽遺省徭役軍民大和黔多山少田鄰省歲協餉二十餘萬稍愆期營伍號呶公請豫撥二十萬貯藩庫格於部議者三尋密奏　特旨允行會紅苗猖獗兵餉夙備衆乃服公深識凡山田一年耕率不可再民懼歲征之莫敢田公榜示聽民墾荒不起科四川遵義民苦加派赴愬於公公密疏以聞或疑之公慨然曰蜀民獨非朝廷赤子邪　詔遣使臣會川撫察勘黜守令數十人一時鄰省有司貪横者多恐懼易行中人自修飭監司大府轉相告戒檢察所屬道路咸載其言撫黔五年以老請休　温旨慰留會蜀之烏蒙土司與黔之威甯土舍相仇殺蜀撫年羹堯使吏勘問二酋負固不出疏請以兵臨之公持不可　詔遣都統侍郎三人

出會蜀滇黔督撫提鎮於畢節按其事苗民大懼公肩輿從數卒行山中諭若曹各安堵無恐先至畢節獨棲荒寺中諸公繼至則爲謝曰邑小供給薄勿嗤也若令下不嚴老夫非畏人者則又曰此小吏可了事耳命千總一人往招威甯聽命而烏蒙不至公使諭之曰若出吾活汝抗命必滅汝老夫無多言亦不食言烏蒙素服公恩信亦自縛出服罪解仇二酋私相語曰劉公真天人也明年澤旺阿喇蒲坦掠哈密公疏言小醜無用大師但宜慎擇人核名實安內地重國本有 旨命公乘傳赴軍前周閱詳議公卽日就道抵巴里坤行視軍營上書數千言請屯兵哈密毋輕出以逸待勞已又以病乞休 詔責其憚遠涉公疏謝復乞骸骨 命還黔撫任士民攀援如見慈父母後數月休致入京下刑部議以阻撓軍務罪死 詔發博爾丹種地時年八十有二矣子熾請侍行公笑止之曰死於道路與家庭何異爾歸耕田讀書吾身 君之身也無我慮居三年 上諭廷臣曰劉蔭樞能直諫忠臣也但書生不知兵耳 詔復職還京師六十一年春與千叟宴公首坐 世宗御極 召見憮然曰卿

先帝大臣朕欲大用然爾年力實不能勝矣公遂薦孫勷王沛憻陳時夏王璋四人　賜御硯朝珠白金令還鄉雍正元年九月卒年八十有七公耄期好學不倦在滇黔各五年以教養斯民爲己任重儒官廣中額建書院義學朔望躬進羣士誘迪之軒車所稅見農夫孺子必諄諄勉以爲善去惡雖苗猓亦然自塞外歸鬚髮之白者多變而黑生兒齒二蓋實能以義理養心而不奪於外物也著春秋蓄疑四卷易經解二卷宜夏軒雜著二卷藏於家始公與陳公並以罷官名聞天下厥後陳公洊陟河督而公以衰老不復用海內惜之然滄洲任司道未久不及有所設施及督南河遂以死勤事轉不若公於壯盛久任監司大府義事仁心得實播於民物也劾二公者爲制府阿山阿公本以廉幹著稱其始至也使親信人訪察江西官吏所至爭承迎惟公若弗聞也者毀譖日積故因事以斥之其惡陳公則以不從其令故及聞二公爲民所戴實深悔焉用此見畺吏操威柄者當知左右親信所非毀及凡於己有拒違者賢人君子多出於其閒卽是可爲聽言觀人之準則也

張清恪公事略 子懿敬公師載

儀封張清恪公伯行字孝先晚號敬菴父岩邑諸生明季奉母避亂兄爲寇掠被箠幾斃負而逃出族有嫠婦馬氏郭氏王氏悉爲立後歲祲煑粥以賑全活甚衆祀鄉賢公舉康熙二十四年進士歸築精舍南郊縱觀諸子百家及讀小學近思錄乃恍然曰入聖門庭在是矣讀書七年補內閣中書父憂歸啜粥三年不入內室服闋建請見書院與鄉人士講明正學三十八年夏大水公率居民築堤保境河督張公鵬翮異之疏請檄公贊理三辭不許以原銜赴河工督修黃河南岸堤二百餘里及馬家港東壩高家堰石工四十二年授山東濟甯道值歲荒傾家財運穀以賑載錢及綿衣數艘分給凍餒者尋奉 命賑汶上陽穀饑動倉穀二萬二千有奇藩司責其專擅將申劾巡撫直之得免四十四年 聖祖南巡閱河 御書布澤安流四字以賜幷詩章二詩扇二明年
上遣近臣封閘催漕 諭曰濟甯道張伯行諳曉河務可與商搉公相高下引運河水北注蓄洩得宜事竣著書紀其事即世所行居濟一得也夏遷江甯

按察使吏白故事送督撫贄約金四千公曰我誓不取民一錢焉辦此揚州諸生六人忤郡守巡撫欲盡褫之公曰以窮諸生冠服迎合上官吾不爲也力雪之四十六年　聖祖南巡　命督撫舉賢能公隨督撫入對　聖祖曰朕向原認識爾到江南卽知爾爲清官復顧督撫臣曰張伯行居官何如皆曰好大學士張公玉書對亦如之　聖祖曰江南更有如此好官否皆曰無聖祖曰然則爾等何以不保舉今朕自保之他日居官好天下以朕爲明主否則笑朕不知人又曰張伯行篤實卽置之行閒亦非退縮者遂擢福建巡撫隨駕至西湖　御書廉惠宣猷四字以賜洎閩值旱荒發帑賑歲遣官買米平糶禁米船入海絕盜糧擒巨盜陳首魁吳海等疏請增鄉試中額十名從之建鼇峯書院祀宋五先生集諸生院中日纂錄古人嘉言善行依小學諸綱目條貫成書手定爲八十六卷曰小學衍義以教諸生設藏書樓購經籍四百六十餘種毀淫祠贖女尼爲民婦先是臺灣兵屢鼓噪公謂倡亂之人平日必多不法以他事除之煽誘自絕鎮臣如公教後無譁者公治尙嚴明貪吏奸胥輒盡

實之法政教大行其禁止餽送檄有云一銖一黍民脂民膏寬一分民受一分之賜受一文身受一文之汙時傳誦之　聖祖將令移撫江南大學士李公光地請留閩張公玉書奏江南比歲災民不聊生非此人往不可　上笑曰汝兩人不必爭朕當慎簡一人以畀汝閩遂移撫江蘇而以陳公璸代之士民攀號如失怙恃公疏請緩帶徵漕又請賑徐州府及海高等十四州縣災並蠲瓜洲浮稅舉劾屬僚無所阿徇豪猾皆望風遠遁時總督噶禮張威福甫涖任劾免撫藩蘇州知府陳鵬年糧道臧大受廉直有聲皆劾去之公遇事持正鬱鬱不自得以病乞休有　詔張伯行操守清潔立志不移朕所深悉江蘇重地不得以衰病辭五十年江南鄉試副考官趙晉與總督交通關節榜出譁然士子舁財神入文廟正考官左必蕃不自安疏聞公亦據實奏　上命尚書張鵬翮侍郎赫壽出按其事公與總督暨安徽巡撫均會鞫時舉人程光奎吳泌已具服藩司吏李啓供與家僕軒三營弊軒三者總督閽人也於是總督持其事且索銀五十萬保無事張尚書因其子懋誠任懷甯令恐遭陷害亦瞻顧掣

肘讞莫能定明年春公劾督臣抗　旨欺君營私壞法請正國典以彰公論總
督亦飛章訐公不肯出洋捕賊及誣陷牙行張元隆諸款　上命俱解任付
使者雜治尋奏晉與光奎泌賄通關節擬罪如律噶禮劾伯行不能清理案件
屬實餘係苛劾應降留伯行劾噶禮索金事全虛應奪職贖徒　上切責張
鵬翮赫壽掩飾和解　命尚書穆和倫張廷樞覆訊訊如前噶禮免議公仍奪
職部議亦如之　上以公爲天下清官第一責諸臣變亂是非且曰朕自幼
讀書研窮性理如此清官不爲保全則讀書數十年何益而凡爲清官者何所
賴以自安乃　命九卿翰詹科道再議議上　聖祖復諭曰爾等身爲大臣
旣知張伯行清廉當會議時何無一言及朕有旨始同聲贊其清亦已晚矣宜
體朕保全廉吏之意使正人無所畏忌庶海宇長享昇平之福遂命復公任而
黜噶禮尋帑戮焉方公之解職也百姓罷市哭聲殷揚城且議相率叩　闕公
慰諭再三環泣不肯退蘇州等郡相繼報罷市士民扶老攜幼具菓蔬來獻公
辭皆泣曰公在任止飲吳江一杯水今將去子民一片心不可卻也乃取腐一

塊菜一束衆仍委地去獄具回蘇揚人慮途中不測將集江干護行衆數萬公
聞之五鼓登舟比曉已渡江抵蘇寓楓橋士民獻果蔬如在揚時七月復赴揚
聽勘回蘇時比戶焚香遮道不可行及復任士民歡忭拜龍亭呼萬歲者至數
十萬人復相率詣 闕跪香進疏願各減年壽一歲祝添 聖壽萬年
上聞大悅而全閩士民始奔號呼籲既而頌 恩祝 聖亦與江蘇不約同自
是公直聲浩氣震天下五十二年進濂洛關閩集解疏薦福建布政使李發甲
臺灣道陳瓚前祭酒余正健旋奏免揚州落地稅且曰臣衙門舊有鹽課陋規
二萬兩臣在任五年絲毫弗取衆商願每歲捐銀千二百兩抵解稅銀得 旨
俞允明年疏請嚴海禁尋劾布政使牟欽元藏匿通洋匪棍張令濤請 旨
革職著追張令濤者噶禮前劾公拖欠之船埠張元隆即其弟也時部檄撥輯
海寇鄭盡心餘黨崇明鎮弁詰一船人照不符得元隆為之關通領照狀又上
海民顧協一訴令濤佔踞房屋謂其舊為噶禮幕客今匿牟欽元署中有水寨
數處窩藏海賊公捕治令濤因劾欽元得 旨革職下總督赫壽察審赫壽奏

協一所控無左驗欽元署中亦無令濤　上復命尚書張鵬翮副都御史阿
錫鼐赴鎮江審勘遂劾公狂妄自矜請解官嚴訊疏六上　上不得已允之
時公因事赴常州即舟中解綬去伴送鎮江夜分對簿多方摧折并脅幕下客
代承鵬翮等奏元龍令濤皆良民伯行誣劾　上責其不能盡心研審令再
詳訊並　命公回奏公疏言張令濤在藩幕乃其子張二所供也牟欽元匿使
不出耳未幾竟坐公挾詐欺公誣陷良民議斬公處之恬然讀書晝夜無閒爲
門人講說成講義數十篇居半歲體加充色加睟獄上　聖祖不從　命公
免罪入都過揚州父老數萬焚香夾兩岸行求停舟一見爲監行胡同知所格
抵京公請　陛見使臣不可以付吏　上命使臣同公陛見且曰張伯行原
無罪當以錢糧事任之明日　召對　命講太極圖說入直南書房權倉場總
督奏除積弊五十五年奉　命往賑順天永平二府講行社倉法明年典順天
鄉試時方督糧通州　特召入闈異數也旋授戶部侍郎兼督倉場六十年總
裁會試所得士來謁必告以聖賢之學務實心報國不可汨沒勢利負科名會

河決　召對行在論河務以母病歸省　命便道視武陟決口明年春與千叟
宴偕諸臣入謝皆　賜坐　諭曰汝等皆大臣當惠愛百姓如張伯行爲巡撫
時是眞能以百姓爲心者也十一月　世宗卽位眷公舊臣逾常格　命與
議政　賜紫禁城騎馬遷禮部尚書　御書禮樂名臣額賜之　上親郊前
三日視牲故事皆王公大學士行禮　上特以命公雍正二年進續近思錄
張南軒陳克齋陳北溪許魯齋諸集　命赴闕里致祭追王　先聖五代便道
歸省親建議以明儒羅欽順本朝陸隴其從祀兩廡又請以宋儒張子之父張
迪配享崇聖祠從之三年二月薨於位年七十有五遺疏請崇正學勵直臣爲
千古第一首出之君綿萬世無疆之祚　天子悼之贈太子太保　予祭葬
於卹典外加祭一次　遣大臣奠醊　命部寺漢堂官及科道於　諭祭日齊
集出殯日會送　賜謚清恪公歷官二十餘年未嘗攜眷屬初任濟甯隨行止
四人撫閩十二人撫吳十三人日用蔬菜米麥尺帛寸絲以至磨牛碾石皆自
河南運載之官初莅閩官廨帷幕皆錦繡驚問吏以行戶鋪設對盡撤還之比

移吳先檄所屬禁陳設無錫令送惠山泉受之後聞亦派民舟載送卽卻不受治民以養爲先以教爲本遇災祲則請蠲請賑廣設常平義社倉所至必修建書院學舍閩士肖公象祀於鼇峯吳人建春風亭於公祠與于清端湯文正兩祠並峙在濟甯時疏濬灉河兗州十五縣無水患又捐貲築五坌口堰引水入灉士民蒙利立生祠五坌口公按察江蘇時始至未受篆卽過方望溪先生辭不獲公入曰吾迫欲一見論學耳望溪曰某未知學但聞守官之大戒二其一義利也公既瞿然不滓矣進乎此則利害非知命而不惑者不能無搖公韙之及撫江蘇首劾噶禮望溪適以南山集牽連赴　詔獄噶禮遂劾公久閉方苞於官舍不知所著何書人皆爲公危而　聖祖之宥苞實自此始公天性樸誠凡所設施皆本於實踐而尤以力崇程朱爲己任及門受學者幾千人輯道學源流道統錄以明聖賢之宗傳輯伊洛淵源錄續錄以明諸儒之統緒輯小學衍義小學集解養正類編訓蒙詩選以端蒙養之教輯學規類編學規衍義程氏家塾分年日程原本近思錄集解續近思錄廣近思錄性理正宗諸儒講

義以垂正學之型輯家規類編閨中寶鑑以示修齊之範輯濂洛關閩集解以配學庸語孟名曰後四書謂許薛胡羅爲周程朱張之正傳其文集及讀書錄居業錄困知記皆選刻行之謂陸稼書學朱子爲許薛胡羅之繼起就其家搜訪遺書得問學錄讀朱隨筆讀禮志疑爲鏤板以傳謂楊龜山謝上蔡尹和靖羅豫章李延平衍程子之派者也張南軒呂東萊取資於朱子者也黃勉齋陳北溪陳克齋受學於朱子眞西山熊勿軒吳朝宗私淑於朱子者也有明之學得其正而不爲邪說搖者曹月川陳剩夫崔後渠汪仁峯蔡洨濱也　本朝之學宗朱子者張楊園陸桴亭汪默菴陳確菴魏環溪耿逸菴熊愚齋吳徽仲施成齋諸莊甫應潛齋劉仁寶也凡諸儒述作莫不精擇而校刊之而朝宗徽仲成齋莊甫皆隱居力學世莫能知公特爲表章尤見闡幽之義云公不從陸王之學然未嘗著書闢之惟校刻程啓皦之閑闢錄陳清瀾之學蔀通辨張武承之王學質疑以示學者又重刻諸葛忠武陸宣公韓魏公范文正司馬温公及文文山謝疊山方正學海剛峯楊椒山楊大洪諸文集其三朝名臣言行錄四

書正宗學易編五經大全則皆未成之書也所自著者曰困學錄續錄正誼堂
文集
仲子師載字又渠號愚齋康熙丁酉舉人以任子爲戸部郎　世宗指示閣
臣曰此張伯行子好司官由揚州知府累遷江蘇按察使內擢左通政倉場侍
郎　命閱視天津河道旋以侍郎出副江南河督乾隆十六年　高宗南巡
每　召見輒詢及隨父任時事眷益隆授江安巡撫仍協理南河事明年河溢
二閘徐州被衝公與高文定公並奪職在工贖罪又二年放歸起兵部侍郎五
月遷尚書總督漕務明年調河東總督時山東孫工決口買舶漕艘如泛大海
中公冒風雪宿河岸燈熒熒達曙自冬歷春築始完公嘗言河中土性水勢與
江南異兩岸相距寬宜多挑引河以殺險土多浮沙宜厚培客土以實虛自此
由濟甯治所抵開封歲往來如織而心力亦交瘁矣二十九年薨於位年六十
有九　贈太子太保諡慤敬公幼承家學精研宋五子書以報　國活民爲心
及登仕籍愈感奮懼有玷缺爲名父羞在揚州歲饑散賑而高郵湖西之民緣

被災分數較輕不得與公行部至其地見道旁人多骨立待盡大驚召長吏詰責隨請於上官不待報而廩之全活數千人江都芒稻閘爲淮黃高寶諸河入江之關鍵所司貪商人餌惟知蓄水爲運鹽地藉口必奉鹺使令乃開會夏潦暴漲低田盡湮公訪知運鹽需水止六七尺而旣過其半遂單騎往啓閘纔啓四板水暢出甚疾仍艤舟宿其旁明旦田皆涸出然後走白鹺使使者大恚責公專公遜謝曰知府信有罪矣第拯溺不淹刻必預請而後行如此萬家煙火何卒具牒大府請閘歸府轄如公議河庫道司筦鑰不任功過向爲美官公以才爲前後督臣所倚輒委辦險要大工以故於河務寖熟悉一生躬歷中外遂與河務相終始焉初河督嵇文敏公母卒奉在任守制之　命特具劄固請終喪衆以違　旨獲罪爲疑公慨然進曰公父忠母節門望非常患請之不力耳何慮觸禍爲文敏謝曰謹受教其在江西嚴無故還葬之禁行連坐法薄俗遂革撫江安二年多偏災皆據實請蠲賑全活甚衆痛懲匿名訐告習以靖地方

凡此皆清恪公之教也著有治水方略改過齋文集讀書日鈔等書

田文端公事略

公諱從典字克五號峣山山西陽城人父雨時邑諸生邃於易以理學顯設教天井關學者立碑頌德卒祀鄉賢祠明季寇亂邑人欲迎賊紓禍力斥之闔城人無污賊者既賊至挈幼子及兄遺孤避地度不能兼顧乃棄子負兄子以走賊退求子於草閒得之即公也初公生母白夫人將育公贈公卜得丙戌日吉禱於神果以是日誕五歲能誦三經十歲能文章與故浙江巡撫張公泰交同補弟子員張亦有文名時稱田張康熙甲子舉鄉試第二戊辰成進士是科多名下士長洲何焯號知文推公尤第一云釋褐後七年授英德知縣以廉惠誓於神英德地瘠苦賦籍不可稽奸民詭寄逋逃懦者益困公盡革陋例清其籍民困大蘇修眉山書院立宋賢唐介鄭俠洪浩祠以風示學者邑士近百年鮮得解者至是比歲舉於鄉凡八九人政成行取入都縣民攀戀追送有踰嶺者四十三年授御史疏陳調繁之弊謂督撫請調州縣有秉公調者即有徇私以調者在州縣求調之弊有三曰希圖善地曰規避衝地曰預爲卓薦地在督撫

濫調之弊亦有三曰曲徇請託曰引用腹心曰公行賄賂皆借整飭地方爲名
巧投捷徑侵帑剝民屢經敗露除江浙等省賦重難征之百有餘縣及邊遠煙
瘴地請仍舊例調補外其餘概不許調並嚴定督撫濫調之罰又請　敕吏部
嗣遇考選科道凡正途出身之部屬及由知縣擢任之中行評博與翰林一體
論俸開列考選不由堂上官保送以杜交結營謀之弊均下部議行巡視西城
罷鋪墊費查通州倉僦神祠以居廟祝不受值不入也抑豪強清宿弊毛髮不
假借聲曰起　聖祖知公可大用超擢通政司參議累遷左右通政光祿寺
卿寺故有招買行戶作姦侵蝕虧經費公治其黠者仍請限年帶銷所虧
上鑒其誠爲豁免鉅萬尋擢副都御史五十二年擢兵部右侍郎兼管光祿寺
前後凡八年不爲操切而句稽甚晰時方議武職罷任當回籍公謂年近者可
勒歸若久居其所長子孫有墳墓婚姻宜聽占籍獨持一議上卒如所議行五
十八年擢左都御史會兩江總督長鼐以知州王承勳首告安徽布政使年希
堯鳳陽知府蔣國正婪取事入奏　上命公往勘還奏國正將虧帑銀三千

七百餘兩混入　恩免民欠錢糧法當斬希堯失察當奪職明年擢戶部尚書
繼武進趙恭毅公後濟以和平六十年主會試得人最甚雍正元年調吏部仍
兼管捐納軍需事　世宗御書清謹公方額賜之並　賜御製詩有出納望
同天北斗清芬品擬省中蘭之句尋主武會試明年主順天鄉試協辦大學士
有　詔停止戶部及陝西捐例並　諭獎公及尚書張公伯行兩年以來辦理
清正均下部議敘三年春授文華殿大學士兼吏部尚書每公退危坐讀書訏
謨謹密雖子弟莫能知　優旨褒嘉　賜賚無虛月四年以疾請老　温諭慰
留六年疾作再請　上鑒其誠　優詔加太子太師原官致仕於居第賜宴
令部院堂官齊集並賜帑金五千兩爲途費及高年頤養之資馳驛起程日著
廷臣祖餞以寵其行所過地方有司在二十里以內者俱著迎送旋里後令巡
撫兩司時至其家存問將來頤養康健一二年後再入京陛見及　陛辭　賜
御書楹聯暨冠服朝珠等物四月行次良鄉薨年七十有八遺疏至　上震
悼遣散秩大臣及侍衛六人往奠茶酒內閣學士侍讀學士各一人往庀喪具

命地方沿途護送伊子年幼家居著巡撫傳諭地方官就近時加照看凡新
舊接任均將此旨傳知通行　賜祭葬　予謚文端公學有本原深經術尊信
宋儒躬行實踐事親備色養居喪盡禮不作佛事三年不入內贈公有木枕泣
銘以詩攜持行萬里終身不少離當官廉正以至誠結　主知故能恩禮始終
哀榮大備若此十二年　諭曰原任大學士田從典品行端直老成廉潔奉國
公忠可入祀賢良祠以風有位並於本家　賜祭一壇子懋由廕生官至吏部
侍郎

黃崑圃侍郎事略 弟叔璥

公諱叔琳字崑圃本安徽歙縣程氏子也祖伯起與僚壻大興黃中丞善　國
初黃巡撫甯夏往依焉後黃氏遭家難中丞之弟爾悟無子公父華蕃方九歲
爾悟子之遂爲順天大興人公始生具夙慧十歲通四書五經從學饒先生仲
如硏窮性理之奧又從吳述庵先生究經世學年二十以康熙三十年一甲三
名進士授編修益自淬礪與衞檢討旣齊討論宋人語錄恂恂然有醇儒風見

者不覺其爲少年甲第也遷侍講督學山東毅然以興賢育才爲己任捐修三賢祠於泰山之麓祀宋胡安定孫明復石徂徠俾學者知所景從又興復白雪松林兩書院延師選才俊捐饮膏火所造士多窮經致用之英翕然稱盛晉鴻臚少卿領學政如故除通政司參議僉都御史太常卿六十一年遷內閣學士尋遷刑部右侍郎雍正元年典江南鄉試調吏部侍郎　命偕兩淮鹽政謝賜履赴湖廣同總督楊公宗仁酌定鹽價革陋規商民勒石紀事三年授浙江巡撫翦除巨猾平冤獄災傷則賑之貪墨吏則黜之仁和錢塘海甯二屬田十數萬頃全藉省城上下兩塘河水灌溉自閘廢土淤民占爲田利甚微而所損三屬田畝逾巨萬公疏請照西湖舊址清出歸湖去其梗塞開通水源所屬官塘運河支港壩堰斗門俱一律疏濬以興水利部議如所請浙民便之爲忌者所誣劾　詔免官赴海塘效力乾隆元年授山東按察使明年遷布政使疏言養濟院孤貧口糧每名歲給米錢三兩六錢從地丁項下撥給其春夏秋三季米係州縣將養廉銀墊給多不能及時支領請酌借司庫存公耗羨銀給發從之

著爲例四年母憂歸七年授詹事坐布政使任內誤揭屬員諱盜免官公性嗜學公餘時手一編至耄耋不倦尤負人倫鑑以薦賢爲重謂世道之隆替人才之邪正消長爲之也所賞拔如萊州守嚴有禧長清令劉輝祖皆以循良遷秩而分校禮闈主試江南所拔取者理學則如任宗丞啓運政事則如胡恪靖寶瑔經學則如陳司業祖范文學則如徐檢討文靖張詹事鵬翀其入祀賢良則徐撫軍士林潘敏惠師棨也張太史淳夏太史用修李觀察慎修輩皆端方博洽推一時之選其餘名士宿儒未可殫數方望溪爲諸生時來謁一見稱莫逆交凡望溪所著周禮春秋之學皆與先生往復商訂無少閒他若周大璋顧進等又數十人不憚千里親炙就正則所學之及人遠矣十六年公居釋褐周甲之歲當事以聞　詔曰原任詹事黃叔琳以康熙辛未探花年登大耋重赴瓊林洵稱熙朝人瑞可從優加侍郎銜用示篤眷耆臣至意二十一年卒公以文學政事受知　三朝當代推爲鉅儒天下士識與不識皆曰北平黃先生京師首善地列官朝省者無慮數十百輩然相與語稱北平不問知其爲公也初新

城王文簡公爲海內宗工公成進士實出其門下論者謂前有新城後有北平然新城年七十八賦詩有得第重逢辛卯歲之句冀與新進士序老少同年未及期卽世而公竟得之又五年然後考終是天之厚公幾過於新城矣生平著述有硯北易鈔詩經統說夏小正傳註史通訓故補註文心雕龍輯註顏氏家訓節鈔硯北雜錄於經濟學術各有指歸計公自五歲入塾享年八十有五蓋二萬九千日中無日不學也可謂純篤君子矣弟叔琬己丑進士官太僕卿叔琪舉人官甯國知府皆有賢聲而叔璥尤著子登賢字雲門官至漕運總督兵部尚書

叔璥字玉圃公行四弟也其學以立誠爲本要其功於篤敬晚號篤齋以自勖舉康熙己丑進士由太常博士遷主事晉員外郎以薦擢御史巡視東城時王公貴人多以追私逋相屬且曰務親治君正告同列曰御史非王府官屬何瑣瑣爲下所司理之有銜邸命至公署者昂然坐滿御史上君詰以何時奉差視事噤不能對則立使撤坐將劾之、其人悚謝去自是無敢以私干者時久罷巡

方之制　聖祖以臺灣亂初定特遣巡邊至則翦餘孽釋脅從反仄以安雍
正元年任滿　特旨留一年　命以所行告代者爲列海疆十要既還京怨家
以蜚語中之坐罷職乾隆初起河南開歸道調督糧道豫大水撫卹災民甚周
至濬永城河口開儀封引河築虞城堤岸皆中窾要在豫四年母憂歸服除補
江南常鎮道又三年致仕家居七年卒年七十有七平居吶吶然言不出口遇
大事侃然執持不少撓屈究心宋五子書及元明諸儒集晚歲所養益粹嘗語
人曰道學卽正學也親正人聞正言行正事斯爲實學不然空談性命胡爲哉
著有近思錄集注愼終約編既惓錄廣字義諸書藏於家

國朝先正事略卷十

國朝先正事略卷十一

平江李元度次青纂

名臣

趙襄忠公事略子敏恪公宏燦　恪敏公宏爕

勇略將軍姓趙氏名良棟字擎宇一字西華甘肅甯夏人少倜儻仗策從戎順治二年隨英親王大軍入關中受知於總督孟喬芳署潼關守備從征賀珍武大定等賊又從定甯夏叛兵之變署屯田都司四年平河西回亂又單騎擒僞總兵丁國棟擢游擊十三年以經略洪承疇薦隨征貴州雲南任督標副將康熙元年擢雲南廣羅鎮總兵先後勦平馬乃隴納水西諸苗猓有功時吳三桂專制滇南所補用官吏　詔部臣不得掣肘於是三桂調公貴州平遠鎮令進勦水西公方丁外艱且知三桂有異志力辭三桂怒欲劾誅之總兵沈應時爲巽詞以解四年水西平乃聽終制三桂未反時日以牢籠人才爲務惟公不爲所用八年補大同左都督十一年調天津十三年三藩反叛鎮吳之茂王輔臣

等應之甯羌惠安兵變殺提督陳福猖獗甚十五年甘肅提督張勇薦公才略過人　聖祖命公提督甯夏馳傳往鎮撫之議者疑公陝人不可信公見

上詞氣激昂請移家口居京師得一意辦賊　上壯其言尋　賜第時官

兵敗散屯堡荒廢公沿途曉示招官歸原汛兵歸原伍捕斬首亂四人餘不問

邊境遂安時大將軍圖海督師圍平涼輔臣降慶陽固原俱下　詔公與將軍

王進寶並聽圖公調度公駐朔方四載念關中粗定而漢南巴蜀尚阻聲教疏

請率步兵五千獨當一路進取漢中興安規全蜀　詔下軍前王大臣集議僉

言大軍宜分四路進需兵五萬人公曰兵貴精不貴多也既而涼州提督孫思

克言綠旗不可用請俟來春多調滿洲兵並進　詔切責之乃以十月定師期

圖公及將軍佛尼勒征興安孫公及將軍畢力克圖征略陽王進寶及總兵朱

雅逢征鳳陽公獨將五千人征徽縣十月破密樹關擒賊將徐成龍遂取徽縣

時孫公南至階州公已擊走吳之茂復略陽分遣裨將趨陽平關徇沔縣王公

亦復鳳縣定漢中府公會之於甯羌各奏捷　詔授公勇略將軍兼甯夏提督

公與王公分路進師晝夜兼行抵白水壩時康熙十八年除夕也壩爲川江上流與昭化脣齒俗號鐵門坎賊防禦甚力公與賊夾江而陣江流洶湧無舟楫將士有難色公下令曰元旦渡江大吉視吾馬策所指後者斬黎明公騎驏馬率麾下五千人橫刀渡江江水爲萬馬騰簸波濤盡立呼聲震天賊連發礮傷數十人無敢回顧者賊大驚曰此老將軍軍令如山不可抗也方搏戰天忽風吹馬如吹船頃刻抵岸斬賊將郭景儀等餘賊崩奔追擊之於青山石硤溝歷舊州明月江戰屢捷僞將軍汪文元僞巡撫張文德等降遂克成都公入城秋毫無犯僞官及逆兵數千疑懼不自安公悉以迎降奏釋收金銀印二百六十僞劄千奏繳之公出師時曾條上調兵運餉諸事宜請兩路收川　上報可至是王公亦復保甯東西川以次收復　天子降温旨勞軍　賜御書題額及弓矢櫜鞬名馬之屬　詔授公兵部尚書兼右都御史總督雲貴將軍如故公聞　命謂甯夏提督有代者則鎮兵不能隨征因疏辭總督　上弗許會部議甯夏宜如舊制設總兵　詔即以公子廕生宏燦爲甯夏總兵官隨軍進

勦公遣將西徇雅州復象嶺建昌諸衛東徇敘州復納溪永甯等縣且奏滇黔恃蜀爲捍蔽今蜀已得而三桂又新死宜乘機急進請 諭趣湖廣兵速取貴州廣西兵速取雲南幷 勅陝西四川籌餉濟軍尅期進勦一自保甯出永甯達雲南霑益州一自成都出建昌達雲南武定府 詔下在事諸大臣定議尋議川楚粵各路兵約期並進將軍吳丹出永甯公出建昌會吳世璠遣胡國柱夏國相等陷永甯犯瀘州敘州復寇建昌公檄總兵朱衣客援建昌失利退駐雅州建昌陷公疏劾吳丹朱衣客 詔吳丹解任以佛尼勒代之衣客逮訊二十年三月公遣宏燦及總兵李芳述等追勦國柱於觀音巖五月破關山象嶺渡瀘江敘瀘永甯賊皆遁七月取建昌乘勝渡金沙江九月抵滇時貝子彰泰軍滇池將軍賚塔軍黃草壩滿漢兵十萬有奇圍城九月未下公至即詣貝子陳三策其一先破外護使賊匹馬不得出乃可招降其一結營遼遠賊得番息法當移軍逼之其一降者宜分別收養不宜盡發滿洲爲奴貝子不悅以滿洲語相駁詰公漢人不解滿語張目牴牾幸公已奏聞 詔下悉如公策乃率所

部親冒矢石取玉皇閣進逼新橋賊據橋死拒公伏馬兵於南壩兩岸分步兵
爲三隊營壕牆外持大刀督陣夜二鼓攻橋賊殊死鬬逆渠郭壯圖親搏戰三
進壕牆而伏兵三起應之復以計從上流濟師列炬如星礮雨下賊敗走公奪
橋追至三市街再敗之天猶未曙也黎旦入東南二門壯圖自焚世璠自殺餘
黨悉降自公至軍八日而雲南平賊踞滇久私斂充牣諸將爭取子女玉帛惟
公飭所部不以一騎入城既告捷卽疏請　陛見移師曲靖以待　命又訪得
吳逆司筦庫者以藩宮簿籍進呈其後乾沒者皆敗而三桂寵姬一歸將軍穆
占一歸總督蔡毓榮者皆　上聞惟公皭然不滓其遠識確守有古大臣風
烈焉初朱衣客之逮訊也具疏自辯咎公與兵少後應復不至時王進寶亦上
疏謂建昌之陷咎在公公因復劾衣客且謂其辯疏由進寶所爲　上以趙
良棟王進寶功績並茂所有互訐之疏均發還不問其遲於救援誤軍機仍察
議如例於是部議衣客論斬吳丹奪職籍沒公奪職並得　旨從寬二十一年
以將軍管鑾儀衛事公性伉直氣陵其上旨建取蜀議孫思克吳丹等咸忌嫉

之吳故大學士明珠從子怙寵而貪公劾之及公復建昌追賊至大渡河
上命公乘勝趨滇而大將軍貝子屢檄公先追獲國柱再往公不從攻新橋兵
少公爭之許以在南壩相救及壘戰救不至公積不平入朝屢忿爭於明珠前
珠雖怵以好語然以吳丹故心弗善也二十二年公疏述滇蜀戰功下王大臣
核議以公失機建昌應以功抵罪止敘錄隨征將士加宏燦及芳述左都督銜
公尋乞骸骨歸二十五年夏　上念公克雲南時恪守法紀廉潔自持　優
詔嘉奬復將軍總督原銜二十七年入朝自訴戰功并隨征將士多屈抑得
旨授騎都尉世職三十年厄魯特噶爾丹蠢動大軍駐朔方　詔公以在籍老
臣預議軍事三十三年禁旅出塞公偕行用私財佐軍既還　召入朝明年復
上疏自敘戰功甚苦爲大將軍圖海彰泰所隱蔽且追咎明珠　上責其器
量褊隘還其疏仍　勅部優敘部議授爵三等子　詔晉爲一等公願留京師
乞　賜田宅御史龔翔麟劾公驕縱恃功越例乞請當議罪　上鑒其年老
家貧優容之賚白金二千兩令歸里三十六年正月　聖祖聞公臥病　温

旨存問　賜人薓鹿尾時　上方決策西征擬就詢方略於里第而公遽以
疾薨年七十有七比　車駕次榆林　諭閣臣曰勇略將軍趙良棟偉男子也
爲國家宣力厥功甚茂倐以疾逝朕深憫焉茲師抵朔方道經其門可令皇子
臨視奠醊次日皇子臨喪舉哀賜奠如禮閏月復頒　諭祭文遣大臣致祭
賜諡襄忠次子宏燮襲爵公結髮事戎行五十餘年大小戰數百未嘗敗衄行
軍有紀律所過無秋毫犯御下嚴而有恩觸法者雖小必罰有才略堪任使輒
疏薦之甘苦與士卒共入蜀之役裹糧涉險轉戰七千餘里咸樂爲盡死故所
向有功功成後惎閒者日衆賴　聖祖知公深嘗格衆議曲賜維護雍正八
年　詔入祀賢良祠乾隆三十二年　上念公功其一等子爵　特予世襲
罔替四十七年　詔晉一等伯仍世襲罔替長子宏燦康熙四十五年由廣東
提督擢兩廣總督召爲兵部尚書五十六年薨　賜諡敏恪次子宏燮由天津
道襲一等子康熙四十四年遷直隸巡撫五十四年　詔褒其撫直十年實心
任事旗民輯睦盜賊稀少特加總督銜六十一年薨　賜諡恪敏子之壁襲爵

以宏燮在任時虧庫　上命宏燦子之桓以郎中署直隸巡撫料理未完事件雍正元年解巡撫任　特旨寬免追銀之璧官至兩淮鹽運使

王忠勇公事略 子用予

公諱進寶字顯吾甘肅靖遠人初隨陝督孟喬芳平河西叛回授守備隸甘肅總兵張勇標下順治十一年張公調經略右標總兵公隨往湖南十五年進征貴州師次十萬谿懸崖千仞僞安西王李定國使僞都督羅大順扼據險要公率衆攀崖直上搗其巢賊衆潰以功遷游擊康熙二年張公任甘肅提督奏授提標游擊尋隨張公討平西羌授參將時羌人乞駐牧大草灘張公用公議持不可於是卽單于城故址建永固城以公爲副將駐之十二年擢西甯總兵明年冬陝西提督王輔臣叛應吳三桂陷蘭州斷浮橋以拒河西兵公帥師進討十四年二月師抵黃河公以革囊結筏自蔡灣夜渡抵皋蘭龍尾山大破賊衆擒僞游擊李廷玉等乘勝東拔金縣定安復西攻臨洮會大雪偵賊無備遂襲破之輔臣遣使持吳逆僞劄來招公立奏聞得旨嘉奬加銜左都督四月進攻

蘭州賊兵千五百人出東門迎戰公率衆奮擊自辰至午擒斬過半別遣兵分路勦殺賊退保不敢出我兵環圍之斷賊糧運六月賊造筏百餘謀潛遁公分兵沿河伺擊賊勢蹙乃遣人招諭僞總兵趙士昇等率衆降遂復蘭州十五年正月　詔嘉公懋著勞績克殫忠誠授陝西提督兼西甯總兵暫駐秦州時僞將軍王屏藩吳之茂互爲聲援窺伺秦州二月之茂率賊衆進踞北山絕我餉道公會將軍佛尼勒進勦大敗之生擒僞總兵徐大仁復遣兵馳擊敗賊衆於羅家堡又敗之鹽關賊復集潰衆萬餘築壘排樁據鐵葉硤紅山堡潛出賊兵接運芻糧公遣兵撲勦大敗賊衆於牡丹園擒斬僞官獲糧械無算五月撫遠大將軍圖海統兵進牧平涼輔臣勢窮蹙引四川叛鎮譚宏爲援連兵犯通渭公急擊破之降其僞官復靜甯州城輔臣尋詣圖公軍前降六月公次樂門甫駐營之茂遣賊衆來犯公統兵環擊擒其僞總兵游擊等斬之復與將軍佛尼勒合兵攻擊屢戰克捷之茂僅以十餘騎逾北山遁走平涼固原悉定大將軍奏陝西提督原駐平涼固原與平涼密邇據秦省形勝宜令公駐鎮　詔公移

駐固原兼攝固原總兵事敘功議授二等男　諭曰王進寶宿將重臣矢心報
國兼以訓練士卒忠義素孚故能身先行陣所向克捷朕甚嘉焉可從優加一
等男授奮武將軍仍兼提督平涼諸路軍務十七年公復慶陽斬偽總兵袁本
秀及賊衆二百餘人十八年冬公與提督趙良棟等分兵四路規復漢中公偕
總兵費雅達由棧道進先是公奏請令子用予率兵往勦俾練習戰陣　上
允其奏授用予副將公復疏言臣父子均在秦中例應迴避詔曰王進寶父子
統兵誅勦賊寇保守封畺著有勞績王用予仍留與伊父同守秦中要地用予
字公安每戰先登陷陣所向披靡至是從征寶雞公遣用予擊賊紅花埔大敗
之復鳳縣兩當縣進軍武關令用予率偏師繞出關後而自以大軍當其前賊
腹背受敵皆潰走擒偽總兵羅朝興等奪雞頭關直抵漢中王屏藩率賊衆自
青石關走廣元公復遣兵躡擊降其偽將軍楊永祚偽總兵孫啓耀盡復漢中
地得　旨褒奬時趙公亦恢復略陽　命公與趙公進定四川並　勅將軍吳
丹鄂克濟哈率滿洲大兵分繼其後公自青石關至神宣驛聞賊駐朝天關督

兵躍馬直前賊驚竄走疾馳至廣元斬賊無算遂復其城十九年正月分兵三路趨保甯距城二十里當孔道而軍賊衆二萬來犯公率兵奮擊大破之追至錦屏山連拔賊壘奪浮橋直薄保甯城用予斬門突入公麾兵繼進屏藩計窮與僞將軍陳君極皆自縊之茂及僞將軍張起龍僞總兵郭天春等十七人並就擒保甯平別遣兵克昭化劍州蒼溪蓬州廣安合州西充岳池等州縣時趙公已復成都授雲貴總督　詔公駐守四川擢用予松潘總兵公尋以疾乞休
命回固原就醫以用予駐保甯暫代尋改用予爲固原總兵父子同建節鉞海內榮之論者謂公舉不避親用予不負所舉與　朝廷之度外用人可稱三善云當是時趙公以進征滇黔奏調川陝各營兵隨征固原兵亦多檄調公以本標兵宜留鎮守奏停撥遣　詔允之未幾賊將胡國柱夏國相等由黔入川譚宏彭時亨復叛永甯建昌繼失趙公劾公擁兵不救公以臥疾固原疏辨且言建昌之陷咎在艮棟　詔公馳赴保甯於是公復統固原兵駐保甯是年敘功晉三等子用予加左都督授雲騎尉世職明年賊將馬寶犯敘州用予擊敗

賊衆恢復納溪江安仁懷合江等城降其僞將軍何德成等竄雲南用予駐
敘州尋奉　詔率所部兵馳赴永甯駐守二十一年滇黔既平　上詔公及
趙公至京　命王大臣發還前此互訐奏章宣　諭二臣功績並茂宜保護矜
全其不諳大體私忿攻訐概不究問事詳趙襄忠傳　賜服物仍還鎮二十三
年五月疾甚再請休時用予已調太原總兵　命馳驛偕太醫視疾且調用予
甘肅總兵便侍養明年八月薨年六十得　旨王進寶性篤忠貞威望素重率
兵征勦賊寇勇略兼優勳猷懋著可　贈太子太保　予諡忠勇　賜祭葬如
典雍正十年　詔入祀賢良祠初次襲爵者即用予合其軍功議敘幷雲騎尉
爲二等子乾隆三十三年　詔世襲罔替

孫襄武公事略

公諱思克字藎臣漢軍正白旗人父成功三等男公其次子也初任王府護衛
順治八年授刑部理事官十一年遷參領十三年隨大軍由湖南進征貴州雲
南屢立戰功康熙二年擢甘肅總兵五年與提督張公勇合疏言厄魯特蒙古

墨爾根台吉等受國厚恩狼心未化屯兵祁連山上縱牧內地之大草灘去冬不遵撫慰抗拒於定羌廟爲官兵擊退猶不悛改聲言糾合部落分三路入犯狡謀叵測宜速創懲方可議修築而嚴守備得 旨下廷臣密議以兵端不可輕動令嚴防邊境仍撫恤番人以得其心於是公偕張公修築邊牆自扁都口西水關起至嘉峪關止守禦屹然六年公至南山各隘口相度衝險撥兵固禦十三年 諭獎公効力邊疆有年下部議加右都督是冬平涼提督王輔臣叛應吳三桂臨鞏諸郡相繼從逆蘭州危甚公遣游擊劉衍等移兵協防自統兵進攻苦水洋值蘭州已失守乃駐河西尋回涼州十四年夏督臣哈占定議南北兩路兵同時進勦將軍張勇總兵王進寶等從金城關渡河規復蘭州公自涼州領標兵由河壩紅水蘆塘索橋人跡不到之草地結筏渡河規復靖遠一路周圍二百里城堡皆已納款正擬趨固原會大兵於平涼適西海蒙古墨爾根台吉等已從山口入內地與官兵拒敵副將陳達傷亡公留兵守靖遠由草地渡河回涼州保河西根本重地墨爾根台吉引衆出口而甘州所屬之高臺

與紅崖梨園等堡有黃番頭目入口搶掠合數千餘騎攻圍暖泉順德諸堡公
卽自涼赴甘番族始遠竄因將軍約期會勦王輔臣復渡河而東草地往來兵
丁勞苦十倍他鎮疏請　恩加犒賞得　旨往來防勦具見忠藎兵丁犒賞有
差閏五月同張公勇等圍鞏昌時定西大將軍貝勒洞鄂圍秦州城中賊衆屢
出犯逆黨自四川至者結寨秦州南山上日益猖獗貝勒檄公率兵三千駐秦
州西賊勢乃窮僞總兵陳萬策僞道馬肇升赴公營乞降僞總兵巴三綱遁遂
復秦州南山賊潰竄公同振武將軍佛尼勒追擊於閻關敗之乘勝克禮縣復
敗賊於西和奪門入斬僞官三十清水伏羌等縣皆復乃赴鞏昌會勦遣降將
陳萬策等入城曉諭鞏昌十七州縣皆降河東平定八月會勦平涼公由靖甯
隆德進擊走賊將李國樑陣斬五百有奇生擒僞守備一千總二復靖甯州進
次華亭過六盤士冒雨忍飢攀援而上賊莫敢拒敵僞副將高鼎率兵千餘迎
降遂抵平涼與大軍合十五年貝勒奏大兵圍平涼半載賊屢出犯總兵孫思
克徒步當先敗賊於南山者四敗僞總兵蔡元於城北者四又九處設伏敗賊

於南門僞總兵艾姓引賊二千掩襲掘壕思克揮兵急擊賊退而復逼者三俱敗之勦涇州白起寨思克先至寨下遣領旗李錦先登擒僞副將李茂斬賊目數千又敗賊於南山甲子峪及馬營子麻布嶺諸處宜酌示鼓勵得　旨優敘五月隨撫遠大將軍圖海破賊於虎山墩公臂受重傷猶奮戰不輟輔臣窮蹙降公還涼州　詔曰自逆賊變亂以來奸徒附和人心不無動搖張勇王進寶孫思克一聞蘭州之變卽率兵進勦收復城邑厥功甚偉及大兵攻取平涼復同心協力身先行陣所向克捷朕甚嘉之孫思克可授涼州提督並一等輕車都尉十月公疏言虎山墩之戰賊砍臣右臂傷筋及骨已成殘疾乞假解任回旗得　旨卿久鎭嚴疆勦除賊寇屢建戰功新簡提督正資料理不必求罷十六年敘功晉爵三等男時噶爾丹侵擾西北諸蒙古突入沿邊各寨公與張公勇以兵驅逐乃徙去十八年七月　上勅圖公調公與提督趙良棟等勦賊漢中興安圖公奏九月初旬四路進發公與將軍畢力克圖由略陽進會有詔因京師地震令內外大臣各抒所見公疏請今秋暫緩進兵俟來春二三月

閱多調邊兵圖進取未晚　上命學士拉薩禮至涼州宣　諭詰責公乃自引罪拉薩禮還奏得　旨俟事平日再議十一月公與畢公敗賊衆於階州及文縣成縣進駐沔縣　詔公還涼州尋移駐莊浪防守河東河西二十年慶陽賊渠耿飛倡亂糾叛番犯河州公與張公勦平之二十二年追論前奏緩進兵罪奪三等男爵及提督仍留總兵任二十三年遷甘肅提督二十八年北套生番犯內地公督兵截阻斬獲甚衆二十九年學士達瑚郎中桑格出使西域歸至嘉峪關外爲西海阿奇羅卜藏所劫公聞報即遣游擊朱應詳計賺其宰桑質於關內始反我使臣別遣副將潘育龍游擊韓成等擣其巢穴斬馘四百有奇阿奇羅卜藏遁後遣人赴西海詰問各台吉責償所掠物各台吉懼罄阿奇羅卜藏所有以償公奏請免其窮治　諭嘉公盡心籌畫區處合宜如所請行三十年疏言肅州一協去甘州五百里涼州千里極邊之地外逼西海北套哈密諸部內則番族插帳與民雜處所設副將威望不尊兵不滿千難資控禦請設總兵一營兵三千以固邊圉消窺伺又甘肅地瘠民貧萬一征調雲屯軍食

何由濟宜於河西要地屯積糧草備戰守但本地無糧可買輓運復恐勞民惟
捐輸是賴而本地富民無幾請無論本省別省官民一例捐納職監及加級紀
錄俟邊儲稍充卽停止疏下九卿議從之三十年　詔嘉公久著勞績加太子
少保予騎都尉世職五月疏報遣總兵潘育龍等追來降復叛之番衆於庫列
圖嶺斬級四十餘擒百二十人請將叛首齊奇克正法而宥其從人　上免
齊奇克死令安插內地有　旨加振武將軍銜三十二年　命內大臣郎岱領
京營兵至甯夏同公駐防卽以公爲參贊探噶爾丹聲息三十五年二月
上親征噶爾丹出中路　命撫遠大將軍費揚古由西路進公率陝西兵出甯
夏至翁金地與大將軍會五月　上駐蹕克魯倫河噶爾丹聞　御駕親臨
倉皇遁去大將軍邀擊之於昭莫多公率綠旗兵居中與東西二軍併力迎戰
自未至酉斬級俘獲無算追奔三十餘里噶爾丹引數騎遠竄捷奏至奉　旨
褒獎　詔赴京　命侍衛迎勞　賜冠服等物並　御製詩箑有鷹揚資遠略
宿望在西陲之句入覲暢春園　賜御書綏懷堂額及端罩四團龍補服孔雀

翎朝帽朝衣朝珠鞍馬　命赴肅州駐兵探噶爾丹往哈密聲息三十七年敘
功加雲騎尉世職三十九年二月以病乞休　遣御醫及兵部官往視仍　命
留任調理是月薨　詔從優議䘏　贈太子太保　賜祭葬如例謚襄武櫬還
命皇長子前往奠醊　賜鞍馬銀二千兩　諭廷臣曰聞孫思克喪回時自
甘州至潼關沿途軍民無不號泣相送若平昔居官不善何以得此誠可謂將
軍矣復　諭兵部曰孫思克謀勇素裕久鎮巖疆允稱良將可給還所奪世職
部議幷爲一等男加一雲騎尉以其子承運襲雍正十年入祀賢良祠乾隆三
十二年　詔以公當吳三桂叛及噶爾丹犯邊時懋著勞績其一等男爵令世
襲罔替

梁敏壯公事略　子鼐

公諱化鳳字岐山陝西長安人順治三年武進士四年授高山衞守備五年大
同總兵姜瓖叛公從英親王阿濟格攻克陽和城擒賊將郭二用陞大同都司
時大同左衞汾澤諸郡邑賊衆蜂起六年公破大同北窰溝生擒賊將李義張

豹二月攻渾源州克三堡破賈莊城擒賊帥王平進攻左衞下之論功加都督僉事以副將推用五月攻太原賊衆殊死戰公被重創督攻益力執其僞巡撫姜建勳六月攻汾州進薄孝義縣穴地置火藥藥發城圮拔其北關賊帥沈海來襲大營公破走之連下十餘寨介休平進攻祁縣望風悉降十月攻太原延安皆下之進逼沈海於九臺火其寨海降遂乘勝進定澤州七年殲餘寇於牛鼻寨晉地悉平八年授蕪湖參將勦石臼鷺鷥二湖盜十二年遷甯波副將海寇張名振犯崇明之平洋沙公署蘇松總兵事至則遣都司談忠逆戰名振復圍高橋公親馳援勦敗其衆十三年實授蘇松總兵公以平洋沙懸隔海中爲賊佔聚因沿海築壩長十餘里引平洋沙入內地且灌田千頃俾斥鹵盡爲膏腴初鎮兵皆寄居民廛公始建營房處之兵民稱便海寇鄭成功率衆號百萬先犯崇明公擒其閒諜督兵逆戰獲賊渠餘衆潰遁十六年七月成功以大艦陷鎮江瓜洲直犯江甯當是時駐防重兵皆移征雲貴城中守備虛提督馬進寶陰通寇擁兵觀望成功移檄遠近連下徽甯池太計府四州三縣二十四維

揚常蘇旦夕待變東南大震軍報阻絶　世祖幸南苑方議集六師親征公率所部兵三千人疾抵江甯援勦登高審視見敵營不整樵蘇四出甲士浮後湖而嬉乃率勁騎五百夜出神策門先破其一營以作士氣次日分兵出儀鳳鐘阜二門身先督戰以三路攻其前而騎兵繞出山後夾攻拔賊巨壘毀其本寨命勇士踞高發巨礮乘勢奮擊擒僞總兵余自新等賊奔潰是夜僞帥連營屯白土山公尋由陸路進兵賊列陣迎戰公督諸軍自下仰攻生擒僞提督甘輝等賊大敗奔北公追斬甚衆別遣將燒賊船五百餘艘賊衆自相蹂躪溺死者無算江南遂通成功敗遁入海公尋遣將防崇明賊果薄城下適公兵自江甯回聲勢相接括民舟出白茆港絶流迅擊賊復大敗成功僅以身免十六年授輕車都尉　賜金甲貂裘十七年擢蘇松提督加太子太保左都督公疏言蘇松濱海要地延袤八百餘里原設標兵僅二千餘請酌調省兵三千八百立爲中左右前後城守六營以資捍禦下部議行十八年秋　上特詔曰海寇入犯江甯時梁化鳳擊敗其衆繼援崇明保全孤城厥功懋焉其再敘戰功示鼓

勵遂晉爵三等男準襲八次八月以病乞休　溫旨慰留九月授江南全省提督時議者以海寇初平遊氛未靖欲立界遷沿海居民於內地公曰沿海設兵以所棄地畝賦之則國既足兵民無廢業遷界何爲奏上　詔從其言康熙元年丁父憂令在任守制十年十一月薨於位　賜祭葬如典禮贈少保諡敏壯十二年　仁皇帝巡幸西安遣官奠其墓子鼐蔭生康熙十三年奏改武職授督標左營游擊時漢中興安並叛應逆藩吳三桂鼐駐防黑水峪十四年漢中賊千餘聯結叛鎮王輔臣由祥峪口入三路阨踞山險鼐率兵誘至觀音堂奮擊大敗之十七年調興安遊擊管副將軍事十八年征漢中由西路出富家河偵賊二千餘踞桐子關鼐率兵衝擊自午至酉殲賊無算復移師敗賊於閻王橋興安附近城邑以次恢復十九年勦川東叛鎮譚宏進兵羅石橋等處大敗賊衆擒賊將衛仰武等遂復達州加都督僉事二十一年遷袁州副將二十六年遷江南水師總兵四十年擢福建陸路提督四十五年擢福建浙江總督四十六年　上南巡　賜御書旗常世美額先是兵部尚書金世榮爲總督

謂出洋巨舟易藏盜奏定漁船禁用雙桅商船飭令改造樑頭以丈有八尺爲度逾制者罪之彝既涖任卽疏言商船不許過大慮其越出外洋或至爲匪也然船大則商人之資本亦大不肯爲匪且不容無賴之徒操駕自定例改造所費甚鉅皆畏縮遷延其已改造者僅求合於丈有八尺之樑頭而船腹與底皆仍其舊是有累於商而實無關海洋機務及召對復面奏漁船不僅捕魚兼資貨物貿易非雙桅難以出洋　上命大學士等議弛其禁四十七年疏言湖州所屬逼近太湖有烏程之西山港新涇漊等處及長興之白茅花礄諸港計七十有二港漊溉田畝無算宜開濬深廣於流入太湖處建閘六十四座隨時啓閉其石門之聖塘廟至玉溪鎭秀水之西利北利端平三橋嘉善之西門渡船頭張涇匯楓涇鎭等處爲出水要道均宜開濬估計需銀四萬兩有奇此外淤淺之三府屬支河溝蕩勸民開濬民自樂從無煩動帑疏入下部議如所請得旨支河港蕩淤淺若勸民開濬或地方官借端私派厲民其悉令動帑興工四十九年母憂歸五十二年赴京祝　萬壽予蔭一子尋以疾乞歸里是年

十一月薨年六十有一遺疏至　優旨下所司議卹　賜祭葬如例

楊敏壯公事略

公諱捷字月三先世家揚州以軍籍爲義州人公初爲明裨將順治元年率衆投誠授山西游擊二年岢嵐州土匪高九英等聚衆摽掠公奉巡撫馬國柱檄擒斬賊衆毀其巢遷中軍參將擢副將四年大兵既定廣東　詔公率宣化大同兵三千移鎮五年二月次池州值江西總兵金聲桓廣東總兵李成棟相繼叛征南大將軍譚泰請公駐防九江會勦聲桓　世祖皇帝允所請授公九江總兵官旋率兵復都昌獲僞官余應柱等斬之江西平　予雲騎尉世職十年隨靖南將軍喀喀穆勦滅廣東叛鎮郝尚久復潮州十一年改陝西興安總兵經略洪承疇疏留原鎮是年加右都督銜充福建隨征右路總兵官十二年晉左都督時海賊鄭成功肆擾福建郡邑公請剋期增修漳浦城垣以固守禦嘗勦賊銅山諸處所向克捷十六年擢江南提督會鄭成功突陷鎮江窺江甯特加公太子少保充江南隨征左路總兵官統兵三千防勦十七年奉　旨

駐揚州防江北要汛十八年署廬鳳提督尋調山東提督駐青州土賊于七敗
竄入海公緝其黨五十餘人皆伏誅康熙四年併山東總督於直隸移提督駐
濟南七年河南提督許天寵以裁缺改山東　命公候缺九年天寵遷鑾儀使
公仍補原官十二年調江南提督十五年海賊鄭錦犯乍浦公遣參將白可受
等往勦獲其船俘斬無算十七年賊犯漳州陷海澄　上以公謀勇兼優成
效素著調福建提督兼轄水陸　特晉少保兼太子太保並　諭攜綠旗兵之
願往者隨征公因疏言臣前隨征福建勦賊雲霄銅山閱深知閩兵不能力戰
用命臣自任江南提督召募壯健至松江訓練有年堪資戰守擬選三千名並
擇游擊守備數員往備任使　上允之公至福州聞賊犯泉州即統兵趨惠
安賊不敢抗皆潰遁遂復惠安城僞總統劉國軒見我軍甚盛因斷洛陽橋留
賊數千及船百餘拒守而自集海船爲遁計又以賊三千餘踞陳山壩阻我師
公遣游擊李璉等襲破陳山壩而令總兵黃大來與副都統禪布等會師洛陽
橋兩路夾擊以礮破其船賊大敗遁去泉州平時賊將王一鵬復窺惠安公令

總兵張韜往勦捕斬略盡餘黨葉明紀朝佐等出沒德化永春閒僞總兵蕭武等聚艘泊湄州窺興化公復遣將防守策應而自移師赴漳州同副都統吉爾塔布等敗國軒於江東橋又分兵屯柯坑山鳳山萬松關諸險隘別遣將守榴山寨以扼衝要先是公甫莅任即請設水師提督使己得盡力陸路至是得旨楊捷自膺簡任以來疊著勞績可授昭武將軍管福建陸路提督事十八年國軒以賊衆劫榴山寨並欲奪江東橋公會平南將軍賚塔等分兵爲兩翼左右夾擊大敗之於下坑山及歐溪頭斬賊千餘獲甲仗無算十九年國軒糾賊屯獅子山又聯絡遠近賊寨爲聲援公親率精銳勦平烏嶼諸寨復以高浦與廈門相對爲海濱要地留營防禦斷賊歸路而自與總督姚啓聖總兵黃大來等分下玉洲三汊石碼等處十九寨復統兵進攻海澄僞總兵蘇侃以城降遂乘勝取廈門賊聚艦迎敵我師以巨礮毀其艦奮兵疾擊賊溺斃者無算餘黨相率投誠金門廈門悉平國軒自銅山竄臺灣公疏請回駐泉州得　旨俞允是年九月以老病乞罷　命仍任江南提督　諭曰卿效力嚴疆功績茂著以

閩地溼熱與卿病體不宜調爲江南提督不必求罷明年晉三等輕車都尉準
襲四次公駐松江年久以病乞休者再俱奉　温旨慰留二十九年薨於位年
七十有四　贈太傅諡敏壯孫鑄襲職入籍揚州衛

施襄壯公事略 子世綸 世驃

公諱琅字尊侯號琢公福建晉江人貌魁梧膂力絕人少從戎時主兵者募壯
士有鼎重千鈞公從容舉之環步數巡仍返其所唐王立福州授左衝鋒嘗統
偏師迷入榛莽有虎導之行始得出衆見公與虎偕爭趨救公笑曰微虎我何
由至此衆大驚嘗隨閣部黃公道周出仙霞關知事不可爲獻奇策黃公曰君
言是也顧吾大臣仗義守死而已倘有他奇策可以匡時君等行矣勉之遂寄
食海上爲明總兵鄭芝龍部將　國朝順治三年大軍定福建公隨芝龍投誠
遂從大軍征廣東勦平順德東莞三水新甯等縣芝龍歸京師其子成功竄踞
海島屢誘公助己公不從囚公艙中欲殺之公以計脫宵奔緣山行匿洞中追
者數十騎至火光燭天公所匿洞忽生棘刺索者不能得成功歎曰吾留一患

於中原矣公父大宣弟顯暨子一姪一遂被害十三年公隨定遠大將軍濟度敗成功賊衆於福州授同安副將破灑州壘擒其騎將降萬餘人遷總兵官康熙元年擢水師提督時成功已死其子錦糾衆犯海澄二年公遣將擊賊於海門斬賊將林維獲其船十月靖南王耿繼茂總督李率泰等攻克廈門賊衆遁公率所募荷蘭夾板船邀擊之殪賊千餘乘勝克浯嶼金門二島加右都督三年加靖海將軍七年密疏言鄭逆負嵎海上宜急勦若恣其生聚是養癰也疏上

召至京面詢方略公奏賊兵止數萬戰船數百若先取澎湖以扼其吭賊且立絀倘仍負固則重兵泊臺灣港口而別以奇兵襲南路打狗港及北路文港等處賊分則力薄合則勢蹙臺灣計日可平事下部議以風濤莫測難以制勝寢其奏乃裁水師提督授公內大臣隸漢軍鑲黃旗十九年學士李公光地與公語及順治十六年海寇犯江甯事李公曰賊苟不頓兵城下驅而徑前者是誠可危公笑曰宜何向李曰循山而東奈何公曰南北步馬不相若久矣衆寡勞逸又懸雖所在響應作聲勢實觀望不能爲之助也纔涉北地與官軍交

立盡耳徐又曰向彼舍短用長者委堅城泝江而上所過不留直趨荆襄呼召滇粤三逆藩與之連結搖動江以南以撓官軍則禍甚於今日矣棄舟楫之便而敝攻圍故知賊無能爲也李公以是知公能二十年李公疏言鄭錦已死子克塽幼部下爭權征之必克因薦公素習海上情形可專任而總督姚公啓聖亦奏公能遂授福建水師提督加太子太保公至軍練水師又遣閒諜通其舊部曲使內應二十一年七月彗星見給事中孫蕙疏言征臺灣宜緩尚書梁清標亦以爲言有　詔暫停進勦九月公疏言臣已簡水師精兵二萬戰船三百艘足滅海寇請飭督撫餽餉而獨任臣以討賊無拘時日但遇風利卽進兵
詔如所請行公復請調陸路官兵隨征許之時克塽仍襲僞爵稱延平王事皆決之僞武平侯劉國軒僞忠誠伯馮錫範猶恃海道險遠致書總督姚公言克塽願稱臣入貢不薙髮登岸如琉球高麗例姚公以聞　上不許趣公進師
二十二年李公光地請告家居邂逅公逆旅中李曰衆皆言南風不利公出師故犯之何也公曰賈豎之言也夫北風日夜猛夜則更甚自此至澎湖縱能魚

貫行幸而不散然島嶼悉賊踞未能一鼓奪之舟無泊處坐與行殊風濤震撼軍不能合也將何以戰夏至前後二十餘日風微夜靜海水平如練可以拋碇泊洋聚而觀釁不過七日舉之必矣用北風者徒幸萬一南風則十全之算也然旬日閒恐有颶風亦偶閒歲不起此則天意非人慮所及耳又曰賊將劉國軒爲彼魁傑設以他將守澎湖雖敗未卽服也必用再戰如守澎者爲國軒或死或敗則勢窮膽裂矣臺灣可不戰下李喜曰寇平矣公笑曰何信之深也李曰爲將者必識天時地理且較將之智力公兼之矣能無平乎六月公由銅山攻克花嶼猫嶼草嶼乘南風進泊八罩國軒踞澎湖築短牆列火器環二十餘里爲堅壘公遣游擊藍理以鳥船進攻賊船乘潮四合公乘樓船突陣流矢傷目督戰益力總兵吳英繼之斬賊將及賊兵三千有奇克虎井桶盤二嶼旋以百船分東西路遣總兵陳蟒魏明等東指雞籠嶼四角山西指牛心灣以分賊勢公自督五十六船分八隊以八十船繼後賊悉衆來拒我軍聯檣而進總兵林賢朱天貴突入賊陣八隊踴躍奮呼東西兩路夾攻波濤騰沸自辰至申焚

賊船百餘艘賊萬有二千遂取澎湖是役也公以十四日發銅山二十二日決
勝果在七日中戰之日東南角微雲起國軒方調遣拒敵望見喜甚旣聞雷聲
殷殷國軒推案起歎曰天命矣蓋海行占風以雲起爲風兆聞雷則止也國軒
敗後乘小舟歸臺灣克塽等震慴無措乃乞降公爲奏請　聖祖許之八月
公統兵自澎湖入鹿耳門抵臺灣克塽率其屬薙髮迎降繳僞延平王金印臺
灣平　諭旨嘉公忠勇性成矢心報國加授靖海將軍封靖海侯世襲罔替仍
管水師提督事遣侍衛賚　御用冠服　賜之公疏辭侯爵　優詔弗許　特
賞孔雀翎　命侍郎蘇拜往福建與督撫及公議善後策時有議遷其人棄其
地者公疏言臺灣自古未入版圖然中國之民潛往生息其閒不下萬計海寇
鄭芝龍始踞爲巢穴明崇禎初芝龍就撫借與紅毛爲互市之所順治十八年
鄭成功攻破之盤踞其地傳三世數十年一旦畏威納土此誠　天佑
皇上以未闢之方輿資東南之保障若棄其地遷其人則此地原爲紅毛所有
萬一乘隙復踞後患方長伏思海氛旣靖汰內地溢設之官兵即可分防兩處

三年後開征濟用內地可免轉輸竊謂棄之必貽大患守則永固邊隅伏乞
乾斷疏下議政王大臣會議仍未決　上召詢廷臣大學士李公霨奏應如
公請尋蘇拜及總督姚公亦如公議請設總兵等官及水陸兵並設縣三府一
巡道一得旨允行尋　詔授鄭克塽公銜劉國軒馮錫範伯銜俱隸漢軍其僞
武職千六百有奇僞文職四百有奇降兵四萬有奇及明裔朱恆等　命於附
近安插墾荒二十四年公疏請申嚴海禁凡與販外洋應定船數每船仍酌定
人數歸督撫提鎮責成汛官防範其採捕漁船亦使互相稽察以杜變端從之
會歲饑公平糶賑卹全活百萬戶二十七年入　覲　賜朝服　上諭公曰
爾前爲內大臣彼時尚有輕爾者惟朕深知爾待爾甚厚其後三逆蕩平惟海
寇游魂尚爲閩害欲除此寇非爾不可爰斷自朕衷特加擢用爾果能盡心竭
力舉六十年難靖之寇殄滅無餘誠爾之功也近有言爾恃功驕傲者今爾來
京又有言當留爾勿遣者朕思寇亂之際尚用爾弗疑況天下已平又疑爾弗
遣耶今命爾復任宜益加敬慎以保功名從來功高者往往不克保全終始皆

不能敬慎之故也其勉之公以年衰乞致仕　優旨弗允三十五年三月薨於
位年七十有六贈太子少傅　賜祭葬　予諡襄壯雍正十年　詔入祀賢良
祠子世范襲三等侯
仲子世綸字文賢康熙二十四年由任子授泰州知州殫心職業有重臣來治
河從官某強州民已聘女爲妾君持之急立還諸民餘衆咸遵約束尋坐事降
調督臣傅臘塔以世綸清廉公直題留得　旨留任二十七年湖廣兵變援勦
官軍過境沿途侵掠君具芻糧應之而列梃以待有犯者立擒治之兵皆歛手
去明年擢守揚州禁冶遊俗尚一變會歲饑力請與修范公隄以工代賑全活
者多　上南巡召對良久顧左右曰此天下第一清官也調江甯以父憂去
官乞留者萬人不得請乃人投一文錢建雙亭於府署前名一文亭累遷安徽
按察湖南布政使湖南田自丈量後里役雖免而正供外有徭費歲漕外有京
費世綸盡革徭費減京費四之一民立石頌之入爲太僕卿坐事免　特旨授
順天府尹令行禁止畿輔肅然再遷戶部侍郎五十四年出爲漕運總督禁需

索草羨金劾貪弁除蠹役人服其公明五十九年陝西大旱饑轉河南粟二十萬石給關中　詔世綸勘黃河運道乃自孟津歷砥柱上龍門由陝州達西安量地險易酌舟多寡因徧歷陝境發帑金倉粟賑饑秦民建生祠祀之君性警敏聽斷如神自司牧歷大吏清白自持始終一節以勞疾薨於位江泰淮揚並祀焉著有南堂集八卷奏疏若干卷

第六子世驃由行伍起家積戰功康熙四十七年擢定海總兵四十二年上南巡　御書彰信敦禮匾　賜之累出洋巡緝海盜　溫諭嘉獎　賜戴孔雀翎四十七年遷廣東提督五十一年調福建水師提督六十年四月奸民朱一貴自稱明裔僭號中興天下大元帥倡亂於鳳山縣之姜園戕總兵歐陽凱副將許雲等遂陷臺灣君聞報即率所部進扼澎湖總督滿保檄總兵藍廷珍等以師會衆議三路進攻君以南路打狗港在臺灣正南南風正盛不可泊北路淸風隙去府治百餘里餉道艱度賊必屯聚中路宜直擣鹿耳門時臺灣文武官均退回澎湖惟北路淡水營守備陳策堅守汛地君遣將赴援而自統師

擣中路遣勁卒以小舟載旗幟先伏於南北港六月抵鹿耳門賊踞臺灣抗拒君登樓船督戰發礮中賊貯火藥器火大熾賊驚潰衆軍齊進兩港悉樹我軍旗幟遂揚帆直渡鯤身鯤身者海沙也大舟不能過是日海水驟漲八尺舟行如飛遂復安平鎮明日破賊四千於二鯤身賊衆八千來拒復擊敗之遣守備林亮等由西港進游擊朱文謝希賢林秀等越七鯤身由鹽埕諸路奮勇登岸並趨府城君身先將士擊敗賊衆一貴竄遁遂復府治閏六月諸羅縣民楊旭等誘擒一貴及其黨翁飛虎等十二人縛獻大營一貴檻送京師磔於市逆黨俘斬殆盡臺灣平與襄壯公平臺日期先後符合 詔優敘有功將士 賜世驃東珠帽黃帶四團龍補服九月薨於臺灣軍營 優詔悼卹贈太子太保賜祭葬諡勇果雍正元年 世宗特旨臺灣自古未屬中國 皇考以聖略神威取之載入版圖逆賊朱一貴等倡亂官軍感 皇考教養之恩奮勇攻取七日之內勦滅數萬賊衆克全臺厥功甚偉茲仰副 皇考從優議敘之旨於現議甄敘外仍各加一等後不為例提督施世驃可予一等輕車都尉

子廷專尋襲職其淡水營守備陳策即以君薦超授臺灣總兵官

藍義山軍門事略

藍公諱理字義甫號義山福建漳浦人生而魁偉虎頭燕頷口可容拳力舉八百斤足追奔馬能曳其尾倒行少貧無以爲生或勸爲染人尋發憤棄去持斧擊靛缸碎之會海寇盧質擁衆岱嵩井尾閒時出刦掠公集族中雄傑者得十五人謀曰大丈夫當立功報國今盧質爲害鄉里我與若往殺之官以我爲能必聞於朝且用我矣皆曰善遂行得壯士五十人至岱嵩屯焉盧質居井尾隔一江公傳言吾欲與質鬬質聞率衆三百至公大笑曰吾始聞若勇今乃知若怯若所恃二三百人耳使隻身與吾鬬吾擒若矣質喜曰有是哉遂各持盾攜短刀躍出鬬百合莫能相勝負質故有名劇賊身長七尺餘白皙長髯揮刀盾如閃電當者辟易見公少年心易之至是知爲勍敵殫其技終弗能勝公度質氣且餒忽虎吼曰著矣質愕然趾出盾外公截其趾顛遂斬之令其衆曰降者免死衆皆降其副王都聞之亦降公將詣郡獻功都請緩數日實潛出刦掠後

以傷死公始自詣郡郡守聞公作賊方戒嚴公指天誓且言屠賊狀弗信逮下獄雜羣賊中鞫治之將斬計五十有三人議留一人緩其死命掣簽公曰死則死耳何掣爲羣賊以次掣遺一簽於地公曰地上者予我官揭視之生字也由是五十二人皆斬而公獨留亡何同繫者謀越獄事洩坐斬將及公迅雷忽作晝昏黑主者知其寃乃止然終不獲出獄公亦晏然無出意日捆屨以爲食康熙十三年耿精忠反悉縱繫者使受僞職公不從間道走出仙霞關聞康親王方統大軍討賊公迎謁具陳平閩策王嘉其忠命隨征爲鄉導破僞都統曾養性於温州十五年以功授建甯游擊十七年都統賚塔等敗海賊於蜈蚣山復長泰公皆爲軍鋒又隨提督楊捷夾擊賊將何祐於烏嶼大破之還灌口參將灌口當孔道軍興旁午供億繁甚閩督姚公啓聖方駐漳浦每使過有所誅求公不應且執而鞭之由是過客皆譖公姚公命公分兵守高浦辭不赴遂以虛兵冒餉劾公削籍擬杖徒公有卒以鬬殺人當死公憐其母寡無昆弟自詣官曰殺人者我也卒無罪遂免卒而置公於理在獄又經年請勦海寇自贖

上允之發臺灣效力當是時　朝廷以鄭氏父子竊踞澎臺數侵擾漳泉爲邊患議大舉師　命靖海將軍施公琅征之施名將雅知人聞公忠勇奏署右營游擊部議持之　特旨報可遂領前隊先鋒公喜得遂報　國志曰在廈門練水師有二卒出市薪蔬遇將軍戈什哈觀劇使酒擒而撻之且痛詆公卒歸愬公笑曰鬬毆常事也且問汝勝耶負耶卒曰受撻耳何勝負之足云公怒曰汝二戈什哈不能勝何能殺賊命斬之卒呼寃曰某等以將軍故讓之請復與鬬如不勝願死公縱之再鬬反命曰大勝矣公喜命二卒臥板扉上刺雞血淋之舁以往見將軍請發戈什哈二人者付公治施公不可公固請曰今用人之始士卒不能愛軀命爲將軍出死力將軍宜一體撫恤之戈什哈倚將軍勢無故撻士卒且大言辱詈某損先鋒威重搖惑軍心將軍不發此二人付某治恐軍士人人解體也施公不得已付之公回營具牒飛報將軍曰今日上吉先鋒官啓行即詣海岸縛戈什哈二人斬以祭江纛巨礮順風揚帆去施公聞之不懌既而曰虎將也必成功遂親統諸軍繼之公帥師先抵澎湖鄭氏將劉國軒曾

遂等以數萬衆迎敵戰艦蔽江公鏖戰自辰至午手殺八十餘人身被十餘創正酣鬭閱忽賊礮斜飛過公腹公偃曾遂呼曰藍理死矣公仲弟瑤從背後扶公起公奮拳虎吼曰藍理在曾遂死矣喚草茵持刀來連呼殺賊者三聲如震雷舟中軍士皆氣壯無不一當百草茵族子法小字也持刀授公見公腹已破腸出於外血淋漓爲掬而納諸腹中公四弟瑗傅以衣五弟珠持匹練連腹背交裹之公大呼殺賊不暇顧也時賊船競進以鐵鉤鉤公舟我軍亦鉤賊舟火箭火彈互擲煙焰障天賊中有飛天鼠者抱巨桅猱升而上銜刀負篷立將躍入公舟公弟瑤距躍斬之賊奪氣我軍賈勇先登公命以火藥盡傾賊舟焚斃賊無數沈其巨艦二賊大敗逐北數十里棄械浮尸盈海面捷聞施公大喜疏上公首功命紅毛醫治公創醫言須七日弗動氣乃可平復未幾施公進戰戒左右勿使公知會官軍小卻施公以大衆犁之過猛舟閣淺沙不能動羣賊環焉施公故善戰神氣閒定然終未得突圍出公聞左右耳語詰得之大驚立往救時諸將所乘舟皆書官銜姓氏於旗上獨公舟止書藍理二字字方廣各二

丈賊遙望見相謂曰藍某來矣皆披靡公飛盾躍過僞中軍舟連斬巨魁十餘
人復躍而還賊奪氣奮擊大敗之奪賊舟請施公更舟施執手慰勞且曰醫言
七日勿動氣今方三日何遽來公笑曰主帥有急卽創裂以死不顧也遂與施
公乘勝鏖擊窮追賊首尾不相顧鄭克塽大懼遂納土降臺灣平施上公首功
加左都督以參將先用尋丁憂二十六年服闋入都抵趙北口遇　聖駕出
水圍將避道所乘馬凝立弗肯行鞭之數十不動乃舍騎步入粱園中　駕至
遣侍衞問誰騎公乃出曰臣藍理從福建來者　上問是征澎湖時拖腸血
戰之藍理邪公奏曰是　上曰來何遲也召至前問血戰狀解衣視之爲撫
摩傷處嗟歎良久復　召至行宮慰勞之　特旨授神木副將　賜帑金三百
兩未行擢宣化鎭總兵掛鎭朔將軍印二十九年調浙江定海鎭在浙十餘年
權提督者四每遇　南巡迎　鴐或入都　陛見　寵賚特有加　聖祖嘗
語諸王大臣以公拖腸血戰狀又引見　皇太后曰此破肚總兵也視公若
家人父子公每以奏對皆偘偘直陳或手舞足蹈不自已　上嘉其真率

御書所向無敵額賜之四十二年調鎮天津　賜孔雀翎及冠服尋以舊傷疾作請解任　温旨慰留　賜御醫診視公以畿輔產米無多而天津一望皆平原可開河引水灌稻田乃躬率兵士墾鑿得水田數百頃歲收豐稔　上悉以賜公賜名藍田爲世業四十五年擢福建提督　御書畫錦萱榮額　賜其母蘇氏幷書勇壯簡易額　賜公調公弟參將珠赴天津接管營田事公至閩日召故鄉父老飲道及微時顛沛狀欷歔太息慨然有廣厦萬閒庇士之意時詢疾苦遇胥役勢豪訟師土棍悉關白當事置諸法親近者竟自治之倡建江東大石橋二捐金巨萬不足則以郡人之不孝不弟及爲富不仁者出罰鍰附益之又大治街衢拓其規制常曰以地方不義財爲地方之利可以勸孝弟抑豪強轉移風化或曰此有司事也非所宜聞公怒曰天下官管天下百姓腐儒何足以知之由是告訐者踵至差弁句攝趾錯於道富人重足立左右親暱因緣爲姦利利歸羣小而惡名盡萃公矣妒公者因刻匿名帖繪一虎以比公多列罪狀五十年坐盜案落職巡撫滿保總督范時崇據虎帖劾公　上命侍

郎和托廖騰煃等往按左右不肯承公曰吾大臣何必辯舉筆署曰皆實議斬立決追贓八萬籍其產　特旨從寬免死調赴京師入旗籍五十四年大軍進勦策妄阿喇布坦公請赴軍前効力　上以其驍勇練軍機　賜總兵銜協理北路軍務五十七年以病回京明年卒年七十有一　上追念公功　特旨免所追銀　賜公家屬出旗護喪歸葬公生平躁急性發如雷霆過即忘之無藏怒宿怨每劇談大笑聲聞里許尤善罵人遇權勢赫奕出己上者輒挫侮之然遇才人傑士雖極寒賤必折節禮下以此人服其伉爽教家勤儉衣食粗糲無所擇家奴饜珍羞而草蔬敗肉反留以待公公亦甘之好書擘窠大字濡毫伸紙有求無不應者諸弟皆以平臺功加左都督瑤功最多未仕卒瑗至金門鎮總兵亦喜書大字拳能入口揚盾一躍三四丈珠累官參將勇不讓諸兄而性敏嗜學能背誦通鑑綱目不遺一字文人多避之

許藎臣少傅事略

許公諱貞字藎臣閩之海澄人父炳嘗捐貲重建明倫堂又築陂引淡水以溉

民田鄉人德之公初爲鄭氏將康熙三年率所部歸朝　詔授左都督駐九江
已而移駐贛縣墾荒爲屯田都督居久之滇黔變作湖湘諸郡皆陷而耿精忠
反閩中出兵杉關廣信建昌撫州諸山賊蜂起應之州縣大半破沒精忠遣驍
將賈振魯規取贛州以通楚寇陷石城圍甯都勢張甚虔人震恐公在屯閒發
憤歎曰鼠輩猖狂乃至是乎大丈夫立功報國此其時矣遂以十三年五月二
十四日起兵赴援時公閒居久部曲多散去衣甲器械不完而公常教人舞藤
牌用挑刀人多鍊習乃椎牛釃酒集屯丁諭以忠義聞者皆感憤得健卒四百
率之行賊衆數萬營於黃坊所過無敢攖鋒者見公偏師前不爲意公大呼突
陣跳盪無前藤牌軍一躍數丈人馬辟易搏戰數十合賊大潰斬首數千獲甲
幟礮矢無算於是軍容始可觀乘勝解甯都圍復石城斬三千級八月賊圍興
國急公馳救之立解勦雩都瑞金盡平天華長樂伍選白寺諸寨招降江背石
寶諸寨賊衆數萬出難民三萬有奇屬有司加意拊循督撫交章上其功加太
子少保時公威名日盛閩寇畏之遣辯士以高爵誘公致書進說公一不啓書

械其使以聞顧遣閩人饒元結僞總兵張存歸順存踞順昌以牽制延汀耿逆大患苦之於是　天子知公忠赤可大用擢公總兵轄湖東三郡駐節建昌以十四年六月視事未逾月復宜黃崇仁樂安三城初建昌爲賊踞安親王復而守之顧環城數十里皆賊賊屯麻姑山蕭家坪楊華芙蓉諸山寨無慮三四十萬逼城而軍眈眈下瞰王以爲憂公徐白王曰賊雖多易與耳請往破一寨以爲驗王尚未知公之能軍也姑應曰諾公出賊不意以夜二鼓疾馳蕭家坪冒險突上犁旦破之王晨召公不至聞其出剿也大驚惟恐失之已而公還獻捷乃大喜賜食慰勞於是王知公果可屬大事遂以建昌委公而身帥師自袁州進攻長沙留滿兵五百公部卒僅二千賊聞大軍西行度城守益單以十二月二十八日併力攻城一軍駐城東之沙坪一軍駐城東南從姑山一軍薄南門城東多民廛沙坪曠衍他將請攻之公不可分遣裨將守南門而自將銳卒擣從姑山山高賊渠屯焉不虞我軍猝至倉皇迎戰大敗走而賊之攻南門者方鴟張公自山馳下掩出其後賊大驚表裏夾擊盡殲其衆盱江爲之赤自

是賊膽落不敢復議攻城矣訊俘言賊度官軍必攻沙坪則出兵縻我而從姑山之衆下焚民廬官軍不得還城即破矣今縣攻從姑山則沙坪之衆弗能救也諸將乃大服麻姑山最高賊數萬壁其上環而寨者數十里一擊百應公默計方春水發溝澗皆成河諸寨隔絶乃可破也於是按兵休士就麻姑山麓平敞處時時引兵習陣法賊初見兵來謂將攻己也環甲執戈以待公閱武畢徐回久之賊亦懈不爲備春水暴漲賊以浮橋相聯絡公密具舟積薪其中十五年三月晦公復出閱兵士卒皆不知將攻麻姑也抵山麓忽引而上直突賊營賊分衆掠糧於外留寨者不意大軍猝至惶駭不知所爲而別校爇薪舟絶其浮橋他賊莫能救一日破六十餘寨積屍滿巖谷煙焰塞天於是南山賊皆盡而城東二聖山閩寇耿二營焉其餘沙坪紅門梓木嶺諸賊蜂屯蟻聚不可爬梳公計賊衆且有備故緩攻以懈之五月五日當競渡衆謂賊在近請已之公故縱龍舟往來盱江置酒張樂會諸將聚觀賊熟視不敢出聲息公益知賊虛實遂以六月六日進剿二聖山直擣中堅賊所恃礮火弓弩我軍肉薄而上藤

牌蔽身矢石不能傷長刀一揮甲札皆徹賊大敗耿二踉蹌遁連破四十營斬馘無算餘賊盡走入杉關自王師西行建昌危於累卵公獨守孤城者七月以疲卒二千當方張之賊數十萬而胸有成算整暇從容卒能以少擊衆官民倚公若長城焉七月復金谿南豐八月復廣昌九月復瀘溪授雲騎尉世職十年破賊蓮塘十一月援南豐十二月復新城追賊至杉關於是湖東三郡無賊而吉安寇韓大任者驍勇有智數號小淮陰與官軍久相持不下糧盡出走以十六年五月入樂安簡親王度攻大任非公不可檄公提師擊之遇於跌水嶺大任所將多邊關勁卒垂死猶反鬬公與之一日八戰彼此疲極坐睡少頃輒起復鬬我兵益奮寇不能支奔甯都衆猶二萬屯都湖立木城畫塹而守公攻圍兩月寇出挑戰輒不利乃棄城遁公星馳追躡蹙之於永豐又蹙之於黃塘虎峒賊衆死亡略盡乃入閩投康親王軍前乞降以公窮追力戰故也十七年春平廣昌藤弔楓樹二寨降僞將饒大武等五十餘人兵民五千有奇二寨舊稱天險四面懸崖攀藤猿掛而上頂寬平可容數千家有池不竭粟支數年公乃

營於對面永安山多製火器會天大風發礮焚其廬賊升屋救火遥縱火筒擲
之不得上須臾灰燼賊窮乃乞降先是麻姑二聖之賊既滅公念餘黨不足窮
捕遣人四出招撫僞總兵揭斯進僞將軍楊玉太僞都督余雄等先後受撫者
三十餘輩計將吏千餘人兵卒數萬其或抗命亦不遽加兵徐曉諭之初過廣
昌僞將軍劉汝桂等不就撫而潛遣人入營偵探公引令遍行營壘曰吾軍虛
實恣汝觀之歸語汝將欲降則降不降善守汝寨吾今未加兵俟軍還攻汝必
矣宜固守某險要不能守而破者玉石俱焚其毋悔廣昌民欲薙髮公曰徐之
吾未能留兵兵去賊復至必僇汝吾歸滅賊汝薙髮未晚也民皆感激泣下汝
桂等服公威信亦率衆出降公仁而有度皆此類也諸山寨初或恃險不卽降
及藤弔楓樹平相顧詫曰二寨猶破吾屬尙不降無噍類矣是年秋 璽書褒
獎晉提督兼轄饒州南昌吉安凡六郡其冬命提督全省軍務所部將領許自
辟置不拘成例異數也劇賊江機楊一豹駐江滸山爲巢四出標掠公會師勦
之自錢村入賊立木城爲三關深溝堅壁兵不得進寨後有高山公遣人間道

攀援至山頂下瞰賊巢第苦乏水飢疲不能復鬭乃命截竹爲筒盛斗水人負一筒裹乾飯宵行黎明至山巓飽餐以待賊望見上山迎鬭我兵乘高擊之賊披靡多墜崖谷死乘勢至寨後鳴角聲礮賊守關者聞之謂官軍已入寨皆散走大軍長驅而進盡殲其巢賊首走雞公山猴子嶺封禁山皆絕險人跡所不到輒躡其後襲破之又走洪山洪山有黃巢殿自昔官軍無至者公又破之斬一豹第一虎及僞官二十有五賊兵二千有奇十八年四月追賊至江滸山即賊巢爲營賊謀夜劫營公詗得之令鑿地三尺以其土壘垣三尺城塹立就士露刃植立垣下戒賊至毋得出聲而別遣將伏林莽中賊果夜至忽見垣塹嶄然大驚發火見垣內白刃如林惶怖反走伏兵出賊狂竄相蹂躪死進破詹源老巢追斬萬六千餘級機一豹等亡入閩納款康親王軍前論功加公世職騎都尉兼一雲騎尉二十二年調廣東提督公自起兵至是首尾九年凡遷官四加銜一加級五子世職三大功奏聞者二十餘次其餘戰績不可勝紀惟

天子嘉公忠勇召入　陛見褒勞再三公叩首言　國家洪福　主上天威

臣何功之有　上問在某處某處殺賊幾何公又叩首言臣逢賊便殺不記多少　上笑而頷之知公樸誠益重公公為人廉謹和易謙退不伐平居左圖右書接對士大夫恂恂儒雅不知其為元功宿將也持軍嚴整禁部下勿掠勿淫勿殺降勿俘良民每出軍以郡縣僚吏偕行破賊得難民婦女輒幃置別室屬吏謹視之遣還其家破寨得積穀令軍民隨力負取軍敢奪民僇以徇凡收復城邑他將有議攻山寨者公曰方亂民結寨自保不皆賊也止勿攻所全活不可勝計以故江右人深德公家祠戶祝思慕不少衰云論者謂自三藩倡亂東西交訌潭岳撫信之賊中相隔閡者虔州一綫地耳公崛起屯閼扼其吭使賊連雞之勢不成遂乃偏師橫騖霆擊風驅令麻姑玉笥閑空無賊巢王師得以開長沙掃滇孽而粵閩二寇縮爪鈐牙坐困井底同歸灰滅公之功在社稷不細矣公涖粵十四年造哨艇設水塘晝夜巡戢盜賊屏跡山海晏然三十四年三月薨於位　贈少傅　賜祭葬如禮其騎都尉兼一雲騎尉世職注入贛州衛子鳳朝孫克寬作哲遞襲三次例應停乾隆中　特予雲騎尉世襲

罔替

國朝先正事略卷十一

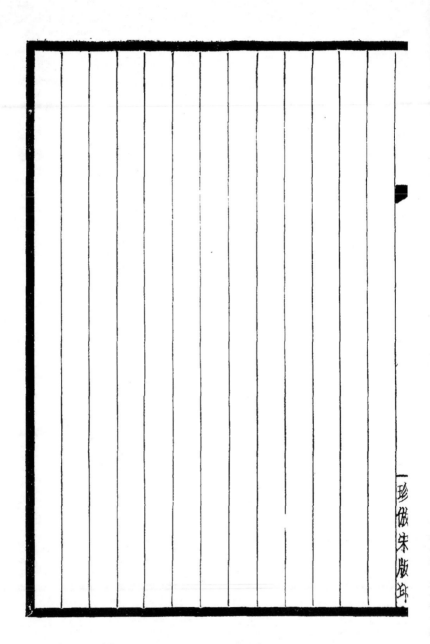

國朝先正事略卷十二

平江李元度次青纂

名臣

陳恪勤公事略子樹芝等

陳恪勤之生也母羅太夫人夢入彩雲呑月華有大鳥負青衣童子來故命曰鵬年九歲著蜻蜓賦即驚其老宿康熙三十年進士知浙江西安縣公性彊直初入官誓以清白自勵西安當耿逆亂後民多流亡豪強爭占田自殖公履畝案驗有主者悉還之烈婦徐氏含冤十載公案誅首惡建祠表墓浙人爲演鐵塔傳奇禁俗溺女杜開礦議邑大治三十九年河督張公鵬翮調赴河工逾年補山陽縣上書巡撫宋公犖謂陳民所不便與己所欲爲者請勿拘常格宋韙其言山陽本澤國田沒於水征賦不及額戶部持之公上言死不再生逃未復業卒得請會霖潦將溢河隄總兵欲啓東岸閘洩水公曰柰何以東岸七州縣爲魚乎請以身禱河隄動左右卻走公山立不變色取民籍沈之水陸落五尺

不爲災尋擢知海州當歲除州人徧榜官清民安四字於門　聖祖南巡過
沂州　詔截漕米四萬石命選賢能吏運兗州分賑以公董其事回鑾　召見
濟甯舟次　命賦詩　賜御書一軸四十三年擢江甯知府微行至郡夜宿海
忠介祠題詩見志廉知重耗病民亟革之下車前一日訊輿夫知某僧以勢奪
其妻訟不得直公命訴於新知府詰旦拘僧至僧故總督所暱役以計誘而後
至者也至則庭立稱無罪公出民詞示之乃慴伏將立斃杖下總督爲請公曰
知府初行法柰何即格於一僧總督固請令罰鍰輸廟工僧僅得脫死江甯俗
父母死子必親訃公頒士喪禮禁之并諭諸生有毀廉隅證訟者檄諸縣籍其
名歲終報府俟督學按試時上之於是終公任諸生無證訟者米踊貴請發官
米四萬石設九廠平糶松江捕卒誣富人爲盜掠其家逼婦女自盡事發赦前
公仍置之法常州守某文致所部諸生吳廷立等十餘人於死公與會勘雪其
寃吳獲更生易名曰復字念滄蘇人有鬬毆死者已坐故殺矣公出其罪部駁
再三不能奪會　聖祖將復南巡總督阿山召屬官議增賦衆無言而注目

公公力爭且曰官可罷賦不可加也議遂寢自是大吏滋不悅公四十四年
聖祖復巡江南使公主辦龍潭行宮故事自左右侍衛及閹寺牧圉皆有餽
公一切不問或竊置蚯蚓糞於簟席閒　上召公詰問先是　上駐蹕織
造府一日織造幼子趨而過庭　上以其無知也曰兒知江甯有好官乎曰
知有陳鵬年會致仕大學士張文端英入覲　聖祖問江南廉吏文端首以
公對至是復問公爲人文端言吏畏其威而不怨民懷其德而不玩士式其教
而不欺廉其末也而織造使曹公寅亦免冠叩頭爲公請血被額同官某恐觸
上怒陰曳其衣曹請益力　上遂釋然　駕幸金山觀水師先期一日
大吏檄公疊石爲步者三欲以困公屬吏皆惶急公曰吾自辦之乃率諸子弟
躬運土石士民從者屬路爭撤屋材濟工然江溜急下石則捲浪去有估人子
坐木筏上知其故請絙筏疊石層絙層疊筏出水面有基卽甃石如平地鼓四
下工竣如有神助　聖祖臨視益奇之　御舟發　命公督挽舟者舟入淮
山陽民趨之曰此陳父母也壺飧載路　上微窺之既渡河　温旨令公還

其年六月阿山劾公受鹽典各商年規蝕龍江關稅又無故枷責關役遂落職
下江甯獄　命漕督桑額河督張鵬翮會讞江甯人痛哭罷市士民揭帛鳴鉦
環制府問太守見劾之由門者重閉叫嘷不退有司械繫數人制府欲釋之使
謂曰爾偶行過此被繫邪皆曰非也願入獄與太守同命諸生俞養直等繼至
大呼請保清廉太守呵禁之不止則懼之曰卽擒治矣養直卽挺身就擒吳復
乃入獄弔養直曰此我當爲者君竟先我爲之邪訖傳養直獎獄時學使者方
按試句容八邑生童譁曰讀書應試何爲也皆火其卷去且白使者請申救養
直遂得出及會鞫百姓夾左右道人火一束薪燭公去來夜明如晝讞者以三
木訊商人商人曰歲餽自督撫及州縣皆有之惟太守不受一錢耳旣捃摭無
所得則以公嘗逐羣娼建亭南市樓月朔宣講　聖諭爲大不敬獄成論斬
　聖祖問大學士李文貞光地阿山在官何若文貞曰當官勤敏無害其犯
清議獨劾陳鵬年一事耳　上頷之有　詔從寬免罪　命入武英殿修書
四十七年以江督邵穆布之請特授公蘇州知府　命以書局自隨公抵蘇手

書榜門曰求通民情願聞已過時大饑且疫公所在疫斷民書公名鎮於門於
是議賑貸勸捐輸濬城河修學宮剏義塾禁婦女遊觀初至滯獄三百有奇未
一月判決俱盡過維亭鎮見水浮漚心動跡之得尸鞫其鄰乃某村婦手絞其
夫也洞庭山豪陸某殺人匿尸躬往發掘得之斃豪於獄博徒萃窟室局誘良
家子公闖其室械其人如熟游者皆聞風駭散四十八年　特命署布政使時
張清恪伯行撫江甯夙重公事無巨細皆與裁決總督噶禮與巡撫有隙益忌
公劾布政使宜思恭糧道賈樸並坐公覈報不實又密奏公所作虎邱詩爲怨
望字箋句比以周內之錮公於鎮江民奔走呼籲如在江甯時初公謁總督白
事不跪噶禮怒呵曰知府生死我手何敢爾公曰果有罪雖幸賜寬假寸心具
有鈇鉞如其不然君主之百姓安之生死不在公也徐步出噶禮遂必欲死公
部議削籍戍黑龍江仍得　旨來京修書百姓遮留公閉十二門凡九日不得
行公泣諭乃就道五十一年　聖祖諭閣臣曰陳鵬年頗有聲譽學問亦優
張伯行聽信其言是以噶禮欲害之曾奏虎邱詩中有悖謬語宵人伎倆大率

如此朕豈爲若輩欺邪遂出其詩共閱初學士沈涵密薦公　上還其奏五
十六年　召公見曰沈涵薦爾朕疑之今知非爾所聽請故命署霸昌道可乘
傳奏事在昌平有冠花翎者數人稱某王遣來索修城者金勢張甚公僞遜辭
延之入而陰伏健步縛置獄中因馳奏謫某王入對　上示以公疏曰無之
曰然則可聽陳鵬年處分公杖斃一人枷四人徇於城自是畿甸肅然嘗進瓜
熱河　上命傳諭家僮汝主官清不必以常例進奉可將瓜帶歸以賜汝主
公旣受代仍回京修書六十年　命隨張尚書鵬翮視南北河隄　詔公留河
工是年秋河決武陟馬營口公請從決口上流對岸廣武山下別開引河殺水
勢得　旨覽陳鵬年奏皆與朕前頒諭旨相合下部知之尋署河道總督公在
官慎宣防嚴啓閉卹徒庸覈功罪信賞罰疏薦余君甸陸君師張君杓爲監司
皆以名績著明年馬營再決公請於王家溝再開引河使水趨東南入滎澤報
可未幾奉　詔自工所還清江兼攝漕運總督時漕渠歲澁遣幹吏直溯淮源
疏其上流使清水暢達會黃濟運旗丁數千人以道梗乏食呼號載路公先給

帑金六萬後奏　聞　聖祖嘉之謂得大臣任事體秋八月再泛武陟時決
口尚未塞公爲文禱河神以死自誓是夕水驟退八尺再疏請開官莊峪引河
報可旋聞　聖祖升遐公方治官書驚慟筆墮地淚盡見血遂得疾　世
宗卽位授河道總督公日夜宿隄上往來風雪中疾益甚雍正元年正月五日
方四鼓命具湯盥沐畢口占遺疏質明端坐逝年六十有一有　詔悼閔且曰
此眞鞠躬盡瘁死而後已之臣也可賜白金二千兩治喪其家有八旬老母可
給封典子予一品廕生尋　賜諡　賜祭葬如典禮雍正十年入祀賢良祠喪
歸過南北壩尾兵民繞棺哭者數萬人河南江甯西安皆祀公名宦公長軀虎
項美鬚髯目光閃閃如電而胸有定力不以榮辱毀譽生死動其心慨然以澤
不被於民道不伸於己爲恥在官廉幹得民心於上官左右親近視之蔑如用
此毀言日至每𧟌職按問民相聚巷哭持醪糒相遺禁之則攘臂而詬或門鍵
則毀垣入滿洲駐防兵亦率男婦踵門求一見陳青天狀貌好事者繪爲圖又
繪九學哭廟圖有披圖泣下者後會勘於山陽集者數萬官拒之忽一人突出

大呼請保留陳青天則江甯武生朱寄略也從而入者十數人山陽令大驚則以數人攖一人閉諸室既入獄百姓張黃旗城上書曰如喪考妣忌者因誣以大逆而　聖祖怡然曰民愛如此甚好　赦詔下士民數萬焚香北向跪呼萬歲其聲若雷公爲州縣首革火耗爲府戒屬吏曰減一分耗羨即完一分正供署藩司盡革加平曰吾向嘗請免此也吳中觀音山以竹兜代遊屐食其力者三百戶禁之詰公訴公僞遊山問曰太守苦若乎曰否守愛我但太守禁婦女遊誠當不當禁客遊絕吾儕衣食公還立弛之生平於故人子弟孤寒後進汲引如不及稱善廣坐訓過密室人銜感次骨入獄逌然自憶未了事曰杜茶村未葬某僧求書未與布衣王安節缺爲面別從容料量承鑠而行嘗表東海孝婦廟建狄梁公祠立陸績廉石復劉蕡後人徭在蘇舁鬱林石於郡學遊焦山遣人泅水出瘞鶴銘爲亭覆之其被逮入都也除夕市米潞河主人問客何來曰陳太守是湘潭陳公邪曰然曰是廉吏安用錢爲反其直問寓何所次日門外車檻檻饋米十石書一函稱　天子必再用公公宜以一節終始毋

失天下望紙尾不署姓名問擔夫曰其人姓魏訪之則閉戶他出矣公字北溟別字滄洲湖南湘潭人所著有道榮堂文集八卷詩集五十四卷喝月詞一卷歷仕政略河工條約各一卷子七人樹芝以薦舉入直武英殿官揭陽知縣多善政薦擢平越知府樹萱以諸生 召見試詩文稱 旨 命隨父校書內廷授戶部主事累官至左侍郎樹著以任子授刑部郎中出爲汀漳龍道有陳作賴石者糾黨將作亂單騎往撫之置首惡於法民皆安堵調雲南迤西道會土千總相仇殺居民驚竄聞報卽馳往擒治之刑部失火延燒檔案 詔曾任刑部者默寫惟樹著獨多人服其強記遷長蘆鹽運使終鴻臚卿

楊文定公事略

雍正十有三年秋九月 高宗嗣位甫旬日卽起楊公名時於滇南士大夫知與不知皆驚喜相告滇人士相率祖道羅拜繼以泣至環馬首不得前乾隆元年正月公至自滇時年七十有七矣以禮部尚書入教 皇子侍直南書房兼管國子監祭酒而不領部事尋 賜第 賜紫禁城騎馬當是時 高宗

銳意圖治且在藩邸素知公公亦感 上責望重將盡所學以報薦莊亨陽
秦蕙田王文震雷鋐蔡德晉等七人爲助教疏請儲書太學幷將刊板存監聽
諸生摹印講誦得 旨俞行又奏增上下江及陝甘順天鄉試各中額均於本
年秋試舉行廷臣言事可采者公爲代陳又疏言滇省舊例凡地方辦公事皆
取給民閒謂之公件官吏藉端科斂臣撫滇時屢次駁減留必需之用其餘題
報歸公而有司奉行不善不免復派於民是從前所定轉成厲階請飭予寬減
嚴禁借端派累疏下總理諸臣議令雲南督撫會酌再經部議如所請行天下
士想望丰采皆曰楊公時獨對忠言讜論不知其幾矣是年七月遘末疾浹月
而薨公疾未作方奏對 天子見其徵旣病數使人問視至是大痛悼 賜
帑金治喪遣散秩大臣領侍衛十人奠爵 特諭稱公學問醇正人品端方贈
太子太傅入祀賢良祠 賜謚文定薨之日士友奔唁國子生聚哭於庭階凡
數百人蓋公自童穉至篤老即以斯道爲己任居鄉立朝涖官訓士無一言一
事不出於中心之誠故感人如此其至也公字賓實一字凝齋江蘇江陰人少

有志聖學爲文章原本經訓方侍郎苞在學使高公幕中驚賞其文康熙辛未成進士出李文貞光地門及入翰林遂朝夕相從問學嘗薦公爲第一流 命充日講官知起居注分校禮部試　聖祖悼學政廢弛以九卿督學自文貞始而公繼之校士亦遵文貞成法士雖擯棄無怨言見屬官一依儀制保定守違成例不錄送河閒左衛童子試劾罷之未期年頌聲翕然　聖祖賜 御書擢侍講時文貞撫直隸或言公與巡撫比而招權利又適有武生驚 蹕事遂偕衆督學出防南河踰年丁母艱癸巳　聖壽六十廷臣表賀 上問翰林中有楊名時否遂 特召入京侍直南書房編校周易折衷性理精義諸書時公未補官 特命典陝西鄉試丁酉出爲直隸巡道曰吾欲試以民事也

國初沿明制直隸不設三司而以巡道主刑獄兼驛傳政繁事劇吏因緣爲姦每出巡饋夫錢驛費者麕集公一切禁杜細大必躬親讞決多所平反居月餘天下稱其廉　上聞喜曰楊名時不特官清且政事才也己亥遷貴州布政使巡撫雲南時方征西藏滿兵駐省會公慮擾民爲營館舍數宴犒而約束

堅明無敢叫囂餉遞轉民無咨滇民輸兵糧有遠運之苦奏請兵少米多之處折銀徵解雍正元年疏言雲南一切規禮臣一無所收其鹽規五萬二千兩留爲恤竈修井用外尚餘四萬六千兩累年供應駐藏官兵軍需賞賚及公私所用皆取諸此又銀廠缺課每年約二三萬兩廠員視爲畏途臣將鹽規撥補銀廠缺課並捐賠前任督撫運糧倒斃牛馬等項得 旨督撫羨餘苟可限以科則取所當取用所當用固不可朘削以病民亦不必矯激以沽譽在揆情度理行之可無煩章奏也又疏請將捐輸穀改行社倉法各貯本里每歲青黃不接時量行借貸秋收還倉歲豐徵取其息中歲免之歉則報明有司立卽發賑又言雲南民多無尺椽寸土而冊載丁名累代相仍名曰子孫丁雖老病故絕不能蠲減請照直隸例攤丁入糧以均偏累又疏言麗江土府已改歸流請將舊額錢糧照田畝均攤並下部議行滇故多銀礦官收其課久之礦衰課如故司事者並坐缺額獲譴公謂礦有衰卽有旺請以道員總理諸廠使盈絀得相衰益其費多利少者閉之官民稱便撫滇七載恩信浹於蠻髳民戴之如父公天

性和易雖馭僕隸無遽色疾言而是非可否守其所見固植而不搖自始入南書房　聖祖叩以易說旁及象數公正對無所瞻顧敭歷外臺無一字達政府　世宗即位手諭褒嘉　御書清操夙著四字以　賜尋擢兵部尚書雲貴總督四年秋轉吏部尚書仍管雲南巡撫事初李衛爲雲南鹽道遷布政使以興利爲功恃　恩眷氣陵其上公遇事裁抑之遂用是陰鬨公　上以公洩漏密摺停其摺奏公事具本題至是許仍摺奏公益自奮厲竭忠誠於人之邪正事之得失風氣醇薄之相倚盡言無隱是年冬又以奏豁鹽課敘入　密諭削尚書職仍署巡撫事大理府洱海本滇中巨川以積壅致水患公奏請疏洩著令五年一修費皆官出六年或奏公與臬司江芑通行欺蔽　上命湖南布政使朱綱代公且遣侍郎黃炳來會鞫綱至復劾公徇隱廢弛縱屬吏虧倉穀剝民無忌有　旨革職交朱綱勒限清釐具奏請旨并　命總督鄂爾泰嚴訊綱預治刑具將訊公軍民數萬洶洶集門外曰楊公受刑我輩有反耳綱氣懾而止既訊無所得則以曾受鹽規銀五萬八千有奇論絞其銀限一年內

輸官鹽規銀者卽公前所奏明給官用者也部議亦以公始終掩護無人臣禮坐挾詐欺公例擬斬監候人皆爲公危而公篝火治詩禮坦然如平時獄詞上

世宗特旨寬免公遂留滇七年淸苦絶塵日或不能舉火士民爭遺蔬粟講學不少倦及奉　召還朝五日一至太學升講堂示諸生謂學所以希天也天之德誠而已矣敬其功也其要在闇然爲己以默契無聲無臭之天載不易世不成名遯世不見是而無悶此天德之藏於密而聖學之所以成始成終者也論語首篇皆發此義而中庸尤極言之有聖學斯有王道乾元始萬物利天下而相忘於不言故論聖德以無名爲大論從政以不貪爲美盡人合天之道莫不由此是可以概公生平矣先是雍正末黔中苗亂連年用兵不能定至是公疏言貴州境內生苗在南漢人在北而熟苗居其中生苗處深林密箐中有熟苗爲限隔嘗聲內地兵威以懾之故不敢萌窺伺自開拓苗疆之議行於是生苗界上咸屯官兵日尋干戈而生苗始不安其所至熟苗無事則供力役有事則爲鄉導軍民待之若奴隸生苗疾之若寇讎或生苗乘閒抄殺熟苗以洩

忿或官軍債事屠戮熟苗以冒功熟苗怨毒日積是以句結生苗乘機作亂也
台拱本在化外自有司迎合邀功輒謂苗人願獻其地上官不察竟議駐兵遂
使生苗煽亂屢覆官兵閒有就撫熟苗又被武臣屠戮且略賣其妻女是以賊
志益堅人懷必死多手刃妻女然後出戰以致鋒不可當侵軼內地百姓被其
荼毒此已事之明驗也爲今之計惟有下剴切之詔布寬大之恩棄苗疆而不
取撤重兵還駐內地於要害處築堡修城俾民有可依兵有可守賊來則禦之
去則捨之再懸賞以示有能擒首惡及率衆歸順者給與土官世襲分主其地
更加意撫綏熟苗勿使爲生苗所劫掠爲官兵所欺陵如此則苗人自當向化
若因循粉飾恐兵端不能息也時鄂文端爲首輔公謂之曰自公用師於苗吾
數言其不可天道甚神人不可多殺惟君子爲能改過公其圖之　上卒從
公言撤兵除新疆之賦黔人乃安內廷翰林余棟丁母憂　予假六月公請聽
其終制因言翰林梁詩正服未除應緩其行走　上皆從之康熙時江南翰
林非二甲不與公獨以三甲入選日講官及直隸學政均非宮坊不與公以檢

討臏特擢不由階資其後　高宗命教習庶吉士未館選而　詔先下皆異數也生平介節義舉實行嘉言不可勝紀而孝德尤著年踰强仕父母摩拊如嬰兒其防南河也同出者多以爲難公獨以近奉二親爲喜其從文貞游也方侍郎與文貞辨析經義常自日昃至夜中公端坐如植言不及終已無言及同直南書房侍郎久與居乃知公於文貞所講授篤信力行而凡古聖賢相傳性命之恉要皆能探取其所以然此所以忠誠耿著夷險一節而爲世完人也公無子以弟子應詢嗣所著楊氏全書爲門人所輯易義隨記八卷詩義記講四卷則治經之言也

朱文端公事略

公諱軾字若瞻一字可亭江西高安人康熙癸酉鄉試領解額甲戌進士選庶吉士改知潛江縣有惠政時有鬭殺獄總督喻某權巡撫疑爲故殺斥令改讞公持前議再斥再覆如初總督調公至行省詰責公曰令所據乃初招公所據訟師教唆之遁辭也總督怒將劾之公曰畏劾而枉殺人令不爲也拂衣出會

巡撫劉公殿衡至久聞公賢爲解於總督而薦之乙酉行取授刑部主事丙戌遷員外郎巨猾余姓繫獄有力者爲營救公論如律衆撼以危言不爲動部庫借逋已奉　恩旨緩追矣有以掊克見才者誅求甚急公持不可爭月餘卒從公議公受　聖祖特達之知自此始己酉分校會試提督陜西學政表章橫渠之學以禮教變化氣質關中正學大明故事歲試報部科有册費公不名一錢以册發郵遞部科吏怒不收尋劾公造册遲延議降二級調用時科試尚餘二郡未按臨代者已至會鄉試監臨巡撫將扃闈秦士七千餘人具公揭請疏留遣之堅跪不起語益譁知勢不可奪乃紿曰爾等論誠公俟出闈乃可入告比撤棘寢不復奏會有以其事　上聞者　聖祖垂問九卿大司寇韓城張公廷樞昌言朱學使公明廉謹衆無異辭於是　特旨命公畢試事累擢光祿少卿奉天府尹通政使丁酉巡撫浙江首除供億陋規減儀從食糲衣麤讌會止五簋飭吏胥毋曳紈綺墨吏望風解綬去浙俗婚喪尙侈靡乃著家儀益以士相見鄉飲酒禮刻行之陋俗丕變幕中不延賓佐每蚤起治事手書口答

至丙夜不休尤慎於庶獄與僚屬論某獄情實某獄誣罔條舉姓名訟諜無所遺衆驚以爲神浙西數百里藉海塘爲捍蔽時築時圮公疏陳海甯老鹽倉等處宜易石用楗又海潮北向者曰北大亹南向者曰南大亹南北兩山閒曰中小亹海潮向由中小亹入江則兩岸皆無患今中小亹竟成陸地宜挑濬又上虞夏蓋山土塘宜改用石條列以聞皆報可北新關爲猾胥淵藪合搜剔宿弊行旅便之修萬松書院躬親訓課士相砥以學行巡鹽御史哈爾金勒索鹺商公劾之 命大臣鞫實論如律庚子冬內擢左都御史乞假省親明年還朝丁父憂訃至勺飲不入口三日有 旨令在任守制公力請奔喪疏再三上通政司抑之公請假葬親即赴軍前效力奉 諭往山陜督賑時 聖祖發帑金五十萬兩命與光祿卿盧詢分往督察公力疾就道抵平陽疏陳賑濟事宜皆報可於是察官吏安流庸禁遏糴招米商設粥廠立醫局補驛夫借給民人牛種截漕米四十萬石并請出京倉陳腐米平糶全活數十萬人會苦旱公爲文禱神越日大雨又以積貯多有名無實乃瀝陳冒銷虧耗及出陳易新時捐勒

浮收諸弊請　飭督撫嚴禁幷勸所屬買補缺額爲荒備有　旨通飭行九月
反命請解任效力河工就便營葬事同列勸阻之因面奏　温旨慰諭命再往
山西試行水利社倉蓋公督賑時條奏及此也會川陝總督年羹堯劾知府徐
容甘文焻虧帑　命公往陝西鞫問壬寅二月抵蒲州復請假歸葬奉　俞旨
給假葬親事畢速回任以三月抵家十二月　聖祖賓天公痛哭就道馳謁
梓宮時　世宗嗣統夙重公凡大政事及進退人材　特命公與王大
臣參議雍正元年癸卯遷吏部尚書加太子太保入直上書房　賜第及銀千
兩是年四月舉　恩科　命典順天鄉試得人最盛　特旨加太子太傅是年
六月母夫人壽八十乞假歸　特予誥命　賜御書堂額楹聯各一帑金二千
副以上珍御藥九月還　朝奉　命典　恩科會試甲辰八月典正科會試會
浙江海塘圮　詔公往浙督修報修餘姚上虞會稽塘工以丈計者凡七千海
甯三千七百有奇海鹽二千九百用帑銀十五萬五千七百兩有奇尋疏請四
品以上官許將本身妻室封典移封祖父母八品以下官許移封父母其繼母

生母請與嫡母俱封從之乙巳九月拜文華殿大學士仍兼吏部尚書　命與
怡賢親王共治畿輔營田水利發帑金百萬爲經費公悉心營度以漳衛滏陽
子牙永定灤路諸河爲經以趙北口東西兩淀爲咽喉蓄洩得宜溉田六千頃
尋合疏請分直隸諸河爲四局南運河及臧家橋以下之子牙河范家口以東
之淀河爲一局請令天津道總理北運河爲一局請裁分司令通永道兼理范
家口以西各淀及畿南諸河爲一局請改大名道爲清河道管理下部議行丙
午春丁母憂訃未至而巡撫已疏聞　特諭吏部通政司及公家屬弗以母訃
告知朱軾彼性至孝今在營田水利工所旁無親切之人驟聞此信必過於哀
毀俟召回朕剴切開諭可也又　諭曰大學士朱軾之母岑氏壼儀淑慎訓子
成名今在籍病故著江西巡撫支給庫銀二千兩派兩司讀文致祭俟朱軾抵
家日舉行公入對　上開諭再三哀不自禁出宮門慟絕嘔血滿地　諭閣
臣曰大學士朱軾事親最孝朕所素知但伊母年逾八旬祿養顯揚俱無遺憾
宜節抑哀痛護惜此身盡忠正以盡孝前已降旨賜銀二千兩治喪遣地方大

員致祭今軾馳驛奔喪回籍朕深知其家貧可再賜銀二千兩其子亦令隨歸
到家守孝百日營葬畢即來京辦事伊疏請終制情詞迫切此乃伊名節所關
朕知其出於至性但三年爲時甚久閒居在籍其心未必自安況畿輔水利事
正資料理可於八月起行來京備顧問既不任職則與家居無異於禮既盡於
心亦安矣軾年高體弱不宜過於悲傷況六十不毀載在禮經若能仰體朕心
護惜此身爲國家宣力其母有知亦必深慰倘過哀以致毀瘠則忠孝兩虧矣
并遣侍衛齎茶飯　賜之公歸營喪畢散　賜金於戚族之貧者明年九月入
都將至　上遣學士何國宗副都統永福出迎　賜膳　特旨許照怡親王
居母喪故事素服三年不補原官仍在內閣兼吏部都察院行走其朝會燕饗
俱不與戊申公疾　上賜醫藥存問時公子必堦官大明知府　特詔召回
仍補戶部郎中便養也又　命內大臣福倫視疾公疏請解任　世宗手詔
曰卿才具優長品行端謹老成練達勤敏和衷朕所深知今偶患咳嗽自可從
容調理向來漢大學士多用二員今閣臣有張廷玉蔣廷錫辦理實無曠缺卿

當頤養之時必須寬懷澄慮不必慮及內閣職務致乖調攝之道朕昨遣內大臣往視聞卿力疾叩謝次日清晨寒冷又至宮門謝恩是轉使朕心不安朕知卿小心拘謹是以近來一切服食之物未便頻頻頒賜正以冀卿之安逸望卿之速痊也其節勞靜攝導引沖和卽受朕恩賚亦免其拜跪卿年未甚老爲朕宣力之處甚多不必以解退爲請其悉朕惓惓至意明年疾復作 上允解部務專直內閣尋以失察呂留良私書吏議奪職 特旨留任 賜居海淀便奏對未幾復原職庚戌冬 命兼管兵部尚書事癸丑署掌院學士甲寅浙江海塘衝決在事諸臣意見多不合 上召公詢問公奏事難遙度願親往辦治

上大喜 命督撫及總理塘工諸大臣悉聽節制行次德州聞 憲皇帝賓天痛哭奔喪至阜城 高宗特召回京謁 梓宮昏暈不能起 高宗命總理事務 賞騎都尉世職當是時公年已七十有一 天子恐用公晚一切虛己咨詢公亦忘身殉國知無不爲因疏陳直省開墾之弊如四川一省近經丈量招集流民開墾卒之逃亡遷徙事故紛然多於熟田加增糧額以

成清丈之名於　國課無補而於民生有害又聞廣西開墾之例弊竇尤多報墾十數萬畝多係子虛因通行丈量搜求熟田弓口之多餘以補報捐無著之數蒙　大行皇帝洞燭情弊飭止丈量小民得免加賦而前此虛報陞科之田業經入冊責令輸糧民益苦累至河南省報墾田地尤多不實夫　朝廷恩免動以數十萬計如江南等省浮糧舊額一旦豁除百餘萬區區報墾之糧曾何加於毫末請　勅各督撫將報墾田逐一查明如係虛揑即據實題請開除護短文飾者罪之又言近日法吏多以嚴刻為能不揆情理之平但云不如是必致上官駁詰部議吹求於是贓私先酌數目迫以極刑罪案自定供招誘之伏法故生枝節刻意株連尤可異者凡屬吏所定之稿上官酌改必係加重否則不易一字以為改輕便似徇私不知心苟無私何妨屢改情罪未協豈憚紛更請　勅各督撫嚴飭有司讞獄務在持平其鍛鍊誣枉者罪之疏入皆立允通行乾隆元年丙辰公典會試　賜第地安門外又　賜金五百兩為修宅費八月疾大作　上賜藥遣　御醫來視九月　命和親王來視十七日

車駕親臨慰問公力疾朝服迎拜戶外次日薨遺疏略云國家萬事根本　君
心所重者莫如理財用人臣核　國儲經費綽然後有言利之臣倡議加增乞
聖明嚴斥至於用人邪正公私幾微之際尤易混淆在審擇君子小人而進
退之慎之又慎此臣垂死時芻蕘之獻也奏上　上震悼　命輟朝一日
車駕復親臨哭奠再　賜帑金千兩治喪有　旨大學士朱軾品行端方學術
醇正純修清德望重朝端朕自幼讀書宮中常聞講論卽位以來正資襄贊茲
覽遺疏拳拳以吏治民生爲念具見忠悃可贈太傅入祀賢良祠尋賜祭葬謚
文端公自爲諸生至居政府食不貳膳無故不殺牲性介而和門生某餽蔆公
稱量畢仍還之曰吾體未羸無藉於蔆故稱量之則已受爾儀矣奚必及物邪
自浙撫內召瀕行劾免二令曰二人素貪劣吾去後必大肆後人劾之罪將不
測今以不謹去正所以全之也大將軍年羹堯以罪誅父遐齡年八十餘法當
坐公奏以子刑父非法也臣簿錄年氏家書遐齡訓其子嚴罪在子不在父
世宗是之遐齡得免公凡所薦舉初不令其人知或左右微探其端必正色

曰斷自 宸衷非可以私恩市也長御史時 世宗以科道一體 命六科亦統於都察院科臣有抗爭者語并及公公叩頭申救科臣得寬免時以比文潞公之於唐介云公與方望溪侍郎交最篤望溪嘗以周官餘論十篇之三示公公持至上書房手錄曰當吾世有此異人而 上竟不聞知可乎望溪曰今 上信大有爲而士大夫結習未除凡吾所云必君相一德衆賢協心然後爲之而可成成之而可久不然上求其誠心而下應以苟道民不見德反受其殃公志果大行異日以告於吾 君次第布之不必知自某也及公大拜乃以實畿輔一篇致怡賢親王合詞請開水利望溪謂公曰近畿積水無歸久矣必以數年疏決支河俾伏秋潦漲下流無壅然後規下地擇良有司官治一區爲民表使民豔其利而爭自營之苟少違其節次動必無功其後爲之數年果利害相半公由是益信望溪言凡吏疵民瘼辨賢抑姦胸中所知見壹爲公盡之且告以海內大事宜及時措注者莫如復明初大寧三衛兼求唐韓重華屯田故蹟自歸化城西連三受降城以達於寧夏及經略苗疆控制臺灣三事因

盡出餘論七篇公皆慨然引爲己任會西陲用兵度無暇部署三方而公尋遘
疾不果行　高宗諒陰依古禮法致行三年之喪諸王大臣屬望溪草具儀
法及　制詔將頒復速望溪至雍和宮討論公常左右之惟恐其言之不盡用
也疾革望溪走視公蹶然與曰子所言三事及九篇之書吾未嘗一日忘以
聖天子維世礪俗謂子所云禮義之明人材之興也有日矣而吾將泯焉命
也夫子性剛而言直幸袁疾支離於世無求否則尚有國武子之禍賓實既沒
吾病不支子其懼哉賓實楊文定公也公與望溪同直內閣雖入政事堂衆既
退坐必下之行必後之望溪固辭公曰衆爭爲市道交即此可示之以禮矣公
所著有易春秋詳解禮記纂言周禮註解儀禮節略訂正大戴記呂氏四禮翼
溫公家範顏氏家訓歷代名臣名儒循吏傳軺車雜錄廣惠編子必堦官至通
政使堪官至左庶子必坦舉人襲騎都尉長女字建昌李氏未婚守志以貞節
被　旌蔡文勤公爲撰傳　御製詩題之有卓哉朱氏賢女子柏舟矢志終不
徙之句四十四年　上追念公清操宿學　御製懷舊詩稱爲可亭朱先生

詩曰　皇考選朝臣授業我兄弟設席懋勤殿　命行拜師禮徐張時去來可亭則恆矣時已熟經文每爲闡經旨漢則稱賈董宋惟宗五子恆云不在言惟在行而已如坐春風中十三年迅耳先生抱病深　命與親往視未肯竟拖紳迎謁仍鞠跽始終弗踰敬啓手何殊爾嗚呼於先生吾得學之體

陳清端公事略

前明海忠介公清節震海內後百餘年而　國朝陳清端公繼之二公皆粵產也忠介之意必欲事事復古清端則相時度地惟期實政足以利民忠介之清主乎肅清端之清兼乎温清如冰霜足以殺物清如雨露足以生物故學忠介而不至其弊恐流於刻學清端不至猶不失温厚之意也清端公諱瓊字文煥號眉川海康人康熙三十三年進士授古田知縣四十一年調臺灣明年行取授刑部主事累遷郎中四十八年充會試同考官任四川提學道涖官之日止以一力自隨襆被蕭然衡校至夜分不輟杜請託壹意甄拔人才四十九年

聖祖誠飭四川官吏加派厲民　諭及公任學道時操守廉潔會福建巡撫

張清恪公疏請以公爲臺廈道從之公以興化易俗爲先務鎭以廉靜番民帖
然官莊歲入悉歸公秋毫無所染五十三年超擢偏沅巡撫單騎襆被之任僚
屬逆境上莫知其爲公也旣涖事屛絕苞苴革錢糧火耗一切章奏文移盡出
己手以橫役累民劾罷湘潭令王爰溱其徇庇不揭之長沙守薛琳聲並鐫級
尋疏陳十事曰禁加耗以甦民困禁酷刑以重民命糴積穀以濟民食置社倉
以從民便崇節儉以惜民財禁餽送以肅官箴先起運以清錢糧隆書院以興
文教飭武備以實營伍停開採以防民患疏入　諭以躬行實踐勿鶩虛名五
十四年入覲　聖祖目之曰此苦行老僧也十二月調福建巡撫　諭閣臣
曰朕昨召見陳瑸細察其言論實係清官以海濱務農之人非世家大族又無
門生故舊而天下莫不共贊其清非有實行豈能得此而其才復能任事國家
得此等臣實爲祥瑞宜從優表異以勵清操　陛辭　上温諭周詳問福建
有加耗否公奏臺灣三縣無之　上曰從前各州縣有存留銀兩公費尚有
所出後議盡歸戶部州縣無以辦公若將火耗分毫盡禁恐不能行且恐別生

弊端爲民厲又曰做清官誠善但恐清而刻人便不能相安須以清而不刻爲
尙明年公疏言建陽縣有考亭書院爲先賢朱子晚年卜居故址城外朱子祠
曾奉　御賜聯額而祠宇湫隘宜與書院並行改造臣謹同督臣滿保捐費鳩
工又疏言朱子生於尤溪縣郭外之南溪舊有專祠請　賜匾額皆報可　御
書文山毓哲額賜之七月疏言防海賊之法與防山賊不同山賊之嘯聚有所
而海賊之出沒靡常也臺灣金廈之防海賊又與沿海邊境不同沿海邊賊之
患在突犯內境而臺廈海賊之患在剽掠海中也欲防臺廈海賊必定會哨之
期申護送之令取連環之保令提標水師五營澎湖水師二營臺協水師三營
各有哨船宜大書某營字樣於旗幟每月會哨一次彼此交旗爲驗送提督查
核若無哨旗交驗卽察取某營官職名若海洋失事卽察取巡哨官職名則會
哨之法行矣商船不宜零星放行無論自廈去自臺來者候風信順利齊放二
三十艘出港臺廈兩汛各撥哨船三四艘護送至澎湖交代各取並無疎虞甘
結按月送督撫查核如無印結卽以官船職名申報則護送之法行矣商船二

三十艘同出港時官爲逐一點明各取連環保結遇賊必首尾相救否即以通
同行劫論則連環保之法行矣疏下部議以煩瑣難行議覆　上特韙其奏
各如所請行是年攝閩浙總督奏請以閩省收捐穀石應交巡撫公費銀一萬
五千兩撥充公餉又以巡撫任內支取司庫餘平項下銀六千五百餘兩爲賞
兵給役公用五十六年疏薦知縣田廣運陳璘汪紳文李丕煜林甲范廷鍔靳
樹畹郭廷彩張文煒曹建標嚴德泳壽運焆等催科中能寓撫字不加火耗歲
內全完請破格獎勵　上曰此奏甚善徵收錢糧惟少加火耗百姓易於輸
納斷不至欠缺也廣運等俱下部議敘五十七年疏言廣東雷州府東洋塘堤
岸每爲海潮泛溢侵損民田現蒙動帑修築請於見貯司庫之臣衙門公費銀
萬五千餘兩內動支五千兩解交粵省督臣以助工費得　旨如所請行尋以
病請告　上慰留之十月薨於位年六十有三遺疏言閩省捐穀項下應交
臣衙門公費及餘平銀二項除支用外現存司庫銀萬三千四百餘兩請委員
解京充西師之費以盡臣未盡之心得　旨以一萬兩存藩庫充兵餉餘即賞

其子爲葬具又　諭閣臣曰朕亦見有清官然如陳瑸者實罕見前在臺灣道任內所應得銀三萬兩俱於公事動用署總督印務應得銀兩亦未分毫入己來京陛見時曾奏稱貪取一錢卽與百千萬金無異人所以貪取者皆因艱於用度臣初任知縣便不至窮苦卽一錢不取臣衣食亦能充足等語今觀其居官實能踐所奏之言誠清廉中之卓絕者不加表揚何以示勸其追授禮部尚書照尚書例議卹廕一子入監讀書以示優禮清廉大臣之意尋　賜祭葬諡清端公在官衣布素起居止一廳事昧爽治事夜分始罷自奉惟草具蔬糲以勞卒官屬纊時一綈袍覆以布衾而已同寮入視者莫不感泣雍正八年　詔入祀賢良祠乾隆六年　恩賜其孫子良爲舉人

齊勤恪公事略

公諱齊蘇勒字篤之滿洲正白旗人姓納喇氏初由官學選天文生爲欽天監博士遷靈臺郎尋以內務府主事出任永定河分司康熙四十二年　聖祖南巡閱河公扈蹕淮安奉　諭曰朕視黃河險要地方應下挑水埽壩現令承

定河經朕親臨指示辦有成效爾遵朕指示前往烟墩九里岡龍窩三處築挑水壩數座於朕回鑾前完工公遵　旨如期竣事乃回任薦遷侍講祭酒仍管永定河分司事奉　命同副御史牛鈕監修河南武陟等縣決口堤工公奏自沁河隄頭至滎澤縣大隄十八里平衍處接築遙隄使全河水歸一道專力刷深不致旁溢六十一年冬　世宗即位授山東按察使兼理運河事　命先往黃河籌辦隄工時河南巡撫楊宗義奏請於馬營口南舊有河形處挑引河公同河督陳公鵬年疏言河不兩行此洩則彼淤有必然之勢馬營口甫經築隄若開引河有旁洩浸隄之慮事遂寢雍正元年授河道總督疏言陽武祥符商邱界黃河北岸有支流一逼隄繞行四十餘里不急為截斷恐刷損大隄已築壩堵絶並接築子隄九千二百八十八丈隔隄七百八十丈會奏　詔豫籌山東諸湖蓄洩事宜以利漕運疏言汶上縣之南旺馬踏蜀山等湖東平州之安山湖濟甯州之馬場湖魚台縣之昭陽獨山等湖滕嶧二縣之微山稀山等湖皆運道所資以蓄洩昔人名曰水櫃因土民乘涸佔種漸至狹小宜乘湖水

稍落時除墾熟田畝外丈量立界嚴禁侵佔設法蓄水如遇運河水漲引駐湖中相平即築堰截堵遇運河水淺則引之從高下注其諸湖或應築隄栽樹或應建閘啓閉令各州縣循例辦理則運道深通漕艘無阻滯之虞矣八月奏言洪澤湖水微弱黃水有倒灌之勢臣率道廳督築清口兩岸大壩束清水以抵黃河現在淮水暢流惟此壩在洪濤大溜中兩面受敵必須加意修防因派員弁駐宿工所多備埽料樁繩等項如遇湖漲壩工稍有墊陷即下埽搶護遇黃漲即駕小舟往來疏濬不令少停九月奏報秋汛已過河工平穩得 旨下部優敘 特賜戴孔雀翎三年夏廣西巡撫李公紱將之任 上諭及淮揚運河淤墊年久水高於城危險可虞紱奏言若於運河之西另挑新河一道以所挑之土另築西隄而以舊河之身作爲東隄則東面永無潰決之患 上即命李公往會公商酌公奏言淮揚運河綿長三百餘里上接洪澤下通江口河之西岸逼臨白馬寶應界首諸湖水勢汪洋一望無際今若改挑新河築西隄於湖水之中畚插難施東岸之閘壩涵洞皆須另行創建糜帑千百萬終難告

就　詔同總督田文鏡察視引河有無裨益公奏言挑挖引河必須上口正對頂衝而下口有建瓴之勢方可吸引大溜歸入新河借其水力滌刷寬深嵇曾筠所挖引河工已將竣臣往看上口之地勢與現在水向不甚相對改挖上首三十餘丈以對頂衝以迎大溜又往對岸指示建築挑水壩挑溜順行以對引河之口俟水漲時相機開放庶河勢得以直暢東注而南岸隄根可保無虞奏至　諭曰朕慮嵇曾筠或料理未妥今覽奏方慰可謂得法矣七月　命內閣學士何國宗偕測算官攜儀器閱河運與公會同勘視公尋奏言洪澤湖滾水石壩舊立門檻太高不能隨勢洩水請　勅閱河諸臣用儀器測度地勢改落石壩門檻庶全湖宣防有賴又奏言治河物料用葦柳而柳爲尤柳多則工堅帑省柳少則用葦多而工不固臣飭道廳及營弁各於空閒地栽種柳秧據報成活八十九萬二千餘株又山東江南蓄水沮洳之地皆可種葦令廳員買葦根試種近據報微山湖種葦八頃餘已有成效應請　勅部酌定嗣後凡種柳八千種葦二頃者各予紀錄一次並責成汛弁培養補植並得　旨允行十二

月奏言河臣薪水舊由各廳供應每年一萬三千餘兩臣奏明禁止並裁革四季節禮又河標四營舊有坐糧四十分每年千一百餘兩臣到任後交中軍爲修造墩臺製換軍械之用其鹽商陋規銀千兩爲出操驗兵賞功犒勞等費而每年往來勘估及伏秋兩汛駐劄三省適中之地凡車馬舟楫日用米蔬之需遠者數百金近者一二百金拮据實甚現據河庫道張其任言庫收錢糧向有隨平餘銀四千兩除道署日用及各項工食外餘請支銷看工車船等費臣因未經奏明不敢擅便得 旨此項通融取用甚好卿之清勤朕所深悉勉爲之

四年夏奏睢寧縣朱家口黃水驟漲東岸壩臺大埽蟄陷現在防守修築

上諭閣臣曰齊蘇勒在工年久清慎勤三字均屬無愧今年已望七見壩埽蟄陷必晝夜焦急朕甚憐之且此時勉強施工將來伏汛秋汛恐又不免衝決可令酌量情形不必急迫公遵 諭俟過伏秋二汛幷力儹修十二月奏朱家口決口堵閉合龍黃河自豫省至海口西岸隄壩完整 諭奬其經理有方加太子太傅五年以衰病奏 遣太醫齎藥診視尋入覲 諭嗣後歲支養廉銀萬

兩六年江督范時繹江撫陳時夏奏　詔開濬吳淞江因於陳家渡築壩松江守周中鉉率千總陸章乘船督工下埽值潮回溜激中鉉章俱歿於水事　聞予贈卹公聞信卽馳往經理其事尋奏言吳淞江陳家渡舊有土埂三道未嘗挑清致有停沙淤塞之患今築壩開濬適逢江水海潮並長刷淨土埂毫無阻滯工程可期速竣　上諭部曰吳淞江工程係范時繹陳時夏應辦之事齊蘇勒一聞陳家渡壩工衝塌卽親往經理仰賴神佑水勢涌長將泥沙徹底刷淨水無阻滯工可告成此卽封疆大臣實心爲國爲民感召　天和之明驗可從優議敘七年正月以疾劇奏　上遣太醫視疾二月薨得　旨齊蘇勒忠誠爲國志行端方操守潔清辦事明敏自簡任河督以來黃水安瀾運道通順隄工堅固河帑核實厥功懋焉今聞溘逝深爲軫惻應得卹典照例議奏外可賞輕車都尉世職並賞銀三千兩爲歸櫬之資歷來河臣如靳輔齊蘇勒實能爲國宣勞有功民社著擇地合建祠宇令有司春秋致祭以昭朕優獎功勳至意尋　賜祭葬如典禮謚勤恪公任河督七年疏復瓜洲花園港運道建閘

啓閉以順水勢堵瓜洲城西新開河道以免江水逼城民尤德之八年　詔建
賢良祠京師公與靳文襄公並入祀

潘襄勇公事略　孫紹周　姪孫之善

潘公諱育龍甘肅靖遠人以行伍隨征湖廣茅麓山賊李來亨有功補把總康熙十四年陝西提督王輔臣叛應吳三桂公隨揚威將軍阿密達擊賊於涇州平涼又勦賊於慶陽寧州俱有功時臨洮鞏昌秦蘭俱陷賊寧夏道梗公赴提督陳福軍前由紅河川白馬城等隘轉戰七晝夜達寧夏駐靈州招撫散卒旋以陝西總督哈占調援山陽敗賊於甘溝口擢千總十五年隨撫遠大將軍圖海率兵討王輔臣奪平涼城北虎山墩斷其餉道輔臣乞降擢守備十七年賊犯牛頭山香泉公隨總兵王好問等由小嶺前進賊夜遁追至渭水擊斬甚衆十八年冬克梁河關斬僞游擊李景才等復與安僞將軍謝泗總兵王永世降十九年敘功加一等擢都司僉事十月隨總督哈占勦四川逆賊恢復大竹渠縣二十一年擢游擊二十七年陝督噶思泰疏薦公才識明敏深悉河西地利

番夷情形且久經戰陣著功績請陞肅州副將　上允之是歲學士達瑚郎中桑格自西藏奉使旋至嘉峪關外爲西海阿奇羅卜藏所劫振武將軍孫思克計質宰桑於關內送歸我使臣公同游擊韓成等搗其巢穴斬馘四百餘阿奇羅卜藏遁事聞得　旨嘉獎三十年赴寧夏防勦噶爾丹時改肅州協爲鎮即擢公總兵三十一年降番篤爾羅卜藏額林臣奇齊克等復叛公追至庫列圖嶺斬四十餘級擒百二十人三十四年噶爾丹所屬回子塔什蘭和卓等五百餘人過三岔河公擊之三十五年五月公從征噶爾丹師抵昭莫多賊飛砲迎擊中右頤猶殊死戰賊敗遁八月　召赴京　上撫視其創　命御醫調治　賜衣一襲尋調鎮天津　予雲騎尉世職三十八年　上南巡公迎覲

命綠旗官兵射以公訓練有功　賜貂裘疏言各省候選武舉請分提鎮標效用果騎射嫻熟即以千總把總題補三十九年疏言通州迤南爲漕運孔道副將轄十三營相距遠難於約束應改務關營游擊爲參將設中軍守備一千總二把總三其三營原設把總及寶坻崔黃營守備把總俱隸務關營參將並

下部議行四十年擢陝西提督　賞戴孔雀翎四十二年冬　上西巡公迎
鑾於洪洞　賜輸忠閫外額　上駐蹕渭南　閱固原官兵射　諭大學
士馬齊等曰朕巡歷諸省閱綠旗兵丁無如潘育龍者乃加公一級四十八年
諭兵部曰陝西提督潘育龍久歷戎行懋著勞績歷二重鎮克殫謀猷自擢
任西秦以來馭兵飭伍有勇知方邊境肅清閭閻安堵宜晉加顯秩用彰異數
著授鎮綏將軍仍管提督事以示朕優眷老成至意四十九年春　上幸五
臺山公入　覲迎　鑾於直隸瀑水　上念其遠涉　命在王快莊憩息公
請扈　蹕五臺　賜御馬二　令乘以隨四月　陛辭復　賜宴並朝服一襲
賜詩有守土防邊資壯略披堅敵陣表彤弓之句五十一年疏言卦匪陳四等
率妻子遊走外方憑走馬上竿跴索算卦爲生俗名曰卦子大抵江北皆有之
原屬游手好閑之徒結黨沿途搶奪臣飭屬拏獲二十八起計男婦五百八十
九名並騾馬猪羊六百有奇俱移咨督撫審訊請通行各直省大吏責令所屬
於各鄉村堡査令改業或編入現住地方爲民或撥給絶戸田畝或令開墾荒

地其馬騾牲畜變價爲牛種按季取鄉約保結出外生事者拏究地方官縱容
發覺者罪之　詔曰可五十八年以病乞休得　旨卿簡任提督將軍以來勞
績素著邊圉重地正資料理著在任調理三月再疏乞休　上仍慰留七月
薨贈太子少保　賜祭葬如例謚襄勇孫紹周襲雲騎尉授二等侍衛雍正三
年授參將遷廣西副將八年從總督鄂文端公開古州都江河道屢擒斬逆苗
夷其寨以功擢右江鎮總兵　賜鞍馬乾隆六年擢雲南提督　賜戴孔雀翎
十三年調古北口提督明年以疾歸十八年卒　上念襄勇公功　特賞恩
騎尉世襲罔替
從孫之善幼隨襄勇公效力康熙三十五年從征噶爾丹於昭莫多中火器傷
詔來京醫治特授藍翎侍衛尋　賜孔雀翎授肅州游擊領兵駐防哈密五
十四年二月策妄阿喇布坦遣賊二千來侵之善率兵二百擊敗之事聞得
旨優賞尋　諭樞臣曰游擊潘之善以兵二百敗賊二千當此承平日久兵革
休息時倉猝鬪能如此奮勇非尋常可比應再加恩其越等陞用遷潼關副將

五十六年隨靖逆將軍富寧安擊準噶爾於烏魯木齊斬級最多 命優敘尋
諭廷臣曰近日綠旗武官感朕恩皆有捐生敢死之心游擊潘之善率所屬兵二百擊敗賊衆二千臨陣時一手持刀一手持弓笑曰此我等報効皇上之日也哈密回部及被獲之厄魯特等皆言其驍勇爲漢人冠極口稱贊朕甚嘉之五十九年復擊準噶爾於烏魯木齊有功雍正元年羅卜藏丹津叛有賊三千來犯夾擊大敗之 優詔嘉獎四年擢川北鎮總兵入覲 命叩謁 景陵 賜賚甚厚調西安鎮署陝西提督屢疏皆稱 旨 手諭曰向來但知爾勇未料爾有此才也又曰爾係朕極賞鑒之人今果不謬矣似此據實不隱封疆大吏中更屬難得勉之七年以疾乞休 遣太醫馳驛往視賞銀千兩爲調攝之用尋署固原提督 諭曰此任乃爾叔祖潘育龍之所整理爲天下第一營伍其流風餘韻至今猶可觀其勉紹前徽可也八年卒 賜祭葬如例論者謂 本朝名將以至少擊至衆者推之善爲最次則雍正中副將韓勳以兵四百破滇苗數千旋以兵二千破苗數萬於烏蒙副將樊廷以兵二千拒厄魯特

二萬衆於巴里坤乾隆中將軍兆惠以兵四百敵回衆三萬於黑水營皆蒙

列聖優褒宣示中外云

殷熙如軍門事略

殷公化行字熙如陝西咸陽人八歲失怙恃貧無依父友王某撫以爲子年二十中武科康熙八年成進士後始復姓會吳三桂反黔滇皆陷　天子命閣部莫洛爲經略自秦進討授公守備募義勇以從行至寧羌州久雨糧匱軍心變提督王輔臣叛經略遇害公陷賊中稱病深自晦匿明年官軍復秦州　詔被脅官兵許歸伍陝督哈占知公不爲賊用奏復其官從大將軍圖海復平涼勦牛頭山賊復香泉十八年僞將軍王屏藩赴漢中遣驍將陳君極引兵二萬出寶雞大將軍檄公赴援未至賊圍西山堡甚急公身先搏戰一鼓解其圍守紅崖堡再戰再捷相持數月賊終不能克遂引去時賊盛兵窺秦隴公扼險挫其鋒不能過寶雞一步全秦晏然大將軍嘉公功奏授副將銜是年冬官軍三路進勦奮威將軍王進寶出寶雞勇略將軍趙良棟出略陽公從大將軍由興

安大泥峪先驅至鎮安伐木爲橋濟師自龍洞川攀藤而進攻兩河關先登克之長驅擣興安復洵陽抵漢中與奮威軍合明年進取川蜀公駐漢中督餉全蜀平議征黔滇建威將軍吳丹由永寧進勇略將軍由建昌進未及期賊將胡國柱陷瀘州攻永寧秦督奏授公漢中副將引兵二千援蜀從建威將軍復瀘州從振武將軍鄂克濟哈救永寧未至而永寧陷亡提督一總兵七副將一乃議退守敘州大軍先行公以孤軍殿國柱率二萬衆來追衆甚恐公曰今日之事以必死求生則生以倖生求生則必死我若走賊追躡之立盡兵法易地用衆險地用寡當據險待敵猶兩鼠鬭穴中力大者勝耳遂扼險而陣賊悉銳來攻士皆殊死戰迨暮以草人秉炬爲空營引軍潛退賊疑不敢追乃得與大軍會夜半追軍復至火光爍天諸軍皆引去公仍殿後自永寧至瀘州二百餘里路險絕公且戰且退十二晝夜不解甲竟得全師還公語諸將曰兵不難於進難於退進則士氣勇退則氣怯兵法云攻必攻其心守必守吾氣我軍不失守氣之道故得全諸將乃服公智勇多就公決機宜矣敘郡與瀘州並當賊衝瀘

州有重兵守之敘州則三降將各領兵守心叵測衆議以奮威將軍子王用予往守之用予不往乃以公守敘州公屢請增兵無應者未幾賊大至環城而攻公推誠待三降將協力固守賊來攻輒擊卻之如是者數卒解圍去時成都傳言敘州已失大吏皆震恐比得公報乃安明年賊遁還雲南公領兵追擊連奪險抵馬湖府而還從西安將軍復永寧還駐漢中尋調三屯營副將時康熙二十三年也三屯去京師近　聖祖東巡屢過之　召對稱　旨　賜御用佩刀擢臺灣鎮總兵再　賜貂裘白金臺灣故鄭氏地其民多俘徙以來習於悍戾生熟番錯處文武吏三歲輒遷鮮善治公宣布德教撫戢兵民人稍稍興於禮讓焉初議築城而難其費大吏謀於公公曰地多浮沙時震動城之不易且孤縣海外惟恃中國威靈統攝之若僅畫疆而守卽有城不足恃事遂寢然謂軍府所在不可無木城親入山相度得木材令麾下卒人致二章不旬日城成居三年調鎮襄陽　陛見屏左右語良久天下形勢人才風俗無所不咨詢公悉心以對其大者有罷臺灣鑄錢及秦中賑饑二事臺灣故行永歷錢既入版

圖部頒臺字錢式鎔故錢鑄之以有臺字故不行於內地商旅得錢必降價易
銀以歸鑄日多錢日賤銀一兩至值錢三四千而給兵餉則銀七錢三有成例
兵民皆弗便每因互市生端幾激變公屢請停鑄當事不能用至是具言之
上愕然曰此事殊有關係若在任時胡不言公頓首言武臣不敢與錢穀事
上曰爾至鎮可言之對曰臣今已離臺灣越省言事非職守雖有疏恐不
得達　上曰第作條奏來公還鎮具疏上之果格於通政司再具疏而以奏
上指白通政乃得達事下戶部議不行　特旨下閩中督撫議竟得停
鑄兵民始相安關中連旱荒流移至襄鄧間者尤衆　上微聞之遣使數輩
勘視還報皆言無大害而秦中當事方議移甘涼寧夏之粟濟關中公自襄陽
入覲備見諸顛連狀乃以關中大荒及襄鄧流民之苦一一奏聞且曰民爲邦
本而三秦又天下根本若不速救老幼必填溝壑少壯將無所不爲往歲用兵
滇蜀秦民嘗罄積儲以供饋運馬騾不繼則肩負糗糧攀藤引葛數千里輸軍
前軍賴不匱今天災至此死亡且盡惟　聖主哀憐又曰古有移粟之法謂

地近便轉輸者耳今秦中諸邊去省會遠又無水道且諸邊亦無多儲積移邊儲以救荒非計也東南諸行省方豐稔若截留漕運之米泝黃河至孟津敖倉挽之入關漢唐運道具在費省而功倍襄陽至西安雖頗遠水陸皆可通

上甚以爲然翼日　詔廷臣集議　命漕臣截漕粟溯黃河運入關者二十萬石遣廷臣會楚督輦米自襄陽經汝洛入秦中者十萬石秦民以甦而流民之在襄者失業窮窘或臺處而嚣或與土人相鬭訐公勞來安集飢者設糜病者予藥假貸者與錢米不遺餘力鎮署在穀城去郡城百八十里嘗有奸人誘流民爲亂謀洩郡守閉城大索邀公入郡彈壓且令流民無保結者悉驅之公曰何地無奸驅流民是激之變也乃堅不行而密布腹心擒奸首置之法餘不復窮治流移始安郡以無事其明年乃有商洛轉運之役襄陽遡漢江而上有舟水通商州之龍駒寨距西安尚三百餘里山徑偪仄陸運更艱唐劉晏嘗一用之近代無繼者　上念襄陽陸運至陝千餘里太勞民聞有水道使廷臣相視得實　命楚督丁思孔及公發襄陽米二十萬石水運至商州復陸運至西

安平糶且招流民使還鄉事屬創行在事者茫無成見有司盡拘江船以待公曰江船大者載二三百石前至小江口須用溪船所載不過二十石計減江船一須溪船十今溪船絶少用則須造而多拘江船何爲且轉運非一日事予之價則舟人爭來拘之則屏迹不至立麾散之而操筆條列應行事宜究其始終利害曰籌運末議大略言水運用船或僱或造悉如民間價值陸路即募流民之在豫楚者使之肩負得食其力兼可還鄉予僱值宜少優其他分官設站之法甚具諸公初有異同已而悉從公議公又念水路無他虞陸運數百里山谷閒聚夫千萬計自非控馭得宜恐生變乃以水運委同事而自任陸運廣募流民爲運夫編以卒伍法擇善書計者領之先馳至龍駒寨度地計程自襄陽遡襄江歷穀城光化至均州小江口經內鄉淅川過荊子關徐家店入商南境過竹林關抵龍駒寨凡水路八百七十餘里計運費每石五錢有奇皆督水運者主之自龍駒寨經商州踰秦嶺度藍橋過七盤坡抵西安會城凡山路三百七十餘里皆公主之分十二站每站撥千把總一人司收發兵十數人司催押又

以龍駒寨商州秦嶺鋪七盤坡爲四總站撥府佐及守備各一人領其事擇祠
廟爲行館無則編茅結廠以居流民自襄應募至龍駒寨者人與米一斗錢百
文爲路費旣抵龍駒寨則人肩五斗運至一站者予銀五分爲僱值部署旣定
民夫集而運舟不至夫稍稍散去復多方招之閒或糧艘驟集而夫不足則更
募人畜濟之其有使道還鄉者量予錢米資其歸事叢弊起曲折甚多公隨地
隨時規畫措置皆得宜方暑雨跋涉山谷閒鬢髮爲白初議支給運費及司糴
者皆文職其武職督運而已然文臣慮錢穀一經手或有後慮戒弗預不得已
皆將校分任之而所委道府府佐率逡巡中路或託故卻回其至者亦袖手遊
行道上日向站員索收發數轉報塞責而已比米至秦省司糴者尚未至公念
饑民急得米遂開糶五岳廟令守備主之米旣流布民大安民閒有藏粟者悉
出市不復待價米價漸平二麥旣登秦民不復苦飢乃請　旨停續運起二月
迄六月而畢事秦中洊荒自公　陛見時極言於　上始議捐賑議輓運迨
涖任則日夜安集流民至是乃身督運運成而公遷適與救荒事相爲首尾若

有天意焉癸酉調寧夏總兵寧夏自古用武地兵勁健敢戰而亦貪狡易犯上公至則嚴職守申軍令鋤其驕蹇拔其才俊更定部曲爲分合法以練士士皆可用製子母礮篩駝馬儲芻粟以待徵發乙亥冬　上將大征厄魯特議三路出師以陝西出者爲西路遣尚書圖納至莊浪會陝西將軍督撫提鎮議兵事公條列征行八事諸公善之屬公起草入奏　命廷臣集議悉見施行時諜知噶爾丹在柯布多西路兵期以三月中旬出肅州之鎮彝循黑河向崑都崙而進發西安滿兵三千漢軍千河西提督及四鎮兵六千深入勦寇而以一總兵官率騎卒三千駐中途備接應滿兵帥則將軍博濟副都統四人佐之漢帥則振武將軍孫思克公與涼州總兵董天成肅州總兵潘育龍佐之二將軍四都統皆議政而以孫思克爲長合將校兵廝二萬二千餘人人持五月糧馬皆有副以牛羊爲一月食征行兵人賜治裝銀十兩寧夏鎮當發騎卒千五百期二月初會甘州飼馬以行孫將軍以三月草未青請緩至四月先在莊浪會議時公謂噶爾丹宜在京師西北山西正北而寧夏之東北也若從甘州趨崑都

崙則偏於西恐不相值衆莫敢決乃別爲使臣言之至是奉 諭西路兵毋出
鎮彝改從寧夏出塞四月發太遲當於三月初出兵既得 詔師期甚迫度遠
鎮兵不能悉至將益發寧夏兵乃檄部下悉士馬數各備行裝以待復得 旨
大將軍費揚古以二月二十日發京師孫思克兵亦令二月二十日左右發寧
夏師期益促有司所徵調芻糧倉卒未集而本鎮所儲積多侵耗其僅存者亦
朽敗不可食諸營驛馬及捐納之馬自遠至者並羸瘦公度官所給糧馬不足
恃又兵無廝養則任戰者少乃令兵二人帶餘丁或子弟一人供樵汲牽驅之
役又人備驢二頭供任負其兵士應支之糧給價自買悉得善米又令多辦糗
糒乾糧及解渴藥以從軍裝之外若雨具寒具革囊鞦鞋鍬鐮繩索之類無弗
備及期諸將皆至博將軍率滿漢軍三千孫將軍率所部千八百董總戎率涼
州鎮兵千二百潘總戎率肅州鎮兵千相繼發寧夏二十五日公率游擊守備
以下官三十五員騎卒三千餘丁千五百廝養數百分四營繼進銜尾行傍黃
河行十許日遂度戈壁戈壁者無水草處華言磧也又二百餘里至一山有古

碣曰兩郎山或言卽狼居胥也四月四日至郭多里大將軍已過倍道行至甕金而得減兵之令初甘涼肅三鎭兵自遠馳至寧夏卽出塞不及飼馬軍士得倉粟及餘馬駝畜皆不暇擇且以爲噶爾丹不可必遇出塞稍遠當耀兵而還不甚愛惜資糧及度戈壁馬遂相繼斃更前益苦乏水而草未盡芽會大風雨連數晝夜寒且飢道斃者相枕籍有潰逃者追斬之不能止於是孫將軍議選精卒併糧馬以進其麾下僅得四百人涼肅二鎭各三百人而檄公留千五百人以五百人與滿兵五百屯甕金需後糧至守之以待還師寧夏兵固多預備公又善訪求水草雖踵大兵後常不乏身先將卒日步行數次節馬力遇風雨謹覆蔽之或溫以火馬少斃者所裹糧日檢飭不得遺棄及恣食人有餘糧馬有餘力比得檄欲請勿減而孫將軍已前行不得已如令減遣而選銳卒千八百人留五百人屯甕金餘率以進數日及大將軍軍皆甲以行時近賊地宿草爲賊所燒數百里皆灰燼新草未芽大將軍所領皆禁旅裹糧甚少恆苦飢公以所餘假諸人五月四日至土剌河十三日前軍已哨得賊嚴陣而進涉淖至

昭莫多其北大山千仞壁立山下平川廣數里林木斷續有河流其閒曲折環繞其南山差低於北漸陁而下有小山橫焉戰地也小山可二十仞自西上爲崖三層乃至巔自東上僅崖一層大將軍與孫將軍已上山前軍與噶爾丹遇佯北以致之賊恃勝轉鬭而前將爭小山公方將兵至山足知賊近急登山遇孫將軍方下山公言宜急據此山巔不可下語未竟大將軍亦至復言之大將軍曰日將暮矣大礮不能卽至當以來日戰公曰戰卽來日若此山爲賊據我營其下可乎大將軍曰賊甚近不戰爾能夜守此山乎公曰願守此迴鞭一麾兵皆上甫至山巔而賊亦登見我師既據巔遂止東崖下以崖爲蔽發礮上擊時大將軍布陣令河西兵居中滿洲蒙古兵居左右翼及戰寧夏兵千數百人居左甘涼兵千人居右皆登巔以陣其右衞西安諸滿兵分列寧夏甘肅涼兵左右在山下川中及南山足而蒙古扎薩克諸兵又分列滿兵左右賊爭小山衝中堅故河西兵迎其鋒公令士卒皆下馬發子母礮疊擊之噶爾丹及其嫂阿努娘子等亦皆冒矢石率衆舍騎而鬭鋒甚銳殺傷相當勝負未決公使人

告大將軍曰川中兵宜從柳林出衝其脅賊必亂既又望其陣後林中人馬甚衆而不出戰必婦女輜重也復告大將軍宜遣一軍往南出不意劫之賊返顧必擾動大將軍皆從之公望見兩軍將薄賊遂鼓兵控矢而下呼聲震天賊衆遂披靡墜下山者滿阬谷棄仗如麻殺阿努娘子擒斬二千餘乘勝逐北公策馬先馳麾下卒擁纛繼進遇輜重戒弗取且射且逐月下追三十里回視他部兵無至者而大將軍傳令收兵乃整軍還翼日大將軍會衆斬俘禡旗舉酒勞諸帥大獎公曰昨日之戰賴公以濟　國家之福　主上之聖也　主上屢稱公才今乃見之比還朝具以公功聞　上由是益眷公當是時　上駐蹕二十八臺捷聞大喜遣侍衛迎勞將帥尋有　旨遣諸將還鎮公引軍入河套以八月杪抵寧夏其所留甕金兵孤懸單弱遇噶爾丹之姪丹吉喇敗而西以千餘人乘之多所殺傷奪路以去設如公初議以三千人一總兵守之皆成擒矣明年上疏請將兵從郭多里深入務殄根株疏至　上已發京師公迎駕至清平堡薄暮立　召入　賜坐褒獎甚至遂扈從至寧夏在道十餘日數

蒙 顧問 賜飲食器物無虛日 上御閱武臺 命公指揮步騎大列陣
進退分合練習整齊 上大悅 命官兵皆以班坐 賜酒食撤 御膳賜
公又 召至御座前 手賜酒三爵指示新降附人曰此將軍卽殺敗爾等者
也 御書深沈節制四字以賜壽 賜戴孔雀翎充參贊大臣俾與議政之列
漢總兵從無議政之例異數也四月望 駕發寧夏公率所部兵從大將軍出
塞人持四月糧期深入捕噶爾丹必得乃已會噶爾丹仰藥死姪丹吉喇以其
骨西行大軍行至郭多里盡降其餘衆追丹吉喇至大戈壁不及而還大戈壁
者五百里無水草處於是漠北無寇跡矣師還大饗犒士告成功乃疏濬諸河
渠引水環城徧注諸村堡復朔方水利又念邊地尚武文教未敷乃勒 聖訓
於萬壽宮宮後創立義學擇良士爲師闢閑田若干頃以其租供生徒月餼自
爲記勒石俾世守之論平寇功授雲騎尉世職加封三代未幾有廣東提督之
命便道過咸陽展墓爲同堡人代輸一年租賦縣學尊經閣廢捐五百金獨
成之三十八年疏言武職坐名題補引見未逾六年者請免咨送庶職不至久

曠從之又疏言臣標將弁請照沿河例坐名題補格於部議　特旨照所請行
四十年冬連陽八排猺滋事戕副將林芳　詔公及廣西湖南提督各率兵隨
將軍嵩祝進勦平之尋以原品致仕四十二年　上幸西安公迎　駕　賞
第四子純爲三等侍衛四十九年卒

藍襄毅公事略 孫襄毅公元枚

藍公廷珍字荊璞福建漳浦人幼隨族祖義山軍門入伍康熙三十四年授把總累遷守備又六年擢温州游擊敗海賊於南麂外洋乘風縱擊窮追至青水洋沈其一舟獲其二斬首十五級生擒二十七人明年敗賊於官山洋奪巨艦二斬首二十一級生擒六十四人凡汪洋絕島官兵不到之地皆深入窮搜賊聞風破膽皆曰謹避老藍他鎮協易與耳自是威名日盛諸將多忌嫉者上官亦惡其形己短讒於總督滿保將劾之提督吳陞固爭謂公爲兩浙第一將才滿公未信也會關東大盜孫森等竊遼陽礮艦遁入海　聖祖震怒責成沿海疆吏期必得滿公入覲奏　嚴諭由海濱巡行南下至温州總兵來謁問將

弁賢否及藍某安在總兵曰彼在家觀劇未暇來也滿公怒據總兵揭具白簡將上舟次瑞安公迎於江滸滿公曰觀劇忙邪何爲來此聲色俱厲公從容曰某於某日自海面緝賊來在黑水外洋與賊大戰斬級落水甚多擒逆盜孫森等九十餘人盡獲其船礮軍械敢獻俘滿公愕然曰有是哉幾失吾良將也召入舟厚撫之提督吳公繼至笑曰何如余言固不謬也乃劾總兵而薦公時五十六年夏四月也尋擢澎湖副將還南澳總兵六十年朱一貴作亂陷臺灣總兵歐陽凱副將孫許雲等遇害五月七日警報至公條上進兵事宜首請總督駐廈門就近督勦時滿公已飛檄調公而自兼程赴廈見公議大喜令總統水陸官軍領戰船四百艘弁兵萬二千人進勦六月抵澎湖用閒諜得賊中情形言於提督施公世驃曰賊皆烏合不足憂但衆至十餘萬誅不勝誅且多殺生靈無益宜張示止殲渠魁餘弗問則人人有生之樂無死之心可不血刃平也施公從之師抵鹿耳門賊扼險拒敵前鋒林亮董芳殊死戰公率大隊繼之遂敗賊衆奪取鹿耳門乘勝進攻安平鎮拔之戒將弁無妄殺掠徧檄居民書大

清良民於門者卽免誅自是脅從多解散各爲自全計尋戰於四鯤身大敗之
追至七鯤身灘口以小艇載火具盡焚賊艦越日賊出數萬人架礮列盾布陣
來搦戰公親突陣大破之復遣舟師以小艇附岸夾擊賊大潰溺斃千餘人自
是退保府治不敢出施公用降者計夜遣林亮董芳等率公千二百從西港仔
暗渡出府治之背公謂施公曰此誠奇計顧賊衆兵單脫有失賊難制矣公宜
遣將於灘口分道夾擊某親率大軍繼亮等之後方可萬全遂乘夜進發抵西
港仔黎明登岸令空舟悉回安平或問之公曰示軍士必死無還心今日戰勝
明當直抵府治耳會賊在蘇厝甲與林亮等決戰勢張甚公分兵八隊馳赴之
賊望見驚曰此老藍旗幟也戰稍卻公乘勝崩之大潰夜駐犂頭標料賊必貪
夜劫營漏初下傳令撤帳房捲旗幟露刃伏芒蔗閧夜未半賊至忽失大營方
驚顧俄金鼓大震我軍四面突出賊大亂自相攻殺比曉追敗之於木柵復敗
之於蔦松溪一貴遁官軍入府城秋毫無所犯民大悅自進兵至此先後裁七
日耳乃分遣諸將復南北二路一貴走下加公密遣將擒一貴於溝尾莊并及

其黨臺灣平公尋擢臺灣總兵秋七月南路阿侯林餘孽復起討平之招降陳
福壽等十數人皆渠魁也爲之美衣飾恣其出入炫耀以動逸賊使悉來歸九
月施公卒公權提督事餘賊以次擒滅雍正元年逸盜楊令復謀作亂遣弁捕
滅之臺匪根株盡絕冬擢福建水師提督　賞花翎加左都督世襲三等輕車
都尉立巡防之法數千里波恬浪靜商旅晏然二年入覲　諭赴馬蘭峪叩謁
景陵回京　召對　賞賚稠疊七年春　賜御書福字并食品前後二十
四種病聞遣太醫馳驛診視七年十一月薨於位年六十有六　優詔賜卹
賞白金二千兩庀喪具　賜太子少保　賜祭葬　予諡襄毅公自幼失學壯
力農將略由天授所規畫動合古兵法居官以政學征臺後所業益進黜竄幕
客稿多中窾會於軍國事盡力爲之尤愛惜人才所汲引多至節鉞然未嘗有
德色也子日寵襲輕車都尉世職官銅山營參將
孫元枚字簡侯乾隆三十三年由世職補廣東參將尋擢副將三十八年遷臺
灣鎮總兵調金門鎮四十三年母服除補蘇松鎮總兵四十九年擢江南提督

五十二年臺灣逆匪林爽文滋事　上以元枚熟悉情形　命馳驛往泉州署陸路提督時水師提督黃仕簡陸路提督任承恩進兵遷延　詔總督常青往督辦奪承恩職遂以元枚代之四月　命參贊軍務　賞戴花翎督閩兵二千由蚶江渡赴鹿仔港續到浙兵二千亦歸統轄六月疏報抵鹿仔後密會總兵普吉保乘夜進兵攻柴坑賊巢斬獲甚衆有　詔嘉獎　賞戴雙眼花翎尋奏約會總兵柴大紀帶兵直趨六斗門奮力攻勦又於牌頭莊大肚溪等處勦賊獲勝又奏進攻西螺焚燬賊莊臣族人藍啓能自山內攜眷逃出因其熟識山路即令隨同勦賊得　旨嘉與弁　賞御用荷囊等件八月因病卒於軍優詔憫惻　贈太子太保　賞銀千兩治喪其輕車都尉雲騎尉世職令伊子藍誠承襲尋　賜祭葬如典禮諡襄毅易名之典與乃祖同時稱小襄毅公以別之誠佳話也

國朝先正事略卷十二

國朝先正事略卷十三

平江李元度次青纂

名臣

鄂文端公事略

公諱鄂爾泰字毅庵姓西林覺羅氏滿洲鑲藍旗人曾祖圖捫天聰中從征大凌河戰歿祀昭忠祠父鄂拜官祭酒公以康熙三十八年舉人授三等侍衞從

聖祖獮和詩稱　旨遷內務府員外郎郡王某至暴抗也屬公事不應召公將杖之公袖七首見曰士可殺不可辱王敬其強直謝之雍正元年典雲南鄉試特擢江蘇布政使康熙末年搢紳橫甚抗稅旅距小民公用能吏趙向奎等一大創之設春風亭招致文士大將軍年羹堯勢方張遣奴至蘇巡撫啓中門迎之來見公公高座召入問爾主安否奴見公甚莊嚴不得已屈膝出年亦無如何八月遷廣西巡撫三年署雲貴總督四年夏貴州狆苗負險肆逆議撫久無成公奏欲百年無事非改土歸流不可欲改土歸流非大用兵不可宜悉

令獻土納貢違者剿疏上盈廷失色　世宗大悅曰此奇臣天賜朕也　命
公進呈生年月日與怡賢親王赴養心殿手鑄三省總督印付公遂實授總督
公分三路進勦一由谷隆一由焦山一由馬落孔焚其寨七進克長寨羊成堡
又以鎮遠土府刁澣霑益土州安於藩凶詐計擒之尋奏狆苗及川販窩黨悉
就擒　上嘉其妥速　命優敘條上經理狆苗事宜十一則皆報可先是四
川烏蒙土司祿萬鍾擾東川府與滇接壤公奏改東川隸滇從之　命同川督
岳公鍾琪辦理烏蒙事萬鍾不就撫至是檄總兵劉起元整兵直入各寨皆投
誠萬鍾遁鎮雄復潛投四川五年春被獲其黨鎮雄土司隴慶侯亦赴川繳印
獻土　詔給公騎都尉世職會鎮沅猓賊戕官焚掠勦平之獲賊首刁如珍等
又廣西土府岑映震淫虐公奏明懲治映震惶懼乞改流存祀七月會勦謬沖
花苗擒其渠餘衆歸順九月擒威遠猓賊札鐵匠降新平賊李百疊等十一月
招撫長寨後路生苗百八十四寨得　旨嘉奬授一等輕車都尉十二月攻破
雲南猓賊窩泥種地方六千餘里劃界建城設員弁有　詔優敘公知人善任

賞罰明肅一時麾下文武如張廣泗張允隨哈元生元展成韓勳董芳等各以平苗立功致身通顯然土官自漢唐世襲二千餘年雄富敵國一旦入版圖受官吏約束心終不甘諸漢奸又陰嗾之改流後反者歲數起蜀之烏蒙滇黔之泗城長寨車擺夷粵之西隆州相繼驛騷公憝怒次骨奏請褫職討賊贖罪 世宗以爲多一次變動加一次平定 優詔不許公感 上恩益奮親督軍鏖戰所獲苗皆刳腸截脰分掛崖樹幾滿見者股栗繳上苗寨鎗礮軍械無萬數自丙午用兵至庚戌功成乃造橋雲貴交界處曰庚戌橋開通滇黔路八百餘里孟養苗者與老撾國連界明正德間嘗作亂兵部尚書王驥帥師十二萬平之立石金沙江羣夷驚從古未有然歸後又叛至公而安營設汛如內地矣嘗親巡三省窮邊六千餘里諸頭目爇香跽伏迎道左南詔諸國遣使上表獻方物皆離中原萬里者也新開古州丹江禾長八尺穗雙歧豆如栗子大 世宗批劄云朕實感謝矣不知如何待卿而後心安尋 命加少保公奏新開苗疆立營設官事宜十則皆如議行八年八月烏蒙猓賊結涼山等蠻

復叛總兵劉起元被害祿萬鍾從弟萬福亦與賊合公飭諸將進討參將韓勳
大敗破於奎鄉總兵哈元生復烏蒙同攻克大川十二月擒萬福兇渠盡獲
諭嘉公平時節制封疆以公忠表率官僚以義勇訓練將士而臨機應敵復調
度有方用能迅奏膚功若此公以先事疏防引過自責屢奏不居蕩寇之功詞
甚懇切　詔曲從所請以成其謙抑之美九年疏陳烏蒙善後事宜八則從之
十年正月　陛見拜保和殿大學士兼兵部尚書軍機大臣　封一等伯世襲
罔替時大軍進勦準噶爾　命督巡陝甘經略軍務　賜金甲上方劍出巡阿
爾蘇疏上屯田事宜歸奏西夷未可卒滅擾敝中華無益會果親王從西藏歸
與公言同　世宗遂罷兵與天下休息公受　世宗非常之知入朝盡三
鼓方出語秘外莫能知每具一疏雖請安慶賀極尋常劄子　上必嘉獎忠
誠頒示天下嘗云朕有時自信不如信鄂爾泰之專事無大小必命鄂爾泰平
章以聞公亦以身殉國知無不爲一切形迹嫌疑無所避重門洞開賓客車馬
麻集漏盡乃已督三省時大興水利滇之昆明海口黔之磁硐八達粵之楊林

諸河俱宣流貫行商船屬至貴州布政使申大成請軍田加稅將軍鄂彌達請丈歘隱田部議允行公惡其言利皆奏寢之尤護持善類滇督高公其倬楊公名時獲罪楊聽勘而高修城新撫朱綱欲入楊罪呼三木以待軍民洶洶欲爲變公皆力持之嘗從容語綱曰過湯陰岳忠武廟曾見鐵人乎綱大慙阻楊公夜夢羣蜂攢嚙一神人以袖揮之散及見公如夢中貌黔撫何公世璂以名儒爲糧道李日更所劾公昭雪之合河孫公嘉淦被誣坐贓據以入告者親王也公見　上曰孫某性或偏執若操守臣敢以百口保之即　命公弟鄂爾奇一訊而事白經略歸　上命戶部尚書海望爲治第凡什物棜禁盤匜椷窬之屬必具已報齊矣　命昇堂上几視之以爲窳敗大怒召海切責海叩頭請易乃已及公入朝奏事畢　上曰卿勿還舊居可即赴新居手書公忠弼亮四字　賜之侍衛十人捧而隨公入閒府中無園囿命以藩邸小紅橋園　賜公而中分其半爲軍機直廬公弟鄂爾奇以兵部尚書兼步軍統領公力爭不可　上曰卿慮而弟反耶公叩首曰兵權太重非制也十三年夏臺拱逆苗

叛公自以從前籌畫未周具疏請罪且斥削伯爵　優詔如所請　命仍留三
等男　世宗晚年　召公宿禁中逾月不出人皆不測　上意八月二十
三日夜　世宗升遐　召受顧命者惟公一人公慟哭捧　遺詔從圓明園
入禁城深夜無馬騎煤贏而奔擁　高宗登極宿禁中七晝夜始出人驚公
左袴紅濕就視之髀血涔涔下方知倉卒時爲贏所傷虹潰未已公竟不知也
尋　詔同莊親王允祿果親王允禮及大學士張廷玉總理事務晉爵一等子
乾隆元年典會試充三禮義疏及文穎農書各總裁八月查永定河道還朝
命爲軍機大臣兼領侍衛內大臣十二月晉三等伯　賜號曰襄勤公嘗言楊
公名時猶古器不可瓦缶用至是楊公內召及抵京奏公處置苗疆非善後策
公初不以爲忤及楊公捐館公經紀其後事哭之哀三年兼議政大臣四年充
經筵講官河督高斌請開新運口論者以爲不便　詔公往閱視公酌地勢議
覆從之又言河工機要三事一天然二壩不宜開免湖水全洩並興化鹽城等
縣水患一毛城鋪壩已經變遷宜酌復一河勢宜取直兼放淤培岸省壩掃費

下九卿議行五月加太保充玉牒館總裁七年副都御史仲永檀以密奏留中
事洩於公子鄂容安公坐降二秩留任八年兼掌翰林院十年正月以疾乞解
任　上慰留三月加太傅四月薨得　旨大學士伯鄂爾泰公忠體國直諒
持躬才裕經綸學有根柢不愧國家之柱石文武之儀型不意一病不起朕心
深爲震悼其輟朝二日親臨祭奠昔　皇考有配饗　太廟遺詔著所司
遵行並入祀賢良祠加祭二次葬　賜祭葬謚文端公方頤廣顙鬚髯若神色
溫而語莊面兼春秋二氣性明決威重勇於任事好獎勵名節惡偷合取容以
媚世者及爲相益自任進賢退不肖士有學行者多以禮進之雷君鋐莊君亨
陽任君啓運公皆知其名欲一見屬朱高安方望溪道意皆謝不敢往公禮先
焉及公病雷君往視坐榻前公問人才雷舉所知以對公曰是皆常往來於吾
心者也烏虖卽此可以見公之爲人矣所著有西林遺稿二十年甘撫鄂昌與
詩詞悖逆之胡中藻唱和削籍治罪中藻公門生鄂昌公姪也　命撤出賢良
祠四十四年　御製懷舊詩列公五閣臣中子六長鄂容安自有傳

張文和公事略 子若靄 若澄 若淑 勤恪公若渟

乾隆二十年三月二十日 予告大學士桐城張公考終里第遺疏入 諭曰
致仕大學士張廷玉歷事 三朝宣力年久勤勞夙著受恩最深前以其年居
八旬特加體恤許令退休實朕優念老臣本懷至於配享 太廟係奉
皇考遺詔遵行非爲臣子者可以要請及朕賜詩爲券又不親赴宮門謝恩自
不得不示薄譴用申大義今遽聞溘逝 皇考之命朕何忍違且張廷玉在
皇考時勤慎贊襄原屬舊臣宜加優恤應仍謹遵 遺詔配享 太廟
以彰我國家酬奬勤勞之盛典尋 賜祭葬如例諡文和 本朝百餘年未有
漢文臣得與配享者非常之典公獨當之於戲盛矣公字衡臣一字硯齋太傅
文端公英仲子也康熙三十九年進士選庶吉士授檢討直南書房受知
聖祖洊加優擢由洗馬五遷至刑部右侍郎充經筵講官六十年調吏部左侍
郎當是時公以名相子迴翔卿貳文學經濟已蔚然負台輔望矣明年 世
宗御極即 命公協同翰林院掌院學士供 几筵祭告文字初政殷繁 諭

旨日數十下公承　命應奉精敏詳贍悉稱　旨十二月擢禮部尚書雍正元年奉　命爲　諸皇子師加太子太保兼掌院學士充經筵日講起居注官轉戶部尚書　御製詩賜之有大政資經畫訏謨待討論之句三年署大學士事四年拜文淵閣大學士兼管戶部翰林院事明年晉文華殿大學士又明年晉保和殿大學士兼署吏部尚書七年晉少保方是時西北兩路用兵　上以內閣在太和門外儤值者多慮泄漏始設軍機處於隆宗門內爲承　旨出政之總匯公與鄂爾泰公同爲軍機大臣諸格式皆公所奏定也軍機職掌在恭擬　諭旨凡內外臣工所奏皆面取進止明發　上諭其有　旨敕議者審可否以　聞凡明發　諭旨皆下內閣以次及於部科若指授兵略詰誡臣工及查核刑政之失當者爲寄信　上諭密封交兵部馳遞自立軍機處內閣之任遂輕內而部院寺監暨九門提督內務府外而各直省督撫學政提督總兵官鹽政榷使各將軍參贊辦事大臣迄四裔諸屬國有事無不綜彙又無日不召對　上所巡幸無不從而四方章奏亦皆以摺代本逕達軍機處其內閣本

章率依列題達而已甚或內閣翰林院撰擬有弗當亦下軍機處審定故 本
朝軍機大臣之任最爲繁重焉八年夏秋間 聖躬違和十月始愈 詔奬
公及蔣公廷錫贊襄機務公正無私周詳妥協數月中得以靜養調攝者皆賴
翊贊之力各賞輕車都尉仍各加二級十一年 詔以文端公從祀京師賢良
祠復卽家 賜祭一壇 命馳驛回籍舉行典禮 賜帑金萬兩爲祠宇祭祀
費 御製祠聯並 賜冠帶衣裘及貂皮人薓等物 頒內府書籍五十二種
於其家先期一日 上賜玉如意曰願爾往來事事如意也公行經直隸疏
言水災甚重請 敕督臣確查加賑一月再查地方應修工程以工代賑得
旨允行時公子若靄成進士特授編修而公弟禮部侍郎廷瑑督江蘇學政皆
給假襄事一門之內朝紳命服輝映閭里海內榮之明年二月回京 上遣
內大臣戶部侍郎海望迎勞於蘆溝橋 賜酒膳十三年八月 世宗龍馭
上賓 遺命與莊親王果親王大學士鄂爾泰公總理事務且 詔他日以公
配享 太廟 高宗卽位倚任有加 賜爵三等子尋以公所領事多不

必兼管翰林院乾隆元年奉 命爲 皇子師仍兼管翰林院事充經筵講官時 車駕親謁 景陵公與王大臣留京總理事務自是每 巡幸留公總理以爲常三年 上將視學以三老五更之禮可行與否 詢軍機大臣公疏言更老之名雖見於禮經但上有所施必令臣下有可受如所云天子袒而割牲執醬而饋執爵而酳如特行此禮度臣下誰敢受者漢宋均曰三老乃老人知天地人之事五更乃老人知五行更代之事者夫上通天文下徹地理中察人倫得一已難矣況兼之乎至五行更代如伏羲以木德王炎帝以火德代之黃帝又以土德代之之類此非學究天人能知其所以然乎考漢以李躬爲三老桓榮爲五更魏以王祥爲三老鄭小同爲五更周武帝以于謹爲三老其時五更無人若而人者果克副其名而無愧乎先儒胡寅譏桓榮僅能授章句不知仲尼修身治天下之大道是桓榮猶不免譏評下此何足以當鉅典竊思樂記祭義文王世子諸篇雖有三老五更之名然不言何代如謂虞夏商周皆然則尙書及官禮何以不見此目疑係漢儒附會是以唐宋迄 本朝千有餘

載此禮未曾舉行蓋以名實難副儻有幾微未愜觀聽豈不褻至尊而羞大典
乎臣愚以謂此舉應停止不必 敕下廷議疏入 上韙其言尋進爵三等
勤宣伯四年加太保九月九日公七十生辰 上於木蘭行在 賜詩爲壽
又 賜聯曰潞國晚年猶矍鑠呂端大事不糊塗遣內臣賚酒筵以 賜前後
賞賚 賜第 賜園 賜乘肩輿入紫禁城至不可勝紀八年 上念公
篤老 命不必嚮早入朝遇炎蒸風雪亦不必勉強內直九年冬重葺翰林院
落成 車駕臨幸賦詩宴賚謂公與鄂公曰二卿真不愧古之房杜十一年公
長子內閣學士若靄病故 諭令節哀自愛以公直 內廷需人扶掖 特命
其次子庶吉士若澄在南書房行走十三年以老乞休 温旨慰留且諭曰卿
受 兩朝厚恩且奉 皇考遺命將來配享 太廟豈有從祀元臣歸田
終老之理公奏言宋明配享之臣曾有乞休得請者因舉數人爲證且稱七十
懸車古今通義又引老子知足不辱知止不怠爲解 諭以爲不然謂昔人久
處要地恐滋讒謗將至迫於殆辱故易云見幾而作要豈所論於與國咸休視

君臣爲一體者哉夫同堂聚處之人一旦遠離雖朋友尚不忍況在君臣書曰天壽平格又曰耄壽俊在厥服秦穆霸主尚猷詢茲黃髮使七十必令懸車何以尚有八十杖朝之典卿精力不減少壯若必以泉石高蹈爲適獨不聞武侯鞠躬盡瘁之訓耶公奏言武侯遭時艱難受任軍旅與生逢熙洽優游太平者不同　諭復以爲不然謂皋夔稷契與龍逄比干可信其異地皆然時不同而其心同也皋夔稷契無龍逄比干之心必不能致謨明弼諧之盛龍逄比干無皋夔稷契之心亦必不能成致命遂志之忠遭遇雖殊誠盡則一夫旣以一身任天下之重則不以艱鉅自諉亦豈得以承平自逸爲君則乾乾不息爲臣則蹇蹇匪躬所謂一息尚存此志不容少懈朕爲卿思之不獨受
兩朝至優至渥之恩不可言去卽以朕十餘年眷待之隆亦不當言去朕嘗謂致仕之說必古人遭逢不偶不得已之苦衷爲人臣者斷不可先存此心何則朝廷建官命職不惟逸豫惟以治民而人生自少至老爲日幾何且筮仕之年非能自必設預以求去爲心將膜視一切泛泛如秦越人之相視年至則奉身以退耳誰

復爲國家出力者此所繫於國體官方人心世道者甚大故不可以不辨尋舉所　諭宣示朝列并　命公不必兼管吏部俾從容內直以綏眉壽又　命解監修總裁之任以大學士傅公代之十四年復　諭曰大學士勤宣伯張廷玉自　皇考時簡任綸扉朕御極以來弼亮寅工久近一致允爲國家祥瑞但恭奉　遺詔配享　太廟予告歸田誼所不可昔宋臣文彥博十日一至都堂議事節勞優老古有成謨大學士紹休世緒生長京邸今子孫繞膝良足娛情原不必以林泉爲樂也可四五日一入內廷備顧問城內郊外皆有賜第可隨意安居從容几杖頤養天和副朕眷待耆俊至意且令中外諸臣共知國家優崇元老恩禮兼隆而臣子無可已之日自應鞠躬盡瘁益加勸勉盡職　賜御製詩一章有勖茲百爾應知勸莫羨東門祖道輪之句公自是不敢言去是年十一月　上見公老態益增　優詔許原官致仕俟來春冰泮舟行旋里且　諭南巡時即可相見至朕五十正壽大學士亦將九十輕舟北來扶鳩入覲豈非堂廉盛事　御製詩三章　賜之有句云擬問蘭陵二疏傳可曾廿四

考中書又云指日翠華臨幸處歡顏前席問農田　命內廷諸臣和韻以寵其
行公至是登朝垂五十年長詞林二十七年主撰席二十四年凡軍國大政承
旨商度恪勤匪懈造膝對揚率移晷漏其所籌畫非可以一事名非可以形
迹數觀雍正以來數十年閒吏治肅清人民樂業沐　三聖涵濡之澤而公
雍容坐論極人世遭逢之盛則其愼密周詳所以翊贊　聖謨者可想見其概
矣公典領機要　朝廷大制作多出公手修　三朝實錄玉牒會典治河方略
國史明史諸書皆爲總裁自康熙丙戌迄乾隆丁巳與分校者三主順天鄉
試者一主會試者三　廷試　朝考皆公首爲閱擇一以公愼將之佐司寇時
山東鹽販糾衆爲不軌青州民倡邪教有司捕繫百五十餘人株連未已公奏
命出按戮七人遣三十五人而讞定在吏部絕苞苴杜請託銓政肅然浙江
江西界連閩廣流民入深山種麻結茅以居號棚民不隸州縣爲良民害公請
編戶籍行保甲消慝弭患至今帖然嘗條奏愼刑二事一刑部遇各衙門送犯
不論事之大小犯之首從俱收禁致累無辜　請分別收禁取保如外省例一

刑部引律例往往删去前後文止摘中間數語即以所科之罪承之甚有高下其手影射比擬者請令都察院大理寺駁正扶同草率先罪之疏皆下九卿議行又令甲婦人年三十以內守節至五十者得旌公建議以未五十而卒者乃享年不永非守志不終請以守節至十五年者一體旌表著爲令翰林爲培才地公有所薦舉即擢用終不使其人知諸所陳奏雖家人子弟不得以聞請也

方公之致仕也　召見時奏及配享事謂上年奉有從祀元臣不宜歸田終老之　諭恐身後難邀異數外間亦有此論免冠叩首請　上一言以爲券

上問外間議論爲誰公對史貽直即有此論　上知公素與史公不洽遂允特頒　諭旨並　賜詩以安其心翼日公當入謝適大風畏寒恃　恩眷有素令仲子若澄齎摺奏謝未親詣　宮門　上不懌將傳　旨詰問次日公早至　上疑軍機處有洩漏者屢降　旨切責下廷臣議奏且曰張廷玉之罪固在於不親至謝恩尤在於面請配享其面請之故則由於信朕不及廷玉事朕十有四年朕待羣臣事事推心置腹而伊轉不能信忍爲要挾之求乎廷

議以公大不敬請奪爵職留京待罪公具疏引罪有　旨削伯爵以大學士原銜休致瀕行　賜御製詩手書二卷　御用冠服數珠如意等物派內臣往送家居六年薨壽八十有四既薨仍得與侑享之典　聖主優老成全　國體可謂恩禮始終矣公性孝友子姓戚黨列仕籍者數十人皆約以禮法在政府無一字與督撫外吏接凡餽禮值百金輒峻卻之生平無聲色玩好之嗜退食泊然無所營時手一編安坐室中闃若無人僚友共事者閱數十輩平心接之多所容納人不見其有疾言遽色康熙丙戌分校禮部試同事以微詞相探因作闈中對月詩有云簾前月色明如晝莫作人間暮夜看其人覽之慙而退其不惡而嚴多類此四十四年　御製懷舊詩列公五閣臣中五十年　御題公三老五更議嘉公持議甚當　命與　御製三老五更說並勒辟雍碑以不沒其善著有傳經堂集焚餘集澄懷園文存子四長若靄雍正十一年進士　廷試卷進呈　世宗命內侍傳諭公曰爾子張若靄取中探花矣公請面對免冠叩首曰臣家世受　皇恩無所不極其至臣子若又占科名最高之選臣實

夢寐難安願讓與天下寒士　上乃宣諭曰殿試進呈卷朕閱至第五本語極懇摯有古大臣風因拔置一甲三名及拆號乃大學士張廷玉子張若靄朕深嘉悅蓋大臣子弟能知忠君愛國異日必爲國家宣力大學士張英立朝數十年清忠和厚終始不渝張廷玉朝夕在朕左右時時以堯舜期朕朕亦以皋夔期之張若靄禀承家教秉之世德所鍾故能如此非獨家瑞亦國之慶也因遣人往諭廷玉乃廷玉再三懇辭情詞懇至朕不得不勉從其請將若靄改二甲一名以表大臣謙謹之誠並昭國家制科盛事五月授編修十三年入直南書房乾隆二年遷侍講累遷內閣學士十一年　高宗西巡若靄扈從以病回京卒　優旨悼惜以曾襲伯爵加　恩照伯爵品級賞白金千兩治喪　賜祭一次次子若澄乾隆十年進士改庶吉士　命直南書房十二年授編修累遷內閣學士三子若溆官郎中少子若渟由貢生捐主事直軍機處累遷郎中乾隆三十年知澄江府擢建昌道入爲太僕少卿再遷通政使五十一年授內閣學士疏請申伐蛟之令并請下陸中丞燿所著甘薯錄於江浙諸路令其學

種以備荒尋扈　蹕避暑山莊校射中的者二　賞戴花翎五十四年遷工部侍郎調刑部兩赴陝西勘獄嘉慶元年　命兼管順天尹五年擢兵部尚書仍管順天府事　賞紫禁城騎馬未幾調刑部七年薨　贈太子少保　賜祭葬諡勤恪　長子曾誼官至浙江按察使

福文端公事略

公諱福敏字龍翰號湘鄰姓富察氏滿洲鑲白旗人康熙三十六年進士選庶吉士散館以知縣候銓　世宗皇帝在藩邸時　純皇帝初就傅命公侍讀及　世宗御極擢內閣學士兼禮部侍郎充經筵講官雍正二年充會試副考官教習庶吉士三年遷吏部右侍郎八月署浙江巡撫疏言海塘工程原議皆用條石後因限迫遂用條石托外亂石填中恐日久坍塌請寬限照原議改築得　旨交新撫李衛查勘修理時　上命都統拉錫赴浙簿錄年羹堯貲產羹堯將書札先自焚燬公於拉錫回程後查出西征隨筆逆書二冊係錢塘舉人汪景祺撰　上嘉其細心論景祺如律四年擢左都御史兼掌院學

十九月署湖廣總督十月奏沔陽潛江等十州縣水災請借常平倉穀六萬石發賑續將盈餘銀買補又奏被水各州縣現遵 旨煑賑但老幼頗難就食丁壯亦覺路遙時當種麥恐妨生業請查丁口一體給米均得 旨嘉奬尋 賜璽書曰朕原命爾暫署督篆若得一人即命往代近日滿臣中頗乏人皇子左右亦須爾來輔翼留爾在楚乃出於萬不得已宜體朕意勉爲之五年奏請以秏羨銀兩築江陵松滋等縣隄岸奉 旨著動帑金委員監修成後仍算民隄百姓加意保護俾永受其益四月謬狆花苗叛公檄黔兵截後路以楚兵擣巢平之下部議敘七月疏言安陸荆州被水各隄值冬初水退正可興工除被災老幼婦女照常賑濟外其丁壯悉令修隄優給賑米俾飢民得食而隄亦完固

上嘉其議如所請行先是閏四月 召公回至是始得代入京授吏部尚書六年以前撫浙江時瞻徇布政使佟吉圖擅動庫銀事落職八年夏 命協理兵部侍郎兼戶部侍郎擢左都御史仍兼戶兵部事十年署工部尚書 特命協辦大學士旋署刑部尚書十二年以審理尚書彭維新一案朦混徇隱奉

旨申飭乾隆元年　命同左都御史孫嘉淦辦廢員案孫劾公偏執　上
以福敏既拘執嘉淦亦沽名另派大臣辦理尋典順天鄉試明年典會試教習
庶吉士三年擢武英殿大學士兼工部尚書掌院學士四年加太保六年七月
上初幸木蘭行圍公條奏事宜一行圍邊外內外章奏按期馳送較　宮
廷清穆勞逸懸殊尤當朝乾夕惕清明在躬從容應之一留京百官道在隨事
警察因人懲戒不使偷惰者得行其私一巡行之日言路不可不開然有大奸
慝大利害斯宜參奏不當瑣細瀆陳傷政體一　聖祖皇帝於獵地平易險阻
無不了然故周旋中度馳射如神願　皇上籌度於馳射之先一弁兵布圍
未必無參差乞少加從容俾得黽勉從事一弁兵從行日久必至資斧不繼量
加　恩澤費無多而受惠無窮得　旨覽奏具見老成忠懇補衮陳善之意朕
皆嘉納七年公壽七十　御製詩　賜之曰前世文昌宿當朝王者師典型鵷
鷺序標準鳳凰池久賴經綸手猶疏弟子儀壽身兼壽世長佐太平基八年奏
時政三條一河防事宜動關呼吸難容遲滯江南石林口等處新工初就尤宜

保護懇照災民請賑例一面辦理一面奏聞一災民勢必流移自謀生活若有司不善拊循禁使不得越境必至輾轉溝壑宜加以玩視罪一江南湖廣等處偏災請留六省南漕賑濟懇 宸斷數目截留庶上不虧儲下足濟食奏入報聞十年冬以疾請解任 手詔曰卿才品優長老成端諒內廷講誦多年恪慎小心特簡綸扉正加眷倚覽奏情辭懇切勉從所請著解任調理加太傅銜以示篤念舊學至意卿善自頤養以承恩澤遇精神康健風日晴和仍詣宮門請安並到內廷書房看視十二年 上以詩存問曰經時未到禁門邊食履多宜心泰然月霽風清煩暑遠忽教重憶講幃前十七年公壽八十 御製詩賜之有還丹益算何須藉兩字傳經永不刊之句二十一年十月以疾薨先是公前歲抱痾 上親臨看視 賜以醫藥至是得遺疏深爲震悼卽日親行致奠並 賞內庫銀千兩治喪應得卹典下所司察例具奏尋 賜祭葬諡文端入祀賢良祠公嚴氣正性懍不可犯及習與之處開心吐懷廓然無城府自言通籍數十年所自信者骨性鯁直不脂韋至老猶存故我耳直內廷與蔡文

勤雷翠庭善尤服膺高安朱公曰此吾心之師也後進有言論相左者始或變色事後保任旋及之既罷相語翠庭曰此位豈易稱我浮沈其間君心不我嗤耶晚好讀周易觀象曰安溪若在縱不納我拜亦當稽首門外耳四十四年
御製懷舊詩稱爲龍翰福先生詩曰今古既殊宜其教亦異施古方教數年今爲出閣時憶年舞勺歲　皇考掄賢師卽從師授經詎惟習少儀循循既善誘嚴若秋霜披背誦自幼敏匪曰詡徇齊日課每速畢師留爲之辭以此倍多讀忠益平生資誰知童時怨翻引老曰悲不失赤子心能無繾綣思嗚呼於先生吾得學之基六十年二月　諭曰本月上丁釋奠禮成因念臨御六十年以來孜孜勤政悉由典學懋修所致回憶沖齡就傅時久侍講幃敷陳啓沃福敏蔡世遠兩師傅之力爲多今朕年當八旬開五眷懷舊學允宜增秩三公大學士太傅福敏可晉贈太師並賜祭一壇用示朕崇禮師儒至意

兆文襄公事略

公諱兆惠字和甫姓吳雅氏滿洲正黃旗人父諱佛標官都統雍正九年公由

筆帖式入直軍機處補內閣中書三遷至內閣侍讀學士晉內閣學士乾隆七年擢盛京侍郎調刑部右侍郎授副都統及護軍統領十三年秋　詔赴金川軍營督辦糧運明年二月請同哨探兵進勦　命留烏里雅蘇臺辦事充領隊大臣十一月調赴西路巴里坤辦事時準部阿睦爾撒納叛定邊右副將軍薩喇爾自伊犂被陷復歸公聞其至吐魯番約共進勦奏入　諭嘉其甚合機宜二十一年　命充參贊大臣三月大軍再定伊犂　命公駐其地籌善後事宜五月授定邊右副將軍先是回部大小和卓木稱亂侍衛托倫泰赴葉爾羌喀什噶爾撫諭久未返公奏遣副都統阿敏道以索倫兵百厄魯特兵三千收復阿克蘇庫車烏什各回城且偵托倫泰信是月小和卓木霍集占送托倫泰還公飭阿敏道馳往招撫十月奏霍集占怙逆狀密飭阿敏道速進兵是年冬定西將軍達爾黨阿自哈薩克撤兵還厄魯特宰桑之從征者謀煽亂未發噶爾藏多爾濟詭以叛賊巴雅爾劫掠告公遣將軍和起調諸厄魯特兵協勦而噶爾藏多爾濟之姪札那噶爾布等陰通巴雅爾中途肆逆和起被害公以孤軍

遠駐伊犁聞變自率千五百人東旋擊賊自濟爾哈朗轉戰而南十一月啓行戰於鄂里戰於庫圖齊戰於達勒奇前後殲賊數千餘二十二年正月至烏魯木齊諸賊畢會連日數十百戰我兵無不一當百步行冰雪淖中履韤不完食瘦駝疲馬且盡二十二日至特訥格不復能衝擊結營自固遂被圍時天大風雪驛傳聲息不相聞巴里坤辦事大臣雅爾哈善入告　詔趣侍衛圖倫楚率巴里坤兵二千闢路馳援以三十日至軍圍乃解公得新兵復往勦巴雅爾部落始回巴里坤　諭曰兆惠係伊犁辦事大臣適遇厄魯特等背叛卽奮往勦賊忠勇可嘉可封一等伯世襲罔替並　賞御用荷囊玉韘諸珍物尋授領侍衛內大臣戶部尚書兼都統　詔同定邊將軍成衮扎布分路勦滅厄魯特賊衆三月偕參贊大臣鄂實等進勦時扎那噶爾布已殺噶爾藏多爾濟等又爲臺吉達瓦所殺而獻其首於軍門適阿睦爾撒納自哈薩克盜馬竄歸伊犁掠扎那噶爾布牧地公檄參贊大臣富德往追　詔責公宜以專擒阿逆爲務六月奏擒獲阿逆之姪達什策楞等七月奏擒獲巴雅爾并及其孥時哈薩克汗

已畏威歸順遂表獻馬匹八月奏言遣圖倫楚擊敗哈薩克錫喇賊衆遣愛隆
阿擊敗前掠臺站之都爾伯克臺吉納木奇降之當是時阿逆竄入俄羅斯而
遣往撫諭回城之阿敏道爲逆回霍集占所戕九月 詔公等籌勦回部疏請
於烏魯木齊屯田且便與哈薩克市馬從之十二月成袞扎布改北路左副將
軍 詔授公定邊將軍二十三年正月復以參贊雅爾哈善爲靖逆將軍專辦
回部時各賊分四支每支各一二千伺閒出沒乃議公由博羅布爾富德由賽
里木分兩翼圍獮約相會於伊犂尋奏賊衆紛紛逃潰狀報聞庫隴癸山者伊
犂附近山也叛黨布圖庫等據險藏匿公偵知之遣將收其牧羣而自率八十
騎夜入山口勦之時曉霧迷漫布圖庫等脫走餘悉就殲得 旨獎敘四月叛
賊輝齊鄂哲特等就擒賊牧俱殘破準噶爾之事將竣疏請由伊犂進勦回部
詔與雅爾哈善會合幷招降布魯特人衆尋奏布魯特頭目人等赴軍前乞
降七月遣侍衛達桑阿等先後護布魯特東西二部使者入覲 命速赴回部
與雅爾哈善合兵進勦會雅爾哈善圍庫車霍集占糾衆來援爲官軍所敗冒

死入城復脫走雅爾哈善坐䟽縱削職尋伏法公自請留軍以竣西事上
壯之諭嘉其奉公體國器識遠出諸臣之右賞戴雙眼孔雀翎尋奏言臣
抵烏克蘇降回衆五千餘戶其烏什伯克霍集斯及其子漢咱帕爾亦攜衆獻
城降臣遵旨令侍衛舒赫德駐阿克蘇臣卽率大軍赴葉爾羌䟽入奬賜
荷囊玉韘等物時兵皆未集惟領步騎四千先行留副將軍富德勦餘賊俟集
大軍繼進而小和卓木已堅壁清野斂民入城使我兵無可掠又於近城東北
五里掘濠築土臺欲持久困我其大和卓木據喀什噶爾相犄角十月初六日
師至葉爾羌陣於城東兩翼兵先奪據其臺城東西北三門各出精騎數百來
嘗我三戰三北入城固守不出城周十餘里凡十二門公以兵少不能攻欲伺
閼出奇先營城東隔河有水草處結壘自固所謂黑水營也葱嶺北河經喀城
外其南河經葉爾羌城外土人稱北河爲赤水南河爲黑水故曰黑水營公既
分兵八百使副都統愛隆阿扼喀什噶爾援路又偵知賊牧羣在城南英奇盤
山下謀渡河取充軍實十三日留兵守黑水營親率千餘騎自東而南甫渡四

百騎橋忽斷城中賊出五千騎來截我兵方奮突其陣步賊萬餘繼之騎賊復張兩翼圍攻我後我隔河軍不能相救又地沮洳難馳騁且戰且退徒涉歸營中途爲賊隔截數隊人自爲戰自辰至酉殺賊千計而馬多陷淖亦陣亡將士百餘負創者數百公左右衝突馬中鎗斃再易明瑞亦受創總兵高天喜等俱戰沒賊復逾河來攻五晝夜我軍且戰且築壘賊亦築長圍困我十七夜公遣五卒分路赴阿克蘇告急舒赫德飛章入告賊於上游決水灌營我軍於下游溝而洩之營依樹林鎗礮如雨我軍伐樹反得鉛丸數萬以擊賊會布魯特掠喀什噶爾我軍縱火攻賊營賊疑布魯特與我軍有約大和卓木乃使人議和公執其使射書諭以必先縛獻霍集占方許納款又掘井得水掘窖得粟三閱月不困賊駭爲神先是 上念我軍久暴露將士皆勞頓於兩月前即命靖逆將軍納木扎爾參贊三格往代並 諭副都統阿里袞侍郎永貴於巴里坤豫選馬三千送庫車備調又增調索倫察哈爾兵赴之至是聞公被圍 諭嘉其忠誠勇敢不避險艱晉封一等武毅謀勇公世襲罔替幷 賜寶石頂及四

圍龍補服紫繮而公不知也在圍中檄愛隆阿率兵還阿克蘇催援軍途遇靖逆將軍以二百餘騎徑進止之不可復遇害富德在北路聞黑水圍急卽率兵三千餘冒雪赴援二十四年正月六日次呼爾璊遇賊五千騎且鬬且前轉戰四晝夜沙蹟乏水齒冷救渴又乏馬半步行九日渡葉爾羌河距黑水營尚三百里賊愈聚不能進兩軍皆被圍萬里外適阿里袞以巴里坤兵六百解馬二千駝一千合愛隆阿兵千餘夜至遙望火光十餘里知官軍與賊相持處也又途遇我往劫營之卒知望援孔急卽橫張兩翼大呼馳薄聲塵合沓直壓賊壘與富德兵三路奮擊賊黑夜不知官兵若干萬自相格殺潰遁我師遂長驅進未至黑水營數十里又擊敗之公見圍賊日少又遙聞鎗礮聲塵大起從東來而營中所掘井忽眢知援軍已集卽勒兵潰圍殺千餘級盡燔其壘賊大敗入城兩軍會合振旅還阿克蘇公奏言臣等自上年十月十三日被圍相持三閱月仰賴　聖主威福　上天神佑靈蹟甚多安營處近戈壁而有深林伐木給用內拾鉛丸數萬卽用以還擊初憂乏水因賊灌營反獲接濟尋掘井泉

隨涌出至正月初旬井水忽涸又獲藏粟二十餘窖官兵意氣奮發毫無懼色
正月十四日與富德合兵而還疏入　上嘉獎　御製詩　賜之又製黑水
行長句書其事公疏辭封爵及章服弗許並以公母年高　遣使存問是時霍
集占黨窺和闐　命速發兵援之六月大兵分路進勦霍集占棄葉爾羌遁降
其衆四萬餘戶撫定之捷聞　璽書褒美　命速追擒兩賊酋七月大敗霍集
占於阿爾楚爾等處逆酋兄弟竄巴達克山我軍蹙之勒令擒獻未幾均被戮
十月巴達克山汗素勒坦阿獻霍集占首其安集延諸部皆相率歸順回疆平
詔曰將軍兆惠等凱旋至京時朕當親臨郊勞兆惠已封公爵并迭賜章服
其加賞宗室公品級鞍轡以示寵異再加授一子爲三等侍衛十一月奏定葉
爾羌喀什噶爾英噶薩爾烏什阿克蘇等城駐兵章程並請令各城伯克分番
入覲從之二十五年二月授　御前大臣　賜紫禁城騎馬初　上命築壇
設纛於良鄉城南行郊勞禮至是公率將士凱旋　上親拜天將軍以下皆
甲冑王公大臣隨行禮畢　上御黃幄將軍等抱膝跪見如儀　上撫勞

賜御用朝珠及馬禮成隨　駕還京　上御豐澤園幄次凱宴賚銀幣
命圖形紫光閣　上親製贊明年授協辦大學士兼管刑部尚書事八月
命同大學士劉公統勳赴豫勘築楊橋等處決口奏濬賈魯河定閘放各事宜
二十七年復同劉公勘江南運河酌濬高寶諸湖歸江之路二十八年　命勘
直隸海口幷相度天津靜海文安等處疏濬事宜加太子太保復奉　命會同
江督尹繼善公籌濬荊山橋河道二十九年順勘直隸河工還朝十一月薨
上親臨其第酹酒即以其子扎蘭泰許尚公主　御製詩悼之晉贈太保入
祀賢良祠　賞內庫銀五千兩遣侍郎留保等經理喪事　賜祭　賜葬諡文
襄三十年　上南巡至良鄉晃郊勞臺賦詩志悼四十四年　御製懷舊詩
列公於五功臣中子扎蘭泰尚和碩和恪公主授和碩額駙襲一等公兼散秩
大臣

勵文恪公事略　子文恭公廷儀　孫宗萬

公諱杜訥字近公直隸靜海人初以杜姓為生員學問淵通精楷法康熙二年

纂 世祖實錄 詔選善書之士公試第一書成議敘授福甯州州同 命
留南書房行走食六品俸舉博學鴻詞科未中選會殿門易額 敕翰林官書
禁扁皆不稱 旨惟公書報可十九年優敘內廷講官學士葉方藹等 特旨
授公編修充日講起居注官二十一年復勵姓二十四年 上命日侍點閱
通鑑二十五年與學士張公英同侍點閱綱目全編十二月以 御批通鑑綱
目竣疏言 皇上點閱載籍無閒寒暑即 巡幸駐蹕 命臣等捧簡進閱
一如禁廷每評論古帝王政治得失文武張弛及人才進退邪正消長與夫諸
儒舊說之聚訟紛紜者親加剖決悉歸至當請頒發 聖諭宣示史館以發
涑水所未詳補紫陽之弗逮得 旨下禮部翰林院會議如所請累遷贊善侍
講改光祿少卿遷通政司參議太僕卿宗人府丞三十九年遷左副都御史疏
言督撫大吏 朝廷畀以百餘城吏治數千里民生任至重也若託詞鎮靜漸
成悠忽殊忝封疆之寄請 敕諸督撫將察吏安民興利除弊諸實蹟年終彙
奏以備 清覽如開注不實治以欺罔罪庶諸臣時時警勉不敢貽誤地方其

所轄之藩臬二司專掌錢穀刑名有無虧空及有無駁審宜令詳悉幷列庶藩臬之優劣亦無遁情又疏言提鎮保送將弁時有騎射甚劣幷年老之員屢經特旨甄別請敕下兵部將引見不稱旨之員彙冊進呈酌定處分庶提鎮咸知謹凜而將備亦難尸素苟容疏均下部議行四十二年擢刑部右侍郎十月薨於任年七十有六賜卹如例特旨給全葬後二年上駐蹕靜海諭曰原任侍郎勵杜訥向在南書房效力二十餘年勤勞無過應予諡御書文恪二字賜其家雍正元年追贈禮部尚書八年入祀賢良祠純皇帝御極加贈太子太傅公以諸生膺殊遇出入禁闥數十年小心愼密前後疏奏多所建白居憲職詳讞刑獄無所瞻徇朝野推爲正人子廷儀康熙三十九年進士選庶吉士明年丁母憂又明年特命直南書房四十三年授編修尋充日講起居注官累遷中允侍講學士擢內閣學士經筵講官掌院學士晉兵部右侍郎兼掌院如故雍正元年擢刑部尚書疏言各省常平倉米穀雖有府司道盤査難保無徇隱弊當責成督撫嚴覈實存倉委幹員不時盤査年終造冊

題報督撫離任將冊籍交新任詳覈虧空題參新任徇隱者罪之部議如所請
又疏言古北口外命案向由本處武職詳解刑部派司員往驗路經數百里往
返需時傷痕已變審擬難確請於口外適中處設理事同知一遇民閒命案驗
明取供詳解題結盜案亦如之其稱職者照捕盜同知例即陞從之二年奏請
團練民壯每州縣選五十名分習鎗箭於州縣俸工內酌給工食勤加訓練得
旨此奏甚善著直省督撫實心奉行三年疏言監禁宜分內外內監以居要
犯外監以居輕犯其女監另牆隔別庶防範嚴肅不致串供部如所議五年典
會試尋坐濫保屬寮降二級奉　旨留任又坐讞獄罪名錯誤議革任得　旨
寬免六年疏陳考職積弊四條又疏陳禁止私鹽四條又疏陳清查入官家產
弊端四條俱下部議行七年加太子少傅　賜矜慎平恕額請嚴廢鐵私運近
邊近海地方之禁從之尋遷吏部尚書仍專管刑部事十年夏以病乞休
上慰留之閏五月薨遺疏入得　旨勵廷儀侍直內廷蒙　聖祖知遇之恩教
養有素伊父尚書勵杜訥老成端謹學問優長朕幼年在宮中讀書時資其講

諭至今念之不忘朕御極之初擢勵廷儀爲司寇晉秩冢宰數年以來勤慎小心今聞溘逝深爲傷悼已命大學士往奠茶酒其更議卹典尋賜祭葬如禮謚文恭子宗萬康熙六十年進士選庶吉士授編修入直南書房前後三次坐事落職均奉特旨起用命在南書房行走者一在武英殿行走者二在懋勤殿行走者一累官至刑部侍郎勵氏父子孫三世皆掌邦禁爲正亞卿又皆直南書房充日講官知起居注敭歷清要在官皆有名績海內榮之

史文靖公事略

溧陽相國史公十歲能詩十八舉順天鄉試十九登康熙三十九年進士入翰林乞假歸娶朝野榮之後六十年當乾隆庚辰科再宴瓊林士之雋南宮者公與執同年禮諭稱爲昇平人瑞御製詩褒美寵爲科名盛事公由甲第迄大拜在外督撫八行省內周歷六官首尾居相位垂二十載名注朝籍總六十有四年恭遇慈寧大慶入九老會班次諸王下圖形內府賜詩以比富鄭公文潞公中年總督兩江開府鄉里具疏再辭詔弗允殊恩異數罔

有倫比厥由　國家重熙襲慶以有耆龐魁艾之重臣亦惟公褱猷偉抱宣昭
世德乃克欽承　三朝之眷命可謂盛矣公諱貽直字儆絃號鐵崖先世壯侯
崇封於溧陽遂家焉世爲江南舊望祖鶴齡官編修父夔官詹事公幼承家學
嫺掌故凡內外銓之利弊金穀之登耗刑名兵屯之得失綜貫靡遺由檢討典
試雲南督廣東學政遷贊善累遷侍講學士雍正元年　命直南書房擢署吏
部侍郎尋授內閣學士遷吏部左侍郎　世宗賜詩有彤墀迹躡中臺履玉
佩聲含曉殿風之句二年充經筵講官典會試三年調工部兼理戶部侍郎事
五年再典會試調戶部兼理吏工二部侍郎事尋管順天府尹六年轉吏部左
侍郎仍兼戶部右侍郎七年署福建總督八年夏調署兩江總督尋授左都御
史仍署總督請以江甯府屬之溧陽縣改隸鎮江府從之九年還朝兼理吏部
戶部事時大軍征準噶爾陝甘二省辦理軍需　命偕侍郎杭奕祿等前往宣
諭化導協理陝西巡撫事尋擢兵部尚書仍留陝西當是時　憲皇帝詔各
督撫舉材武之士得數千人號勇健軍其最者能開弓二十石舉刀千斤　特

命公帥屯巴里坤以資策應十年署巡撫尋調戶部尚書總理陝西巡撫事十三年還朝條上三事一科道吏禮部宜用正途一遷擢宜循資格抑躁進一河南開墾捐輸宜速罷又言國家理財有正經勸捐非體不可令於下皆得 旨允行尋署湖廣總督乾隆二年 召還京三年調工部尚書尋調刑部五年兼理兵部事未幾調兵部尚書教習庶吉士 御製五言律詩 賜之七年遷吏部尚書署直隸總督協辦大學士九年拜文淵閣大學士 命紫禁城騎馬十年典會試加太子太保十三年坐票簽錯擬奪職留任十四年兼理工部事十五年兼理刑部十八年兼理吏部二十年次子奕昂署甘肅布政使公曾以書屬巡撫鄂昌事聞以原品休致二十二年 高宗南巡迎 駕沂州 命在籍食俸 賜御製詩遂 召補大學士入閣辦事六月 上聞公中途患病遣侍衞某帶同 御醫馳驛前往診視七月至京兼理工部事加太子太傅充經筵講官二十五年值會試適甲之年拜 賜詩有 旨大學士史貽直年已八旬嗣後凡遇祀典不必隨班行禮復 賜御詩一章二十七年請老 優詔

慰留許解工部事務示體恤仍　命每年　賞飯銀五百兩嚴寒盛暑無入閣
二十八年三子奕瓌以潞安守引見　特命留京補四品堂上官俾得侍養五
月薨於位年八十有三　上臨軒軫悼　詔皇六子臨喪奠醊　贈太保入
祀京師賢良祠　賜白金二千兩治喪事　賜祭葬諡文靖公生有幹局神識
超駿雍正初大將軍年羹堯平青海歸勢張甚黃韁紫騮絕馳道而行王公以
下屈膝郊迎年過目不平視獨公長揖年望見驚異遽翻鞍下曰是吾同年鐵
崖耶扶上己所乘馬而己易他馬並轡入國門後年以罪誅窮治黨與　世
宗問汝亦羹堯所薦乎公免冠應聲曰薦臣者羹堯用臣者　皇上　上
頷之公之爲閩督也弁兵舊戍臺灣受代歸過番社輒橫索供頓鎮臣以非所
轄噤弗問公改委臺鎮本標押送弊遂絕福興漳泉四郡地頻海貯穀易敗公
以臺灣有應碾運內地平糶米請易穀分貯各倉即碾倉穀給兵食推陳易新
兵民兩便之著爲例兩江殷劇號難治公以鄉人權節制杜絕贍徇所部肅然
西安有屯戶籍均內地而故事獨輸本色米支兵餉往往苦貴糴公用軍需餘

穀十六萬石爲置常平倉俾借領如例後皆以爲法　高宗御極公以舊臣入覲伏謁　梓宮　賜　世宗所遺鵝黃蟒衣四團龍補服曰此　先帝意也今朕君臣所共事即　先帝事也卿其始終一節公感謝嗚嗚　上亦泣下不止尋總督湖廣苗匪屢竊發蒲寅三鳳老一狙獷爲渠魁公至飭軍實嚴守備偫芻廩若無暇爲翦滅計一日密檄鎮將提勁兵二千入山勦捕蒲鳳就擒黨惡者無遺種或問公公曰吾前故遲之使不爲鋌走備且密審其山川扼塞及栖遁所由也容美土司稅輕改流後額日增公請仍征原額獠猺懽呼修武昌城外江隄及洞庭湖之枕桿洲疏陳善後五事增設救生船督直隸未半年所題結事九千六百有奇入爲正卿遇廷議公徐出一言洞中肯綮九列更事無出公右者常言天下辦事人多解事人少深刻非明縱弛非寬交際非私協恭非黨故公立身行政無心寬猛恥矜苛廉一以持大體安社稷爲務凡疆吏以疑獄告屢　命公馳傳往勘多得實稱　旨上蔡令張球誣陷同官邵言綸總督田文鏡庇之　世宗命公往豫案覆發其奸田大慙大學士邁

柱請疏湖廣荊子關至陝西龍駒寨河道為運米計公力持不可事遂寢浙督李衞約為兄弟公以其不學也謝之三人方枋用時攖其鋒者皆懾公獨棘棘不阿其守正如此在政府持大體不屑矯激自別異時準夷回部以次削平拓疆二萬里公翊贊機務每　召對移晷乃出所敷奏雖子弟莫得聞其再相也年近八旬　特旨許肩輿入省每湯沐　賜賚不絕偶示疾　御醫絡繹踵至嘗奏事拜起舒遲　上問卿老憊乎公曰　皇上到臣年當自知之

上大笑時公年八十一矣公清標玉立眉目如畫韡塵不沾衣圭袍襭式皆內裁好獎植士類而不使其人知屢主禮部試名公卿多出其門與後進言無不盡語多譬引饒風趣他大臣或懼言温室樹隱情惜己公肆意逞詞談啁流連忌者亦莫能中也子三奕簪官贊善奕昂官至兵部侍郎其次即奕瓌

沈端恪公事略

國朝真儒輩出平正切實力宗紫陽推平湖陸清獻公為最而錢塘沈端恪公則篤信平湖以上宗朱子者也公於平湖之書沈潛反覆最久嘗倣近思錄之

例薈萃諸說而類編之凡十有四卷曰陸子遺書其爲治則壹以嘉定靈壽之政爲法及長御史昌言偉論亦與清獻在臺時同所自著曰夙興錄曰讀論語隅見錄研理窮事皆誦法陸子學者由此而得梯航宗平湖以上宗朱子濂洛關閩之正脈無復有掘泥而揚波者矣公諱近思字位山號闇齋世居仁和五杭村先世皆力農公生九歲而孤家貧隨仲兄遊學靈隱寺有借巢老人者資之讀儒書負笈虞山錢圓沙嚴寶成之門既歸家補諸生讀宋五子書刻苦勵志書程子涵養須用敬進學在致知二語於座隅嘗自言其得力曰吾由濂洛關閩之書上溯孔顏曾孟之心怡然渙然若合符契不自知其手舞足蹈也康熙三十八年舉於鄉明年成進士亟返里門理故業選期已過顧以學未成不出也久之授臨潁縣知縣單車就官謝請託卻饋遺謹號令禁科派四十八年大水請發粟以賑全活無算明年大熟建社倉七所設義冢收瘞枯骨捐俸葺潁城潁與許州接壤有孔家口水勢衝突爲潁患公出夫助許築堤患遂絕建岳忠武于忠肅祠修宋統制楊再興墓立紫陽書院爲學規教士以誠敬專一

爲宗縣西葛岡村俗甚惡公創義學延師課童子手定程簿爲期使之來自覈其課及期村童數十人父母皆爲製衣冠坐牛車聯翩赴縣廨公按程簿覈其勤惰而加賞罰焉經旬復來逾年子弟皆向學其長者日馴遜早納租稅恥爭訟公又買田以歲入給師膳薪使久而無廢泣頼七年膺卓薦以去士民攀車灑泣不得行擢南甯同知引疾歸教授生徒布衣蔬食泊如也朱高安相國撫浙時特疏薦公 聖祖召入京監督本裕倉會臺灣用兵總督滿保公請於朝以知府揀發福建公作遠慮論四篇大指以臺灣宜析爲縣每縣各分都圖保甲易於稽察又取民壯拔置行伍以充各標其餘流民必審其原籍乃授田當時採用之海疆底定雍正元年 召授吏部文選司郎中特加二級 賜第一所帑金四百兩時銓法久敝胥吏因緣爲姦公夙夜勤慎有姦輒發吏不敢欺九月充會試同考官旋晉太僕卿仍兼理文選司事二年典山東鄉試超授吏部右侍郎 賜詩有操比寒潭潔心同皎月明之句公每奏對必齋戒越宿志氣恪恭於育才用人尤兢兢焉七月 命同尚書阿爾松阿往河南勘獄十

月典武會試三年吏部議年羹堯罪　上責其含混尙書隆科多削太保公等坐附和降調得　旨寬免四年三月轉左七月典江南鄉試　上以公出題正大不尙詭僻策問發揮性理具有本原以此試士實有裨於人品學術命議敘加二級時查嗣庭汪景祺俱以悖逆誅公與同籍因疏言浙省遠處海濱奢靡澆薄以詭詐爲能以忠厚爲拙以勢利爲重以廉恥爲輕以逢迎奔競爲有才以安分守己爲無用以請託徇私爲多情以孤介剛方爲刻薄以健訟打降爲豪傑以揑詞造謗爲智謀風俗人心頹壞已極如嗣庭景祺之大逆不道越水增羞吳山蒙恥蒙簡儒臣爲觀風整俗使滌除邪穢咸與維新謹陳浙省舊弊凡十事一童生初應縣府試卽請託勢要求開公摺府縣官憑以錄取最爲惡習請懲創以端始進一生員初得一衿便思鑽營當事不得則編造浮言得則造謁顯貴求通關節請將本人治罪外其私書關通者並罪之一在籍鄉紳多向地方官關說公事顛倒是非請分別治罪一生員妄借條陳名色向有司呈告地方公事藉以欺壓愚民武斷鄉曲請褫革治罪一奸徒造作揭帖

攻發陰私汚人名節或揑貪酷款蹟誣玷官長或編德政歌謠聳動聽聞以致上官誤信賢否混淆請照光棍律治罪一士人刊刻誨淫誨盜之書大爲心術害請毀板重懲一訟師盤踞城市遇有口角是非教唆興訟甚者串通胥役挾持官長請於保甲內將無籍之徒嚴加查察如遇訟師立予懲治一浙省衙役過多每衙門動皆數百人勾通紳棍魚肉小民請飭大小各衙門遵照經制役額一切白役幫差盡行革退其稔惡不法者寘重典一士紳犯賭法所必懲而豪家暗養打降之人船埠橋埠各有棍徒雄霸欺淩寡弱請嚴治首從一民閒演戲原屬豐年報賽之常浙省有坐方地棍借端科歛糾黨勒索應重懲又如雲林天竺各寺廟每春時婦女遊觀輕薄士子呼朋引類混雜嘲笑毫無忌憚宜嚴禁得　旨所陳風俗十事切中情弊著照所請嚴行禁約浙省有沈近思一人不爲習俗所染可謂上智不移足盡洗越水吳山之羞恥矣五年　特擢左都御史仍兼管吏部事典會試教習庶吉士公自縣令起家洞悉閭閻疾苦凡事關創革必熟籌其利弊有益民生而後已當廷議耗羨歸公時嘗力爭以

爲不可衆皆驚愕弗爲動　聖主鑒其誠亦不之罪也是年十二月十三日
無疾而終　上聞震悼　賜帑金五百兩治喪　命吏部派司官料理後事
諭嘉公人品端方持躬廉潔遣平郡王率散秩大臣奠爵加禮部尚書太子太
傅廕一子入監讀書　賜祭葬如禮　予諡端恪生平立心坦易非道義一介
不取窮達夷險不以二其心爲文樸實說理類南宋大家有天鑒堂文集在朝
與蔡文勤公交最篤閒以事至海淀必宿文勤所而雷翠庭鋐亦與時講論所
輯平湖遺書嘗屬翠庭校訂焉性靜默不妄言笑至其辨學術陽儒陰釋之歧
途世道人心義利公私忠佞賢奸之分界則如決百川而東注洋洋灑灑不能
自已高安相國雅重公哭其喪爲表墓曰理學名臣公卒年五十有七子玉璉
尚幼　詔地方官加意照料撫養俟成立時送部引見乾隆十一年授桂林府
同知

蔣文肅公事略 子文恪公溥

蔣公諱廷錫字揚孫號西谷一號南沙江蘇常熟人父諱伊字渭公康熙十二

年進士選庶吉士甫釋褐卽具疏上所著玉衡臣鑒二錄玉衡者言君道臣鑒者言臣道采唐虞及元明事蹟以備法戒昭勸懲爲卷二十有四得　旨留覽散館授御史時南方用兵城邑殘破疏請責成有司招徠開墾課戶田爲殿最又以奸民挾仇動借叛逆以陷良善請嚴反坐律又以時方開捐例選途頗壅乃繪十二圖上之曰難民曰刑獄曰讀書曰春耕夏耘曰催科曰鬻兒曰水災曰旱災曰觀榜曰廢書曰暴關曰疲驛復疏陳難民狀言臣於十五年請假回里見難民千百爲羣哀求取贖此等被掠之人並擄之深山村落初非得自賊營其爲誣陷何疑請嚴禁將弁掠賣男婦所過地方敕督撫一面截留一面參劾其論銓法云捐納知縣原出一時權宜其人未必無賢能而不可不加選擇請未選者責成吏部試以身言書判優者按次除授劣者給縣銜俾爲佐貳其已選者責成督撫一年之中試其才守行保舉法否者斥之並請將見開捐納知縣例亟行停止　聖祖覽圖及疏爲動容嗟嘆又疏劾江西巡撫董衛國縱兵焚掠及擅役民夫狀　詔衛國軍前帶罪圖功十八年因地震疏論六部

積習遇有銷算案件要求貨賂意爲高下堂司書吏連爲一手請嚴加飭禁又言災眚迭見　乘輿不宜輕出宜日御便殿咨諏治道以飭官常求民瘼時江南江西洊饑上救荒策大指謂賑濟之法莫善於分莫不善於聚縣各爲賑勿聚於府鄉各爲賑勿聚於城人各爲賑勿委於吏臣於康熙十年曾賑荒於鄉設廠三所活者多所耗者少城中設官廠二所活者少所耗者多此其明驗也又其目在奬廉吏緩催科通商賈興工作養孤老埋骼胔爲五疏上之先是閩逆之變禁兵駐蘇城以供調遣人皆苦其驛騷公疏言內地不必防禦以身家力保無他虞得撤回郡人德之二十一年授廣東糧儲參議革秏羨禁餽獻除差徭日買乾魚自給誓不取民閒一物集諸生講業書院及諸義塾月有會旬有課人爭向學會　詔求學行兼優者充督學任九卿舉公以應遂遷河南提學副使既至頒示教條崇實學正文體其孝子貞婦旌之營求請託者罪之二十六年卒於官年五十七子二長陳錫康熙二十四年進士由富平知縣累官雲貴總督其次即公也公少有學行由舉人供奉　內廷康熙四十二年　詔

舉人江灝何焯蔣廷錫學問皆優可一體殿試　賜進士選庶吉士明年未散
館授編修歷遷贊善侍講侍讀庶子少詹事五十六年擢內閣學士充經筵講
官雍正元年遷禮部右侍郎仍兼學士　賜詩有在公勤夙夜懋績有賢聲之
句二年疏請續纂會典卽　命爲副總裁調戶部侍郎三年　命與內務府總
管來保察閱京倉覆奏開溝墊土添橋架木各事宜　詔皆如議尋疏言漕運
全資水利宜通源節流以濟運道一曰濬泉源山東漕河資汶泗洸之水而四
水源皆微細全賴泉源助成巨流計一省之泉百有八十其派有五分水魯橋
天井新河沂水是也其委同出一道謂之泉河口舊設管泉分司今雖裁仍設
泉夫請飭有泉州縣督率疏濬盜遏者有禁又濟兗二府爲濟水伏流之地若
廣爲疏濬則散湮砂礫閼者隨地涌見應立法勸泉夫濬出新泉優賚銀米歲
終冊報卽以是爲州縣課最一曰開湖地山東諸泉所匯爲湖十有五各建長
礎設斗門爲減水壩以時啓閉漕河溢則減漕以入湖湖水溢則啓湖以濟漕
故諸湖名曰水櫃其後居民壅水占種斗門閘壩遂漸坍塞多生茭草積沙處

高與漕河堤等蓄洩無所請察勘未耕之地就低處悉行挑深以復水櫃之法就挑出之土築堤以束水櫃每湖開支河以承諸泉之入益漕水之流復建閘以時減放庶蓄洩得宜一曰嚴築壩開壩日期山東運河歲以十月初築壩通流分洩諸湖候來春二月冰泮開壩受水法至善也但日久玩生築壩每在十一月中未免過遲開壩每在正月初旬未免太早請飭所司築必以十月望前開必以二月庶河水充盈漕運商船皆利一曰修築坎河灘壩山東運河惟賴汶水一派分流南北濟運明宣德時築戴村壩於汶水南以遏汶水入洸建坎河石壩於汶水北以節汶水歸海其後復堆積石灘水溢則縱之歸海水平則留之入湖嗣雖歲有修築但日久頹廢萬一汶水北注挾湖水盡歸大清河則四百餘里之運道所關非細請　敕總河及巡撫相度形勢修復舊石灘改建滾水石壩以資蓄洩　上令閣學何公國宗等攜儀器輿圖同總河齊蘇勤公巡撫陳公世倌履勘均應如公議奏下九卿議行四年遷戶部尚書典順天鄉試兼管兵部尚書十二月丁母憂　優詔軫恤　特遣大臣賜奠加恩　諭

祭一次給一品太夫人封誥 賜銀千兩治喪 命公在任守制固辭不許給假數月扶櫬歸葬事畢來京六年三月授文華殿大學士兼理戶部充 實錄館總裁七年 賜第一區 賜額曰鈞衡碩輔加太子太傅八年典會試 命同果親王允禮總理三庫事務十月 諭嘉公與大學士張公廷玉等贊畫忠勤 賜一等輕車都尉十年閏五月薨於位年六十有四遺疏入 諭部曰大學士蔣廷錫受 聖祖皇帝知遇之恩直內廷二十餘載自朕卽位由學士洊擢大學士才識優長經猷明練倚賴方殷今夏忽患痰證每日兩次以疾狀奏聞方期宿疾有瘳豈料溘然長逝朕心傷悼可輟朝一日其所用棺殮之屬俱頒自內府尋 命內大臣率領侍衛奠茶酒 賜祭葬并加祭一壇 予諡文肅公以文學受 兩朝特達之知出入禁闥恪慎勤勞未嘗一日去 上左右隨同怡賢親王辦理戶部事務秉公執正釐剔弊端甚晰吏不能爲奸及參贊機務縝密周詳雖子弟門人不能探其崖略故可紀者止於此少工詩善畫花卉多用逸筆寫生點綴坡石無不超絕 聖祖嘗臨視之性豪爽周恤

珍倣宋版印

親舊不少吝　賜第外田宅無所增著有青桐軒詩集乾隆元年入祀鄉賢祠

長子溥能繼其武

溥字質甫號恆軒生有異秉十三歲時　世宗召見奇之雍正七年　欽賜舉人八年成進士選庶吉士　上親擢爲第四文肅公叩首辭讓　上曰朕從未見爾子筆跡暗中衡鑒毋庸辭也卽　命直南書房曾　賜文肅公一等輕車都尉並　命公承襲十年父憂歸既葬　諭卽來京供職十一年授編修累遷侍讀左庶子充日講起居注官乾隆元年晉侍講學士四年擢閣學尋授吏部侍郎六年　上慮各省督撫尚有積習未除者　命大學士九卿留心訪奏公密陳所聞各條一督撫各立門戶引用私人公事從此推諉又或外託和衷營私瞻徇姑容不職屬員貽患地方一督撫新任必極言前任廢弛地方凋敝爲日後卸過地並見己之振作或前任升遷者則曲爲彌縫擯棄者更吹索其瑕纇一參劾屬員定例督參撫審撫參督審而承審各員惟視聲勢爲轉移如原參者已失勢則巧爲開脫或見任或要津必附會煅煉督撫亦瞻顧不

問一督撫意恉易爲屬員窺伺逢迎如昔年河南墾荒陝西開井秖以迎合上
官致奉行不善爲民累疏入　上多採納　敕各督撫毋蹈前轍焉是年典
試浙江兼署刑部左侍郎七年充經筵講官疏言凡條奏發九卿會議由主稿
者酌定或准或駁會議日書吏誦稿一遍以待公商但其中原委曲折一時未
能周知請於定議前兩日將議稿傳鈔俾各詳勘至當然後可剖析暢言下部
議行八年夏授湖南巡撫　御製詩賜之九年疏言永順一府及辰州府屬之
永綏鳳凰乾州三廳苗民貪暴之習未除至寶慶府之城步靖州之綏甯苗峒
狡惡者尤多臣宣布　天恩嚴禁兵役擾累仍整飭武備不得懈弛苗民漸知
守法　手敕報曰御苗之道首以不擾爲要次則使知兵威之不敢犯此奏頗
得之矣又奏同學臣甄別教職衰頹荒疏者十三員咨部罷黜　上是之以
各省督撫多姑息下其奏令公閱先是給事中胡定奏湖南濱湖荒土宜勸民
修築開墾部議令巡撫查奏至是公疏言湖濱淤地築墾殆遍東奔湍爲細流
洲渚遍加堵截常有湖水衝決之患見在沅江之萬子湖士民呈請築墾臣親

往勘廣袤八十里四面受水費大難築並於上下游水利有礙臣以湖地墾築已多當防湖患不可有意勸墾　上韙其言十年授吏部右侍郎軍機大臣十三年充會試副考官擢戶部尚書十五年晉太子少保兼管三庫事十八年協辦大學士兼禮部尚書掌翰林院事十九年　命偕汪公由敦董公邦達修盤山新志盤山在蘇州向沿譌謂韓愈送李愿歸盤谷卽其地而不知盤谷實在濟源　上特爲考證以正誤公善寫生得文肅公遺法每進呈多蒙　御題有師承家法披圖見右相丹青有後生之句二十年兼署吏部尚書二十四年拜東閣大學士兼管戶部事二十五年典會試先是公弟洲在山西布政使任內以罪誅其無著帑項公奏懇分年代交至是　特旨寬免二十六年薨年五十有四　諭稱其居心純正奉職克勤久直內廷敬慎小心從無少懈　特贈太子太保入祀賢良祠　命照前大學士蔣廷錫例柩歸時凡文武官在二十里內者俱向靈前致奠方公之病也　上親往視　慰諭有加及卒復親臨奠醊並　賞銀二千兩治喪葬　賜祭葬如典諡文恪子六人檙由編修

官至兵部侍郎賜榮由貢生捐知府歷官戶部侍郎兼管順天府尹襲輕車都

尉賜榮子繼勳官至河南布政使

國朝先正事略卷十三

國朝先正事略卷十四

平江李元度次青纂

名臣

岳襄勤公事略弟莊恪公鍾璜　子瀋

公諱鍾琪字東美號容齋先世湯陰人宋忠武王飛二十一世孫十七世遷蘭州祖鎮邦字定寰移居臨洮其地逼近番夷數劫掠乃散財募士衞桑梓會多爾吉部入寇躬率五百人破之擒其酋由把總授守備擢都司吳三桂叛遣黨犯臨鞏獨以護糧軍五百殺賊千餘敗賊將李虎牙所向克捷累官紹興協副將大同鎮總兵加左都督父肅敏公昇龍字見之康熙十二年授永泰營千總時三桂反雲南陝甘將弁多通賊游擊許忠臣潛受僞劄數以言誘叛佯許之立遣人告變於靖逆將軍張勇密檄公相機擒縛夜伺其醉臥襲執之獲逆劄百餘紙遂斬忠臣十四年隨奮威將軍王進寶征蘭州叛賊賊毁浮橋扼黃河旅拒官軍以草囊濟敏肅奮勇登岸敗賊兵追至城下立雲梯先登礮傷左股

卒復蘭州遷守備明年從大軍克臨洮平關隴累遷至九江副將擢登州總兵
調鎮天津三十五年　聖祖親征噶爾丹　賜從征大臣及將校宴　上
親酌以賜賞　御用緞疋　命督中路糧運請選精騎三百爲護衛從之并
諭遇敵時副將以下有退怯違令者斬以徇凱旋予騎都尉世職　賜花翎擢
四川提督　賜　御書仁愛士伍額并鞍馬弓矢疏請將平定朔漠機宜宣付
史館下所司知之三十七年與川撫于養志互訐養志坐欺罔擬斬敏肅罷職
三十九年起原官四十二年　聖祖西巡　賜御書楹聯及威信著聞匾額
又書重闈錫類額　賜其母張太夫人四十九年瓦都瓦尾生猓跳梁遣將討
平之俘馘甚衆招撫番民十萬九千二百戶有奇尋以病乞休且請入籍四川
遂爲成都人五十二年薨　諭祭葬　賜諡敏肅子四人公其仲也生而駢脅
目光炯炯四射魁奇沈雄寡言笑兒時好布石作陣進退羣兒頗有法母苗太
夫人疾刲股以進敏肅命之射猶忍痛發矢由需次同知改授松潘鎮游擊累
遷永甯協副將康熙五十八年西藏達哇藍占巴等叛　上命皇十四子允

禶爲大將軍噶爾弼爲副將軍率公征之公領兵六百爲先鋒計擒藍占巴等
敗番兵三千人餘部落皆納款明年四月公領兵四千先至察木多獲逃酋探
知有準噶爾使者在其地誘各番酋守三巴橋遏我軍公念三巴橋者進藏第
一險也賊若斷橋守之勢難飛越而其時兩將軍隔數千里無由稟令乃選能
番語者三十人衣番服飛馳至落籠宗擒其使者五人殺六人諸番驚以爲神
兵自天而降相與匍伏降無梗道者已而副將軍來會賊中有黑喇嗎者號萬
人敵公以計手擒之遂下喇哩將鼓行入藏大將軍以調蒙古兵未至檄諸將
屯兵待毋輕動公請於副將軍曰我兵齎兩月糧自察爾多來此已四十餘日
若再待大軍糧且盡聞西藏部落有公布者爲其右臂最強能檄令先驅無俟
蒙古兵也副將軍然之公卽招撫公布未浹旬其頭目以兵二千至公請乘機
疾進十日可抵西藏將軍猶豫未決欲集衆議公昌言曰事在必行何議爲某
願噴此一腔血仰報　朝廷請以旦日行矣將軍壯其言遂進師公首先渡江
抵藏大破賊巢生擒準噶爾內應喇嘛四百餘人降番兵七千餘人自四月十

三日用兵至八月十九日西藏平六十年二月班師晉左都督擢四川提督
賞孔雀翎奉命勦郭羅克逆番破伏賊千餘連破四十六寨明年羊峒生番為
邊患公勦平之以其地為南坪營設兵置戍予騎都尉世職雍正元年青海羅
卜藏丹津寇西甯撫遠大將軍年羹堯奏授公參贊大臣飛檄行調公沿途相
機勦撫有播下等番為賊阻道者滅之有哈齊插漢等番為賊擄者撫降之有
果密等番盜官馬踞大石山旅拒者擊殺之自松潘至西甯五千餘里烽煙肅
清青海為奪氣既見大將軍即奉檄征爾格弄寺喇嘛於華里羅酋黨也華里
有山甚險其下五堡環峙寂無人聲公曰是有伏也遣騎搜之堡內賊果起公
三分其軍奪山殺賊賊敗走追至一山有高樓賊伏其中發矢石公命健兒二
十人密攜引火木柹從兩旁進而躬帥大隊仰攻戰方酣樓上煙起風大火益
烈賊纍纍然焦爛墜矣是役也破賊萬餘奪三嶺焚十七寨廬舍公兵止三千
也還營大將軍曰已奉　旨命公統馬步兵萬有七千直擣青海期以四月草
生時行公曰青海賊無慮十萬以萬七千當之宜乘其不備且塞外無駐牧定

所賊若散而誘我反四面受敵非計也願假精兵五千馬倍之二月初卽發大將軍以公言奏　世宗壯之二年正月加奮威將軍出塞抵喀喇烏蘇斬賊千餘尾追一晝夜擒台吉阿喇卜坦温布等二百餘人乘勝前進路見野獸奔逸公曰此前途有放卡賊也蓐食疾馳果擒百餘自此探信者斷矣至哈達河賊據河立營公渡河戰斬千餘人賊竄而西追擊之其黨貝勒彭錯等降爲言羅卜藏丹津擁衆數萬駐烏蘭木呼兒相距百六十里公拔營夜行黎明至其處賊尚臥馬未銜勒聞官軍至驚不知所爲則皆走生擒賊母阿爾太哈賊妹阿寶等羅卜藏丹津衣番婦衣騎白駝走噶爾順公留兵守柴旦木要害而躬自窮追日三百里抵桑駱海紅柳蔽天目望不極乃班師當是時公以兵五千冒險深入往返未兩月降台吉三擒台吉十有五斬賊八萬有奇俘男女數萬口獲軍器駝馬甲帳無算俘獻京師　世宗告廟御太和殿受賀以青海平大赦天下錫公三等公世襲罔替　御製五言律詩二章以賜又　賜金扇一書　御製七言詩尋　賜黃帶仍　命率師二萬征莊浪衞諸番皆青海餘孽

也公由西甯分十一路進勦賊萃石堡城公聲東擊西夜遣死士攀蘿躡壁出
其背擒斬五千有奇賊番悉平奏改莊浪爲定番縣　璽書褒美　命兼甘肅
提督三年兼甘肅巡撫尋授川陝總督加太子少傅初四川雜谷金川沃日等
土司爭界年羹堯以舊屬金川之美同諸寨劃歸沃日致仇殺不已至是公奉
命詳勘仍以美同諸寨歸金川而別撥地歸沃日各土司悅服　詔奬其息
事甯番　陛見將抵京　賜宴長新店　召對　賜四團龍服甲第一區內監
二人　命署河東鹽院加兵部尚書兼管陝西巡撫事川陝陋規病民悉罷之
幷奏開關中廢渠請緩川省征期以紓民力又請延安所屬州縣丁銀概從下
則減舊額萬二千兩有奇又請將陝甘兩省丁銀攤入地畝征收以雍正五年
爲始著爲例會四川烏蒙土知府祿萬鍾叛擾雲南鎮雄土知府隴慶侯助逆
公與滇督鄂爾泰會勦五年正月擒萬鍾慶侯其烏蒙鎮雄皆改土官爲流餘
黨悉定再入覲　賜雙眼孔雀翎　御纂書五百函珍幣稱是晉少保　命甘
撫莽鵠立寫公像二一留　內府一給其家六年準噶爾不靖　上命大司

馬查郎阿赴關中築壇拜公爲甯遠大將軍征西路命公子山東巡撫濬親送出塞七年五月出師抵巴爾庫爾賊逃公築東西二城爲蓄糧屯兵計八年夏

上召公籌議軍務公交印於提督紀成斌身自入都賊伺公行入劫駝馬紀葸縮不救　上命公還軍七月準噶爾傾衆犯北路靖邊大將軍傅爾丹禦賊失利公督兵襲擊烏魯木齊以分賊勢遂由巴里坤越木壘渡阿察分三路擊賊斬馘甚衆賊敗遁得　旨獎敘十年二月賊犯哈密遣將擊敗之又遣將軍石雲倬等赴南山口截其歸路而雲倬兵遲發一日賊得竄歸公劾雲倬治罪而大學士鄂爾泰劾公玩忽縱賊奪少保降三等侯尋召還以副將軍張廣泗護大將軍印廣泗劾公調度乖方遂落職交兵部拘禁論死　高宗登極之二年放歸田里構小園於百花潭北時手一編吟嘯自適暇則與諸父老課農桑徜徉山水閒見者忘其爲故大將軍也乾隆十三年金川酋長莎羅奔等叛經略張廣泗訥親等征之無功　詔起公四川提督總統四路官兵駐黨壩其地逼臨賊隘上有康八達爲勒烏圍門戶其下曰跟雜公募健勇數千聲

言攻康八達潛以銳卒趨跟雜出賊不意克碉卡四十有七斬殺無算遂進扼
勒烏圍隘口僞爲運糧狀誘賊伏火器待之賊果出劫糧鎗筒齊發殲其衆先
是金川聞　天子用公皆不信曰岳公死久矣至是大挫始知公果來十四
年正月經略大學士傅恆至軍誅姦人阿扣王秋等賊懼欲降恐降而見誅負
固未決而公初督川陝時勘金川爭界事甚公且奏給莎羅奔印信甚德之至
是公請於經略願輕騎入賊巢諭順逆問帶若干人曰多則賊疑非所以示信
也乃袍而騎從者十三人傳呼直入羣苗衷甲持弓矢迎道左公目酋長故緩
其轡掀髯笑曰爾等猶認我否耶皆驚曰果岳公也遂伏地羅拜爭先導入帳
酋長手茶湯進公飲盡再索因宣布　天子威德待以不死之意羣苗感泣
歡呼頂佛經立誓椎牛行炙留公宿帳中大酺次日莎羅奔等隨公坐皮船出
洞詣大軍降事聞　高宗大悅加太子少保兵部尚書復公爵十四年入覲
賞紫禁城騎馬每　召對日中乃出　賜御書額曰壯猷茂續並　御製七
言詩以賜　命西洋近侍寫公像於南書房　賜公號曰威信免西征應賠銀

七十餘萬兩子洄滂均授侍衛十五年西藏珠爾默特叛戕都統傅清等公會總督策楞討平之十七年雜谷土司蒼旺搆逆公與策公以兵奪維關直擣賊巢擒蒼旺誅之羣番懾服十九年墊江奸民陳崐作亂公力疾督勦薨於資州年六十有九　天子震悼予祭葬　賜謚襄勤給一等輕車都尉世襲罔替

命公弟鍾璜由廣西提督調四川代領其衆四十四年　御製懷舊詩列入五功臣中尋入祀賢良祠當　世宗時公督川陝季父超龍提督湖廣弟鍾璜提督廣西子濬巡撫山東兄子含奇總鎮兖州一門列戟而公受　主知尤篤能以功名終性嚴毅每登壇將弁股栗部伍整肅無敢譁遇敵謀定後戰士卒疾苦必躬拊循以故人爭效命其忠誠出天性征青海至哈喇烏蘇水泉斷軍行一晝夜未得飲食公禱於天甘泉隨湧出一軍歡奮事聞　詔遣官致祭督川陝時成都人訛言公將謀反公疏聞　世宗諭曰數年來在朕前讒譖岳鍾琪者甚多不但謗書一匣而已甚有謂鍾琪係岳飛之後意欲修宋金之報復者荒謬至此極此次造言之人必非無因著巡撫黄炳等嚴察尋獲奸民

盧宗誅之妖人曾靜者靖州諸生也遣其徒張熙上書勸公反立擒以聞
上遣大臣雜治得靜與呂留良之徒嚴鴻逵往來謀逆并留良日記悖逆狀皆
伏誅　詔褒公忠赤公尤擅知人鑑傅爾丹與公同爲大將軍公過其帳見壁
上刀槊森然傅曰此皆吾所素習者故懸以勵衆公笑頷之出語人曰爲大將
者不恃謀而恃勇亡無日矣已而傅果敗嘗遴馬兵冶大雄等三十六人爲親
軍後皆任封疆邀世職好吟詩所著曰薑園集蛩吟集京師前門外有公遺第
一區按奇門法布置居者每更動則災患立至猶想見偉人規畫云子七長濬
由任子授同知遷口北道擢山東布政使雍正六年巡撫山東調江西左遷光
祿卿八年授福建按察使遷湖南布政使十二年擢廣東巡撫署兩廣總督調
撫雲南　召還京授鴻臚少卿轉通政司參議先公卒六子澥舉人揀選知縣
襲輕車都尉歷官六安西甯等營參將
鍾璜字呂瑞公叔父超龍子也超龍由把總累遷游擊雍正二年平口外鐵布
等番有功擢河州副將遷天津鎮總兵擢湖廣提督十年薨鍾璜少從威信公

效力雍正八年授藍翎侍衛　命乾清門行走　賞戴花翎乾隆元年擢四川
參將遷副將八年擢建甯鎮總兵調江西之南贛雲南之昭通十六年擢廣西
提督十九年調任四川承威信公後也在川十餘年以九土司會攻金川事前
後與總督開泰阿爾泰等調兵彈壓幷宣　諭德威各酋讋服退還碉卡幷獻
所掠人口辦理皆稱　旨三十一年薨於位　優詔議恤　賜祭葬如例諡莊
恪

嵇文敏公事略 子文恭公璜

公諱曾筠字松友號禮齋江蘇長洲人本籍無錫系出晉侍中紹之後父永仁
以生員游福建總督范忠貞公幕府耿精忠叛誘執范公脅永仁降不屈亦被
執康熙十五年與范公同遇害　特旨贈國子監助教從祀范公祠及京師昭
忠祠母楊氏以苦節建坊雍正八年　賜忠節流芳額乾隆二年　賜人倫坊
表額公由康熙四十五年進士選庶吉士授編修充日講起居注官督山西學
政累遷中允侍講雍正元年入直南書房兼上書房行走擢左僉都御史署河

南巡撫三月典河南鄉試六月遷兵部侍郎會河決中牟　詔公往督築尋奏
漫口皆合龍向例江南河廳每歲冬領帑購料備用公疏請豫省黃河兩岸工
料亦照此例庶險工不至遲悞下部議行又疏言沁黃交匯之姚期營秦家廠
一帶皆頂衝請於對面橫灘開引河一道俾水勢順流由西北逕達東南再釘
船幫大堤宜鑲建雁翅培護更於大堤上下酌建挑水壩數座以減頂衝之勢
詔如所請又言兩岸堤工在在危險北堤起滎澤縣訖山東曹縣界南堤亦
起滎澤縣訖江南碭山縣界臣與總河齊蘇勒勘明最險應修處共十二萬三
千七百九十六丈請動帑興工從之是年授河南副總河駐武陟請設標下河
兵王大臣議駁　特旨命再議乃議撥河南撫標及河營兵弁隨工調用尋疏
言鄭州大堤石家橋迤東一帶大溜南趨應於迎溜處下埽簽樁復於埽灣處
建壩一中牟之拉牌寨黃流逼射應下護岸埽加工鑲墊建挑水壩二其穆家
樓堤工坐當頂處亦應下埽加鑲又陽武縣黃河北岸祥符縣珠水牛趙二處
堤工近因南岸新長淤灘大溜北趨成頂衝勢應加鑲墊以資鞏固部議均如

所請又言小丹河自辛勾口至河內縣清化鎮水口二十餘里輝縣五閘安陽縣之萬金渠及恆河閘昔人建閘開渠引水灌田照官三民一之法原以通漕利民但日久弊生守口之夫違禁賣水致運河淺澀請嚴飭所司稽查三日放水濟漕一日塞口灌田其盜賣者嚴治下部議行五年 命兼管山東黃河堤工尋遷吏部右侍郎仍留副總河任六年擢兵部尚書轉吏部仍管副總河事七年授東河總督兼管運河八年夏 命署南河總督九年加太子太保十一年拜文華殿大學士兼吏部尚書仍總督江南河道是年十一月 上念公父母之忠義節操雖已贈恤褒旌尚未膺一品封典 特旨予大學士應得封典以示優眷十二月丁母憂 詔曰大學士嵇曾筠之母楊氏撫孤守節教子成名前已特賜旌表並給一品封典今疾終官署可加恩賜祭一壇賞銀千兩治喪河防關係重大嵇曾筠歷練老成著有成效其母壽登耄耋榮封極品在人子之顯揚已極著在任守制予假三月回籍治喪其子嵇璜亦賞假六月回籍襄事公尋籲請終制 温詔允之且曰嵇曾筠本籍常州距淮安不遠明歲

工程可就近往來協理十三年三月　命葬事畢後卽赴工管理總河印務
高宗御極　特命總理浙江海塘工程乾隆元年兼浙江巡撫命照李衞之
例改爲浙江鹽政十月　陛見加太子太傅二年秋　詔以海塘工程就緒
召入閣公以痰疾奏請便道回籍調理　賜人葠一斤復　賜詩有句云此日
黃扉資贊化昔年絳帳憶談經又云料想微痾應早復丹誠平格享遐齡十二
月薨於里第遺疏入　上深傷悼贈少保加祭一壇諡文敏　賜祭葬如例
公在官視國事如家事冒風雨寒暑走河干不遑食息其在東河也疏言祥符
縣南岸回回寨對面淤灘直出河心致河勢南趨幾逼省城關係甚重應由北
岸舊河身濬引河一道引溜直行俾成東西之勢並於南岸建挑水壩逼流入
引河又請於汲縣湯陰內黃等處築草壩二十有六直隸大名縣張兒庄亦建
草壩一首尾接應以濟漕運又條奏河工六事一現存柳園宜勘明立界飭河
員廣種一印官河官均請令河臣撫臣會同保題陞調一豫工向撥江南河兵
千名不敷驅策請仍照千名之數於堡夫內拔補足額一豫省大堤每二里設

堡房一令堡夫居之修墊水溝巡查鼠穴今臨河月堤請一律照辦一祥符縣
堤長八十里止一管河縣丞請增主簿一開封下北河地方請增巡檢二一自
武陟至虞城請照江南汛船例每汛造船五艘運料又言蘭陽縣管梁耿蔡四
水口一帶堤工河勢衝嚙請下埽加鑲幷築月堤作重障又言祥符南岸程家
寨等處應增築月堤其陳留縣七八九等堡大堤汛水直射堤根宜培築又言
儀封北岸水勢衝急雷家寺灘崖刷成支河請將舊堤加厚接築土壩跨斷支
河勿令掣溜侵堤其青龍岡一帶請乘勢開引河一道導水東行則大河之水
自暢又言運河五廳額設長夫多寡不同請酌定以歸一律又奏開黃河北岸
荊隆口引河計三千三百五十丈有奇其在南河也疏言高堰山盱石工最要
請發帑增修爲久遠計又言沭水源長性猛請於現在竹絡壩外建石工六百
餘丈其沭河口則大加挑濬順其入海之路又言揚州府屬芒稻河工向係商
人捐築多草率請歸官轄並設閘官司啓閉又言河設堡夫挑積土牛原資修
補堤工之用請飭所司逐堡核查按月挑積其河兵於霜降後亦如法挑積各

列入交代冊以專責成又葦蕩營所產薪芻請立限攢運交工濟用又奏增築
海口月堤及閘座又奏修清江之龍汪閘並濬鳳陽廠引河利漕運其在浙江
也疏言江海形勢南坍則北漲今東南兩塘根俱漲有護沙應建魚鱗石塘以
期一勞永逸其海甯迤西翁家埠一帶柴草工程亦加鑲高厚又請於嚴州所
屬之淳河兩岸築石壩八十五丈以衛田廬又言樂清縣海堤缺坍宜修築又
請撥省城義倉穀運溫台等屬平糶又條陳鹽政四事前後疏上皆議行蓋公
治水累用引河殺險之法惟　上知公深所請無不立俞故動能底績公薨
後二年　詔入祀浙省賢良祠又　詔曰前任河臣靳輔齊蘇勒俱建有專祠
嵇曾筠勞績可與媲美其一體祠祀以獎賢勞所著有防河奏議師善堂集第
三子璜亦由河督大拜繼公武
璜字尚佐一字黼庭晚自號拙修生而嚴重寡言笑九歲讀禹貢恍然曰禹之
治水皆自下而上蓋下流宣通則水自順流而下長老咸驚異之曰此子他日
必爲名臣能宣汾洮而障大澤者也雍正七年奉　特旨大臣子弟一體會試

璜年裁二十以國子生登進士入翰林給假歸娶尋授編修南書房行走遷諭德乾隆元年文敏公由兩浙　內召入閣以病乞解任璜請假省親倍道奔馳爲馬傷血染紹袴到署未浹月文敏薨當是時文敏公年高病久一切公私事叢雜如麻中外頗有讕語非公到不能料簡帖然也六年服闋入都奏請停各省采買極言其病國病民病官諸弊又奏河東總督宜專其職守遇公事不必與兩省巡撫會奏庶免掣肘推諉之弊皆從之七年遷學士累擢副都御史工戶兩部侍郎充經筵講官十八年扈　駕木蘭甫進哨而江南黃水爲災高堰圮奉　命勘驗督修二十二年授江南副總河疏言淮揚運河自邵伯以北者皆歸海邵伯以南者皆歸江多一分入江之路即少一分歸海之水歸海路近歸江路遠宜開引河改曲爲直令趨海爲便又奏湖河源流分合設壩放淤諸務尤詳核　手敕報曰所奏甚合機宜經理下河一帶爾功不小也三十三年遷工部尚書調禮部仍直南書房二十四年以母疾陳情乞養許之先授總河時太夫人年已八十有三早有此請　上諭曰爾父久任河工爾趨庭時見

聞甚悉長淮一衣帶水儘可迎養不必在家侍奉也璜不得已赴任至是始得
請孝養五載而太夫人薨三十一年服闋授禮部尚書旋授河東總督兼兵部
尚書涖任後裁壩夫栽堤柳除墊崖貼坡諸弊偶巡河至商邱五堡命幫裹戧
十丈衆不喻其意俄而節過白露河官皆慶安瀾酹神張飲公尚欲詣工親勘
衆以公積勞咯血勸弗往公不可行至半途飛騎報大堤堙塌八丈幸有新鑲
裹戧藉資保衛衆始歎服公之深識遠慮也然亦有神助出意外者公每巡河
輒先屬吏冒風雨或手持畚鍤以行一日宿廟中聞虞城工險馳往其時天甫
曉雨雹交下趨視所下埽岌岌欲崩從者皆失色或遮勸勿行公立堤上厲聲
叱曰埽去則我與俱去雨雹應聲息堤卒無恙又因防險宿河堤行館夜聞訇
磕聲撼臥塌皆動起視無他黎明報對岸河塌數十丈公所宿隄下忽漲起沙
灘如所塌數人以爲神又勘驗曹縣三堡河河溜漸逼議下埽而未定某所公
夜夢金甲神持劍指溜處曰吾張桓侯也速下埽吾與趙順平助汝驚起周視
形勢如所指下之竟得安瀾乃奏建桓侯廟及順平侯廟於堤岸列祀典論者

謂　聖朝百靈效順而要非公之精誠不能感格也四十四年以吏部尙書兼掌院學士充日講起居注官明年拜文淵閣大學士教習庶吉士　賜居海淀又明年加太子太保上書房總師傅公歷事　兩朝垂七十年兩爲山陝正主考一爲乙未會試總裁其他殿試讀卷朝考閱卷及總裁三通四庫國史實錄諸館者不可勝數　上亦眷公逾常格五十年舉行千叟宴　命爲漢大臣領班五十五年庚戌會試重赴瓊林　賜詩矜寵公又與　上同庚八十生辰本在六月謂臣不敢先　君擬改期於　萬壽後　上嘉其知禮代定八月十九日　遣侍衛明安爲之稱觴　賜御詩及上方珍玩金幣無算公慮盛滿難居累疏乞歸至再三　上念老成凋謝不忍其歸又憐其年力就衰　詔嵇璜高年入直遇風雪不妨遲至即不入直亦可先　賜紫禁城騎馬再　賜肩輿入殿公感泣且歎曰　君父體恤老臣至於如此死有餘榮矣自後不敢復作乞骸請然素性恭謹非體有不適與大風雪仍徒步入朝如故也五十九年七月薨於位　天子駕幸熱河聞信震悼贈太子太師　賜諡文

恭　命皇八子奠酒遣官護喪歸里海內榮之公待小人不惡而嚴與和珅同在政府一日以楮素乞書公尋召翰林數人者飲於堂童子請曰墨具矣公叱之曰屬有客安能作書客曰吾儕正樂觀公之用筆以爲法也遂對客書之甫及半童子覆其墨公起訶讓之客爲請乃已翼日謝和珅曰徒敗公佳紙蓋公本不願作書預誡童子覆墨而翰林數人者皆和珅門下士故使親見之言於和以爲信也其不憚委曲以全所守如此

方望溪侍郎事略　兄舟

望溪先生姓方氏諱苞字靈皋江南桐城人寄籍上元曾祖象乾廣西副使明末居江甯父仲舒字逸巢以遺逸名與黃岡杜濬杜岕同里錢澄之族祖文相唱和公生四歲父口授諸經嘗早起以雞聲隔霧命對即應曰龍氣成雲偶竊效爲詩父恐耗有用之心力止之遂絕意不復作家貧甚日嘗不再食兄舟爲講諸經注疏相與博究羣書更相勖以孝弟弟林早夭公以弟服未終過時不娶父母趣之時弟喪已七閱月矣公入室而異寢者旬餘族姻大駭乃勉成婚

猶終身病之遊太學李文貞公見公文歎曰韓歐復出北宋後無此作矣時公
卿爭相汲引公非先焉不往萬徵士斯同語公曰子於古文信有得矣然願子
勿溺也唐宋諸家惟韓愈氏於道粗有明其餘資學者以愛玩而已於世非果
有益也公輟古文之學壹意窮經自此始凡先儒解經之書公一一詳究乃知
窮理之精未有如宋五子者也遂深嗜而力探焉姜西溟宸英王崐繩源嘗與
公論行身祈嚮公曰學行繼程朱之後文章在韓歐之閒其庶幾乎康熙三十
八年己卯領鄉試解額辛巳百川卒執喪過禮期猶不復寢父曰親親有殺與
父在為母無別矣丙戌成進士未廷試聞母疾遽歸李文貞馳使留之不得夫
人蔡氏卒熊尚書一瀟欲妻以女其子本公同年生也公語本曰某家法亡妻
偕娣姒日夙興精五飯酒漿奉巵匜二親左右貴家女能之乎本咋舌而止丁
亥丁父憂公以母老疾酌禮經築室宅西偏奉母三年不入中門辛卯冬南山
集禍作初宗人方孝標故翰林失職游滇中陷賊而歸怨望著滇游紀聞語多
悖逆同邑編修戴名世著南山集多采其言姓而不名人遂以為公也集序復

列公名會都御史趙公申喬疏劾南山集孑遺錄有大逆語部擬名世極刑公
牽連被逮下刑部獄及訊知語出孝標吏議以孝標已死乃取其五服宗人將
行房誅之刑長繫公以待命公在獄著禮記析疑及喪禮或問金壇王編修澍
間入獄視公至則解衣般礴諮經諏史旁若無人同繫者或諷曰君縱忘此地
爲圜土身負死刑奈旁觀姍笑何爰書上同繫者皆恟懼公閱禮經自若或厭
之投其書於地曰命在須臾矣公曰朝聞道夕死可也獄詞五上　聖祖矜
疑李文貞亦力救之遂蒙　恩宥癸巳出獄隸漢軍　聖祖硃諭武英殿總
管曰戴名世案內方苞學問天下莫不聞可　召入南書房遂　命撰湖南洞
苗歸化碑文越日　命作黃鐘爲萬事根本論及賦一每奏　御　聖祖輒
嘉賞曰此即翰林中老輩兼旬就之不能過也　命以白衣入直南書房尋移
蒙養齋編校樂律歷算書公與徐文定公承修樂律　上命與諸　皇子遊
自誠親王以下皆呼之曰先生時誠親王爲監修官性嚴承事者多被譙呵公
遇事持正王敬之延爲王子師公南面坐移王子坐東嚮始就講當是時李文

貞在閣徐文定爲總憲皆夙重公與聞機務公時以所見盡言相告多見諸施
行壬寅充武英殿總裁癸卯　世宗以覃恩首免公旗籍　詔曰朕以方
苞故宥其全宗苞功德不細矣時朱文端來定交謂公曰子乃鄭公孫僑趙樂
毅之流也公示以周官餘論十篇之三文端持至上書房手錄之歎爲當世異
人又以周官析疑春秋綱領二書示蔡文勤曰周情孔思不圖二千年後乃有
如親受其傳指者也甲辰以葬母假歸乙巳還朝　召見弱足不任行　命二
內侍扶掖至養心殿顧視嗟歎久之有　先帝持法朕原情汝老學當知此
義之諭　賜芽茶二器　命仍充武英殿總裁庚戌　詔大臣各舉學行之士
當事問公公舉南昌龔纓歙余華瑞嘉善柯煜淳安方棨如應之秋疾作命諸
子曰昔弟林疾革時余因異疾醫者令出避野寺致不獲視含殮死當袒右臂
入棺以自罰辛卯授左中允遷侍講晉侍講學士時孫文定嘉淦方以刑部侍
郎尹順天兼祭酒挺勁不爲果親王所容有客自朱邸來授公急奏令劾之卽
以公代公拒不可其人怵以禍公誓死辭不數日有劾孫公婪贓者遂下獄公

謂鄂文端曰孫侍郎以非罪死公復何顏坐中書於是孫公卒得免王亦不以是有加於公也癸丑擢內閣學士以足疾辭詔許免趨直仍專司書局有大議即家上之尋教習庶吉士充一統志總裁　命校訂春秋日講乙卯九月高宗嗣位有意大用公時　天子大孝方欲追踐古禮行三年之喪　詔羣臣詳稽典禮王大臣令禮部魏尚書廷珍偕公議魏公公石交也公因欲復古人以次變除之制內外臣工各分等差爲除服之期魏公上其議大臣有不便者遂格不行魏公亦以此不安其位公時領武英殿書局請於親王就直廬持服未再期不敢出所教習庶吉士二十七日內齋宿館舍無敢飲酒食肉者他部院未嘗有也公念受　三朝恩厚起罪廢洊列卿貳當以國士報乃疏陳田文鏡所定地丁四月完半之害請復舊制又言歲饑當令有司得擅發倉粟平糴勿拘存七糶三常制又言河以南祥符等五十州縣共徵米十三萬六千七百石有奇康熙初改令折銀自田文鏡改徵本色既遠水次兼迫漕期運價且十倍民困不支請仍舊折徵於衛輝水次官爲採買三疏俱下部議行丙辰

命再入南書房疏請凡遇水旱災五六月卽以實報七月中旬卽核定災傷分數幷乏食人數上聞災大者許動帑金修城浚隍整葺倉廒官署相度支河橋梁塘堰圩堤溝渠垣堡使任浚築惟老弱不能任土功者乃計口授粟則爲數無多易周而可久尋　命選四書文頒示天下充三禮義疏副總裁又疏陳食貨豐耗之原請禁燒酒禁種煙草飭佐貳官督民樹畜禁粟米出外洋令紳士相度浚築水道丁巳遷禮部右侍郎仍以足疾辭　詔免隨班趨走許數日一赴部平決大事公雖不常入部而時奉獨對一切大除授大政事往往諮公多所密陳在廷頗側目公矣公復疏請矯除積習興起人材求　皇上勤心以察之依類以求之按實積久以磨礱之信賞必罰以勸懲之其語尤關於主德隆替及君子小人進退消長之所以然是年秋　命教習庶吉士公嘗欲仿朱子學校貢舉議分詩書易春秋三禮爲三科而以通鑑通考大學衍義附之詩書易附以大學衍義春秋附以通鑑綱目三禮附以文獻通考各以疑義試士朱文端及楊文定深然之卒以違衆難行而止至是仍欲發其端乃請定庶吉

士館課及散館則例略言本科館選三十有六人江浙江西湖廣數已三十餘僅六人耳豈志識才行之不若哉以聲律詞章多未習也請日後籍隸江浙江西湖廣福建者仍課以詩賦餘專治本經義疏及通鑑綱目所載政事之體要散館時試以所專課各二篇其兼通者亦許自著所長而不相強庶東南之士益留心於經濟之實用而河北五路及遐方之士亦不至困於聲律之未諳使天下知政事文學皆人臣所以自效而政事所關尤重疏下諸臣議格不行又疏言會議時九卿中有異議者宜並列上候　聖裁其詹事科道宜與九卿會議各抒己見得專達又請以湯公斌從祀孔廟熊公賜履郭公琇入祀賢良祠又請定孔氏家廟祀典補祀先聖前母施氏皆格於廷議初公在蒙養齋與河督高君共事既而高違衆議開毛城埔舉朝爭之不能得臺省二臣竟以是下獄公言於徐文定文定上言不當以言罪諫官　上即日釋之公復具疏力陳河督之愎河督入對　上以疏示之大憾思傾公禮部薦一貲郎入曹履親王董部事已許之矣公以故事禮部必用甲乙科不肯平署王亦怒會新拜

泰安爲輔臣　召魏尚書廷珍爲總憲忌者爭相告曰是皆方侍郎所爲也以後有疏下九卿議輒合口梗之於是河督言公有門生在河上嘗以書託之　上稍不直公而部中又有挺身爲公難者公自知孤立以老病請解侍郎任許之仍以原銜食俸教習庶吉士己未充經史館總裁衆以　上意未置公也屬庶常散館公請補後到者試忌者劾之謂公有所私遂落職　命仍在三禮館修書而編修吳紱者公所卵翼以入書局也至是盡竄改公之所述力加排詆聞者駭之然　上終思公屢顧左右大臣言方苞惟天性過執自是而非人其設心固無他也吏部推祭酒　上沈吟曰是官應使方苞爲之方稱職旁無應者辛酉周官義疏成　上留覽兼旬　命發刻一無所更壬戌年七十有五以衰病求解書局　賜侍講銜歸里杜門謝客江督尹文端三踵門求見以疾辭又以先世未遷葬不遑家居寄食僧舍中葬乃返始建宗祠定祭禮作祠規祠禁設祭田以其餘周子姓窶艱及嫁娶喪葬之不能舉者明年就醫浙東作雁蕩天姥之遊安徽布政使李公學裕未受篆屏騶從造門學使尹

公會一徒步操几杖造門皆執弟子禮公畏人疑詫乃掃墓繁昌避之己巳秋儀禮析疑成公以此經苦難讀註疏多膚淺七十以後每晨起必端坐誦經文積日夜思之凡十易稿乃就八月十八日卒壽八十有二時乾隆十四年也疾革數舉右手示子孫申袒臂之命從之公貌怯瘦身長面微有豆斑目光照人如電平生言動必準禮法事親至孝父嘗曰吾體未痛二子已覺之吾心未動二子已知之赴詔獄時母老疾多悸乃詭言奉召入都不得頃刻留逾年事解迎養京邸母夫人尚不知也所著喪禮或問足撥人心昏蔽士友感而服行者多終身遇父母兄弟忌日必廢食得任子恩授兄子道永誠子姪每遭期功喪必準古禮宿外寢居家客至必令子弟奉茶侍左右或宴會則行酒獻肴示長幼之節母夫人尤嚴正嘗遘疾　天子賜醫醫曰法當視面按脈乃復命母曰我雖老婦人也可使醫者面乎公曰　君命也母閉目命褰幃顏變者久之既而曰　聖恩良厚繼自今勿使吾疾更　上聞矣公於辭受取與無所苟金陵王生以金贄介某姻求來學公卽以金贈某姻亡何王生卒因自出金如

其數賻之不使某姻知也有富人乞題喪主饋重金嚴拒之其自視常若下於恆人視隸圉臧獲愛親敬長一事一言之善輒反躬自責愧不能行有以過規則誠心德之與朋友責善亦甚嚴嘗面折人過多人所難受自爲諸生即名動京師雖在難時王公皆嚴憚之遇宦達者必以吏瘝民瘼政教得失相責難而時引古賢大節相砥未嘗一及於私李文貞以直撫入相公問自入　國朝以科目躋茲位者凡幾文貞屈指得五十餘人公曰甫六十年而已得五十餘人其不足重明矣願公更求其可重者時魏公廷珍在坐退而曰斯人吾未前見無怪人多不樂聞其言也座師高廷尉初度公方爲諸生壽以文引老泉上富鄭公書以循致高位而碌碌無所成爲懼觀者大駭廷尉曰吾正欲諸公聞天下之正議也後進有請業者公必問所治何經所得何說所學誰氏之文蓋有負盛名而舌撟汗下不能對一詞者公輒愀然不樂公論學一以宋儒爲宗其說經皆推衍程朱之學所尤致力者春秋三禮也論文嚴於義法非闡道翼教有關人倫風化不苟作凡所涉筆皆有六籍之精華寓焉讀其文知其篤於倫

理有中心慘怛之誠蓋皆其宅心之實與人之忠隨所觸而流焉者也素不喜班史及柳文條舉所短而詆之人或以爲過而公守其說彌篤嘗謂自南宋以來古文義法不講久矣吳越閒遺老尤放恣無一雅潔者古文不可入語錄中語魏晉六朝人藻麗俳語漢賦中板重字法詩歌中雋語南北史佻巧語世以爲知言所著有周官辨周官集註周官析疑春秋通論春秋直解禮記析疑喪禮或問儀禮析疑春秋比事目錄左傳義法舉要删定管子荀子史記注補正離騷正義删定通志堂宋元經解及望溪文集行於世

兄舟字百川年六七歲讀左傳太史公書遇兵事輒集錄置袷衣中議其所由勝敗暇則之大澤與羣兒布勒左右爲陣法時三藩逆亂比邑旱蝗憂之或廢寢食與弟望溪攻時文寄籍上元爲諸生遂以文名天下北平王源邑子宋潛虛宿松朱書自負經世略時就先生辨論先生嘿無言退謂望溪曰諸君子口談最賢非以憂天下也性孤特而內行篤修服勤盡瘁父逸巢嘗語人曰視於無形聽於無聲此子庶近之嘗東遊登萊觀滄海北過燕市韓文懿公見其制

舉文歎曰此於三百年作者外自成一家者也爲序而行之遘疾歸自知不起卒之夕強言笑戒望溪奉二親就寢曰命盡矣恐記吾音容增悲恫也妻子環哭喻使退曰君子以齊終吾獨宜死弟手且曰吾兄弟當共葬一邱不得以妻祔先歎曰悉焚所論著僅廣師說一篇存文懿所文懿曰雖退之莫能尚也望溪治古文詁諸經皆先生發其端卒年三十有七祀鄉賢

余田生府丞事略

余公名甸字田生福建福清人自爲諸生卽以名義爲己任好面折人於善類操之尤切用此修飭之君子亦不樂與居其趨勢利者輒聞聲相惡康熙丙戌成進士巡撫張清恪公開鼇峯書院延公主之每事咨焉郡守周某將登白簡以丁艱免疑公排己後公知江津縣周適爲郡守欲下石焉公不爲動擕一僕之任每早起坐堂皇民有投牒者據情事輕重卽命之檄召所訴人不以屬吏片言立決遣訟爲之簡惟日據案與諸生誦說文藝所徵賦卽貯庫中纖毫不入私室守廉其實亦加敬焉時青海用兵年羹堯巡撫四川加正賦通私茶猶

不足以餉戰士多額外急征檄再三至公不應乃遣內丁持印文告諭自朝至日晡公不出使者譁公立坐堂皇命反接衆相視不敢動公馮怒乃共推曳伏之地投六鐵丞簿皆曲跽爲請須臾士民集堂下者數千人耆老數十升堂以身蔽使者告哀曰公何難棄一官但我民自今無恃怙矣望哀赤子無依寬使者法久之乃命釋縛羈候越日使者介衆索原文公曰還報大人我無子閉門待劾原文已附道付二三執友矣遠近驚駴旬月聲震京師龔蕘曰此民所戴也斥之傷衆心不去百城玩令會行取遂以公應入爲吏部主事每事必親不假手胥吏出入封緘其室自佩鐍鑰時冢宰張公鵬翮久爲督撫入掌諸部號稱剛直少宰湯公右曾聰明辨察吏不能欺不惟官中無能異同九卿廷議多取決焉及公至屢與齟齬固植不移每會議直前爭辨盈廷愕然終不能屈也主選二年權要富人子求速化者多爲所格長官喜得公以有辭而亦陰患其戇閑絀其議公怒求退甚力吏胥大喜私語求進者曰少需之此君將去必可得也公聞之條列文書達部及已駁議而未奏者十餘事曰凡此皆作姦巧法

易爲所蒙必上聞吾乃去長官許諾乃探懷中出告歸牒旋丁父艱既免喪猶廬墓側不歸集古今法書作隸篆行草徧考諸史與知故盤旋若將終焉陳公滄洲嘗歎並世無豪傑及趨死不顧利害之人方望溪以公告曰斯人其次矣其伉直大類吾子及滄洲督河首薦公爲兗甯道清介勤事一如江津士民聞公至訟獄者爭赴焉幾奪廉使之枋久之廉使及巡撫有秕政亦赴愬於君君刺得其情反覆申列必得當乃止滄洲卒齊蘇勒繼之以工事劾公士民相隨聽勘者數千人齊公巡工至君所部父老結綵手炷香稽首於舫前請登岸受萬民瞻拜擁肩輿至廣原升高座聚者萬餘人四面環拜投香於地高丈許齊呼還我余公吾民當萬世尸祝河督大驚慰諭之衆皆涕泣曰吾民愚非得實據不敢退河督許拜疏出矢言衆乃散　世宗聞之立　召公入見退語執政曰朕又得一直臣矣擢山東按察使攜二僕買驢之官人競傳曰此三閭大夫也公以地近聖人居宜崇禮教輕刑罰逾年入爲順天府丞公歷官皆盡革陋規陳臬時憐囚徒不能自衣食酌取商人歲饋三之一以資給之兼完囹圄

修學宮書院聚教羣士委有司公用注籍爲忌者所中解官出質讞成回籍追
補公歸築葮湄草堂著書其中有觀風整俗使某摘其集唐詩爲怨望賴
上矜全獄白而公卒年七十有二公剛方清簡精於吏治仕宦三十年屢起屢
躓直聲震天下其文章書法亦冠一時歿後所歷官地父老聞君訃皆羣聚哭
奠焉

李穆堂侍郎事略　孫友棠

臨川李公生有異稟少時讀書日可二十本過目不忘以康熙四十八年進士
入翰林自編修超五階爲庶子遷侍講學士典雲南浙江鄉試兩典武會試擢
內閣學士兼副都御史充辛丑會試副考官榜發下第舉子擁邸舍喧鬧爲臺
臣所劾免官發永定河効力　世宗皇帝在潛邸雅知公雍正元年　召復
職署吏部侍郎充經筵講官屢奏獨對豫大議時有密勿重臣禮絕百寮親王
亦折節致敬而公平揖之重臣言公性剛愎難共事尋以兵部侍郎截漕天津
稱　旨明年夏授廣西巡撫疏陳練兵事宜一先定操地次定操期嚴賞罰一

廣西多山谷背山而戰宜用一字陣山曲用三才陣夾溪用雙龍陣八面受敵用八門陣四圍合攻用圓陣亦曰風雷掃地陣羊腸鳥道用連環陣均演習如式一馬步兵各佩腰刀然馬上步下宜知用法一土苗所用鳥鎗可及百五十步惟礮足以制之五子礮施放尤便利宜增製得 旨嘉勉先是康熙五十三年巡撫陳公元龍奏請開捐共捐穀百十七萬八千餘石納捐時每石折銀一兩一錢發州縣買貯止給價三錢不敷購買率以價銀遞相交代公抵任嚴催尚欠四萬餘石疏請寬限一月補足免各州縣罪 上以此項係陳元龍經手 命往廣西清理 嚴諭公毋許瞻徇公請將筦捐之布政使今任閩撫黃國材等質問 詔許諸臣將分肥實情供奏免其科罪並令國材赴質嗣審明督撫司道府廳共分銀八十二萬四千餘兩勒限分償有差 諭嘉公公正而重臣心忌之作四巡撫論皆痛詆以為亂政之魁四巡撫者滇撫楊文定名時東撫陳文勤世倌川撫蔡尚書珽其一則公也公署吏部時因議敘年羹堯子富等捐造營房事不肯從優為羹堯所嫉及奉 命天津截漕估變米價盈餘

銀五千兩交守道桑成鼎貯庫公赴廣西成鼎解原銀至公因具疏送直隸巡撫李維鈞會奏維鈞匿不以　聞會龔堯入覲遂奏公巧取此項三年二月公據實陳明　上洞悉龔堯維鈞等誣揑傾陷狀　諭曰伊等蓄意如此爾若根基不牢則已墮其術中矣前項既經解粵西朕又了然明白可即留充公用尋以讞獄失出經部駁公仍前議具題部臣改重　詔廷臣會議僉議應如公指是年奏改賓州鬱林州均爲直隸州賓轄上林來賓遷江武宣四縣鬱林轄北流博白陸川興業四縣下部議行又奏言猺獞頑梗刼案纍纍其修仁之十排臣已捕獲渠魁天河之三疃發兵守隘斷其收穫投到者許免死爲首入人見俱投案　諭獎其辦理得宜擢直隸總督初蔡尙書珽薦已革知縣黃振國起知河南信陽州巡撫田文鏡劾振國貪劣不法公由廣西入京　陛見奏振國無罪文鏡所劾之汪誠邵言綸均寃抑文鏡以公與振國爲同年生密劾公袒護公疏辯有　旨訓飭當是時　世宗方痛懲廟堂朋黨之習會蔡尙書得罪公曾面奏蔡珽爲人麤莽則有之若貪婪不法事臣可保其必無忌公者

因譖之目爲死黨而御史謝濟世疏劾文鏡亦及振國等　上以濟世所言
振國言綸誠等事與從前李紱所奏一一脗合明係結黨傾陷宜嚴懲乃發濟
世軍前效力　召公爲工部右侍郎忌者遂交章劾公矣五年署廣西巡撫韓
良輔奏天河縣因莫東旺係公批飭責追之犯遷延未發落致峒蠻糾衆劫去
詔公隻身往捕不許攜粵中一吏卒人皆危之及公至罪苗束身自歸曰吾不
可負李公也土司羅文剛嘗因設立塘汛事糾衆抗官至是爲州判程旦所籲
控　嚴旨責公撫粵時彌縫掩飾甘汝來時爲臬司亦因循不能整頓　命公
與甘公赴廣西擒緝文剛會雲貴總督鄂爾泰公奏廣西泗城土司不法請飭
巡撫提督懲治　上命韓良輔往雲南與鄂公面議並　命公同往公旋與
鄂公面籌黔粵分界及泗城改流等事文剛尋緝獲而直隸總督宜兆熊等疏
劾知府曾逢聖知縣王游虧空錢糧又劾知縣李先枝私派累民　上以逢
聖游皆公所保薦先枝曾經公題陞知州必有私受請託之處　諭責公營私
欺罔遂奪職　命來京質問議政大臣等會議公罪凡二十一款私受李先知

請託妄爲保題罪一與蔡珽固結黨援罪二袒護黃振國邵言綸汪誠密奏被參寃抑罪三莫東旺一案不早結致劫獄罪四將不應送部引見之天津道葉前違　旨送部罪五奉　旨建造天津營房任意遲延罪六將不應離任之通永道高鑣等題請離任另補罪七妄薦廣西庸劣知縣柏宏智罪八所解慶豐司羊毛等項混行咨覆罪九奏帶之都司岳咨縱兵通礦賊奉　旨詢問並不認罪罪十土目王尙義等爭寨各案不早訊結罪十一明知王游虧空不查參反密奏爲直隸第一賢員勒後任出結交代罪十二擅增直隸兵米價罪十三順義靜海等四十五州縣虧空擅批豁抵罪十四妄奏曾逢聖操守尙優罪十五收守道桑成鼎銀五千巡撫李維鈞銀千二百兩罪十六被參知縣姜任修發審並不嚴究罪十七上年見田文鏡報豫省糧艘正月出境妄奏偶遇大水僥倖出境今年出境更早又稱誤聽人言罪十八與布政使張适面奉　諭旨回奏時俱舛錯罪十九故出死囚楊四罪妄引減等罪二十不早除羅文剛反劾州判程曰浮躁罪二十一律應斬決妻子財產入官時內外諸臣方以全力

羅織公必欲置之死而　世宗知公深特惡其崛強欲痛有所摧折仍㴻洗
而復用之兩次決囚　命縛公與蔡尚書同至西市兩手反接刀置頸問此時
知田文鏡好否公對曰臣愚雖死不知田文鏡好處乃宣　旨赦還仍置請室
爰書上奏　特旨李紱學問尚好著免死在八旗志書館效力行走免妻子財
產入官七年冬謝濟世在阿爾泰軍前供出昔年參田文鏡由李紱蔡珽授意
　世宗大集廷臣　命公隨人跪階下　親詰責之　天顏甚厲聲震殿
角近臣皆股栗公奏對如常無乞憐語尋廷臣遵　旨訊公請交刑部治罪得
　旨寬免十三年八月　高宗御極　召見曰　先帝固欲用爾也即授
戶部侍郎管理三庫事乾隆元年奏請增派翰詹科道磨勘試卷從之公揚休
山立鬚眉偉然於古今事宜朝常國故口滔滔如決堤千人皆廢又絕少溫顏
曼辭舉朝皆畏憚之然愛才如命以識一賢拔一士爲生平大欲之所存形迹
嫌疑坦然不計辛丑會試用唐人通榜法名宿網羅殆盡至以此奪職公終不
以爲非會　詔舉鴻博公已薦六人矣束於例乃取夾袋中姓名廣託九卿有

吳江王藻者尙無舉主浼門下士孫副憲國璽薦之孫有難色公大怒責其蔽
賢孫跪謝允薦乃已語聞坐妄舉鐫二級補詹事明年奉　命祭禹陵母憂歸
六年補光祿卿典試江南遷內閣學士得離眴之疾請告歸陛辭　上問有
所欲陳否公以愼終如始對　賜詩寵行有尤喜臨辭闕嘉謀實啓予之句家
居十年卒年七十有八公憂國如家勇於任事不以攙越爲嫌生平學道宗旨
在先立乎其大者陸子之教也嘗因奏對謂朱子道問學之功居多陸氏尊德
性之見爲卓　上韙其言有中州巨公自附程朱語公曰陸氏之學誠高明
然返之吾心多未安公曰君督倉場時邀寵進羨餘不知於心安否其人失色
去公在九列時同朝者曰大將軍年羹堯曰太保隆科多曰桐城常熟二相國
及督直隸治營田之役爲怡賢親王公皆無所附麗而卒困於田督幾死在獄
中日讀書飽啖熟眠故甘撫胡君期恆亦在繫歎爲鐵漢刑部郎楊某欲試公
於押赴市曹時故問經史疑義公應答如流楊退語人曰李公真鐵胎人也公
嘗言內省不疚生死不足動其心何況禍福又言得力在二語處境則居易以

俟命處事則行法以俟命生平博聞強識下筆千言釋褐時安溪李相國光地許其與歐曾代興新城王尚書士禎稱其有萬夫之稟論者謂公能盡集江西諸先正之長學術則文達文安經術則盱江博物則道原原父好賢下士則兗公文章高處逼南豐次亦不失爲道園於命世之志取荊公剛腸勁氣大類楊文節殆不出其鄉而奄有千古云所著穆堂類稿續稿別稿春秋一是陸子學譜朱子晚年全論陽明學錄皆行世姓李氏名紱字巨來號穆堂孫友棠乾隆十年進士由編修改御史晉給事中遷鴻臚太僕少卿通政司副使擢光祿卿除內閣學士三十八年授工部侍郎典鄉試者再分校順天鄉試禮部試督學福建浙江各一會新昌舉人王錫侯妄作字貫前載友棠古詩一坐奪職後以入京祝 嘏賞三品卿銜嘉慶三年卒

蔡文勤公事略 子長澐

公諱世遠字聞之姓蔡氏世居漳浦之梁山學者稱梁村先生父璧以拔貢爲羅源教諭有學行張清恪公撫閩時延主鼇峯書院並招公入使院共訂先儒

遺書公議論慷慨自爲諸生即以民物爲己任及從清恪遊吏瘝民病言無不
盡政行衆服而莫知其自公康熙辛巳臺灣蠢動公大會鄉人聯伍團練助官
兵聲勢平生好善樂施與出於天性故人皆信嚮之舉己丑進士出安溪李文
貞公門選庶吉士授編修公故熟宋儒書既見文貞志益定以聖賢爲必可學
假歸文貞出游楊立雪圖贈行謂吾道南也未幾丁父艱哀毀不勝喪癸巳冬
服闋至京師新令翰林科道在假者並休致而公之請假也未久居父喪或謂
宜自列於吏部公曰吾聞古者受爵而讓未聞投牒以自申也時文貞承修
御纂性理精義薦公分校方望溪與焉始望溪與公相見於文貞邸舍文貞引
公袂以屬望溪曰是吾閩所謂蔡聞之者也遂定交踰歲書成公造望溪謀所
處望溪曰天果不廢子之學何患無周行坦步而出以編書復官去牒請一閱
耳公遂固請於文貞以歸巡撫陳清端瓚復以鼇峯屬公公夙尚氣節敦孝弟
好語經濟而一本於誠由是閩士慨然感興於正學而知記誦辭章之爲末也
家居設族規置大小宗祭田孤嫠老疾月有餼鄉人化焉環所居三百餘家二

十年無博戲者邑令延至學宮講學環聽者恆千百人會臺寇朱一貴爲亂漳泉震動總督滿保討之公治鄉兵保境遺滿公書曰昔曹彬將破江南忽稱疾不視事誡諸將以破城日不妄殺一人虞詡戒諸子曰吾事君直道行己無虧所悔爲朝歌長時殺賊百餘其中豈無冤者今臺人特被脅爲盜耳願公入臺時普曹彬之仁以免虞詡之悔臺灣平復遺書勸令選賢能與教化和兵民其新墾之地弗按籍升科恐擾其樂生之計滿公皆從之人戴其惠 世宗嗣位特 召入都 命侍 皇子講讀由編修五轉至禮部右侍郎充經筵講官雍正七年 上以福建宜設觀風整俗使 詔公偕同籍京官會議合疏以漳泉風俗未醇於法宜設得 旨允行公侍 皇子凡進講四書五經及宋五子之書必近而引之身心發言處事所宜設誠而致行者觀諸史及歷代文士所述作則於興亡治亂君子小人消長心迹異同反覆陳列三致意焉當是時兼保傅之任者皆執政大臣事繁不得朝夕在側惟公在 上書房十年晨入夜歸無風雨之閒公性淡泊所得祿賜半竭之族姻知舊妻子僅免寒飢敝衣

粗食視篓人或甚焉士有志行及文藝之優必躬禮先焉知其賢則思隨地而
開通之汲汲如有所負然望溪每以公事詣圓明園必宿公池館公薄暮歸輒
相與步空林坐石磯至昏暝或達夜中所諏度皆民生之利病吏治之得失百
物之息耗士類之邪正無一語及身家淺事者其居外寢設一榻一帷望溪至
則以讓之而自臥後夾室方夏秋蚊虻噆膚竟夕不安枕而惟恐望溪之不淹
留信宿也公與高安朱文端公同訂歷代名臣名儒循吏傳雍正四年公列位
九卿以侍　皇子故廷議多不與八年秋闈督高公其倬劾公長子長漢違例
私給船照　上以原疏示公公疏言臣家屬八載在京長子長漢去冬來京
會試現在京邸所給照係本年五月日期不知何人所爲但有臣官銜圖記非
臣族姓卽戚屬請　敕督撫察治部議以失察族姓家人降二級調用　特命
復故職而公疾已不可振矣公疾病　皇子使人問視　天子賜醫屢詢公
疾增減云何十二年正月八日薨年五十有二　上震悼賜白金五百兩治
喪贈卹如典禮給全葬　皇子親王郡王咸致賻賵賢公卿及離庠之士重志

節者無知與不知皆儻然若失其所倚十三年九月　高宗御極　諭曰原任侍郎蔡世遠學問素優自雍正元年在內廷行走勤勞敬慎於經義文辭悉心講究多所裨益可加贈禮部尚書致祭予諡文勤所著二希堂文集十五卷二希堂者謂功業不敢望諸葛武侯庶幾范希文道德不敢望朱文公庶幾真希元也

高宗在藩邸時親爲製序其略曰先生之文溯源於六經闡發周程朱張之理而運以韓柳歐蘇之法度所謂蘊之爲德行行之爲事業發之爲文章者吾於先生見之抑又有說焉先生之文固足繼昌黎之蹤而抗歐蘇矣然先儒謂昌黎因文以見道今先生教人必先之以格致誠正之功天人危微之判而後繼之以文其自修固可知矣吾謂先生體道以爲文非僅因文以見道請以質之先生及天下後世以爲何如也其推重有如此乾隆四十四年

御製懷舊詩稱爲閩之蔡先生詩曰先生長鼇峯陶淑學者衆奉命訓吾曹風吟而月弄雖未預懋勤八載寒暑共嘗云三不朽德功言並重立言亦豈易昌黎語堪誦氣乃欲其盛理乃欲其洞因以書諸紳未敢妄操縱德功吾何有

言則企䀹綜嗚呼於先生吾得學之用六十年二月　諭曰本月上丁釋奠禮成因念臨御六十年以來孜孜勤政悉由典學懋修所致回憶沖齡就傅時福敏啓蒙蔡世遠教以古文作法從此肆力學業益進當年久侍講帷敷陳啓沃福敏蔡世遠兩師傅之力爲多今朕年登八旬開五眷懷舊學允宜增秩三公原贈尚書蔡世遠可加贈太傅並賜祭一壇以示朕崇禮師儒至意乃命福建巡撫即家致祭公所訂古文雅正鼇峯學約朱子家禮輯要俱行世又性理精要歷代名臣言行錄合族家規漢魏六朝四唐詩各若干卷藏於家次子長潯由廩生保舉優行以知縣用累官兵部侍郎公之疾也潯不脫冠帶而養者五十日其婦吳氏刲股肉以進求愈公疾此其教行於家之驗也三子觀瀾六子長汭孫本崇均　恩賜舉人瀾官至御史

張文敏公事略

張公名照字得天號涇南江蘇華亭縣人康熙四十八年進士選庶吉士授檢討五十四年入直南書房遷贊善侍講轉侍讀雍正元年充福建副考官遷左

庶子三年晉侍講學士充日講起居注官疏言　聖諭廣訓一書請頒行各州縣學俾童蒙誦讀府縣覆試時令背錄一條方許錄取從之四年典試雲南八年遷少詹事明年擢內閣學士奏言臣祖淇曾以田千畝爲義田贍族請官爲存案載入縣志不得擅賣擅買違者雖臣子孫亦以盜賣官田論疏入　上允所請立冊存案並　敕部旌獎以彰義舉尋擢刑部左侍郎署順天尹十一年授左都御史遷刑部尚書奏請更正律例六條下所司議行以預修會典書成得優敘尋充文穎館總裁十三年貴州九股生苗不法揚威將軍哈元生副將軍董芳分道進勦　上以公爲撫定苗疆大臣公抵黔倡分地分兵之議因施秉爲適中地遂以其上爲上游用滇黔兵專屬元生以其下爲下游用楚粵兵專屬芳於是進勦之兵紛紜撤換元生芳欲將各村莊盡劃上下界文移爭辯日久無功八月　高宗即位　命來京以湖督張廣泗代　詔曰從前經理苗疆原係鄂爾泰獨任其事後來逆苗煽動張照在京時見　皇考申飭鄂爾泰遂以私意揣度過甚其詞彼時廷議新疆不可棄張照亦預議

皇考深以爲然今張照以爲密奏棄置之　諭旨轉告哈元生殊屬乖謬可諭
張廣泗知之嗣廣泗劾公立意阻撓　詔落職逮問論死　特旨原之　命直
武英殿修書二年授內閣學士充經筵講官再直南書房四年夏請終養
上慰留之五年授刑部左侍郎疏言律例刊行尚須一年之久請於舊例輕而
新改重者仍待頒到日遵行不必駁改其舊重新輕者刑部即引新書改正使
一年內薄海內外早被　仁恩　特旨允行六年　上以朝會樂章句讀與
樂音不相比合　敕莊親王及公釐定尋合疏言律呂正義一書編摩未備請
重修正義後編與前書幷垂萬世其　壇　廟　朝廷樂章應遵　聖訓將
新舊所定幷朱子六經圖及明朱載堉樂書式考定宮商字譜備載於篇使律
呂克諧神人和協從之七年擢刑部尚書管理樂部中允于振請釐定　文廟
樂章　上命公撰擬進呈頒發曲阜及各行省學宮八年　命補給　登極
詔內　恩蔭公直　內廷最久每奉　敕作書皆稱　旨後墜馬傷右臂幾折
時方進呈落葉倡和詩遂用左手書楷渾厚蘊藉　上尤嘉之九年十二月

丁父憂　上以公父彙義方有訓教子成名　特諭於本籍　賜祭一壇十年正月公奔喪行至江南徐州以哀毀成疾薨於旅次事聞　諭曰張照才品優長兼諳法律學問充裕詞藻清新侍直內廷勤慎素著前聞訃奔喪朕切諭其以禮節哀毋致毀瘠今聞在途溘逝悼憫實深可加贈太子太保吏部尙書

賜祭葬如例　予謚文敏論者謂自明及今華亭兩文敏董公文采與公埒而勳業較遜易名之典在公爲尤稱云後十有四年　上因查閱蔣洲署中所藏字蹟見公昔在獄中所題白雲亭詩卷詞意怨望下　詔宣示以身後免其追論四十四年　上念公性敏博學尤工書　御製懷舊詩列公五詞臣中詩有云書有米之雄而無米之略復有董之整而無董之弱義之後一人舍照誰能若卽今觀其蹟宛似成於昨精神貫注深非人所能學其見重如此四十七年　諭曰昨閱進呈一統志於國朝松江府人物祇載王頊齡鴻緒輩而不及張照意或因照曾因苗疆獲罪又獄中所題詩詞意感憤經朕宣示遂不錄其人耶從前張照獲罪因疑爲鄂爾泰傾陷其獄中詩大都指摘鄂爾泰者

居多蓋鄂爾泰欲置彼於死地朕若聽信其言照豈獲生全彼不知朕非信讒之主而鄂爾泰又豈能讒照之人迨後出之囹圄不數年洊擢尚書朕之終始成全原不以一眚相掩何此次一統志轉佚其名耶張照雖不得謂醇儒然其文采風流實海內所共推公論具在瑕不揜瑜其將照出處事蹟併列焉大哉
王言足爲公定論矣

甘莊恪公事略

康熙五十八年冬淶水縣知縣甘公以拘繫侍衞畢里克逮治部議褫公職奪畢里克俸　聖祖仁皇帝特詔畢里克革職公復原官於是海內皆頌
天子聖明而淶水令亦以此名聞天下公由縣令起家敭歷中外累官太子少保吏部尚書兼兵部尚書爲時名臣乾隆四年七月薨於位　上聞震悼
命大臣往奠茶酒遣官經紀其喪賜白金千兩禮臣遵　旨給全葬　賜祭一次　賜謚曰莊恪朝野咸歎息焉公諱汝來字耕道一字遜齋江西奉新人性清鯁強力裕經濟才康熙五十二年進士由教習授淶水知縣時邑久旱公至

而兩免民間雜派銀六千餘兩以耗羨充之禁莊田無故增租易佃者有司例不答旗人公請於上官得以柳木棒示威豪強戢服畢里克者侍衛之調鷹差遣者也率拜唐阿及家人數十輩至涿擅据民舍民萬廷荷等被毆幾斃百姓赴愬於公畢里克等亦相率入縣堂責公勢洶湧公勃然怒曰令爲 天子撫百姓肯令君輩魚肉小民耶遂揮令看管置其家丁於獄牒大府以聞而其黨已以擅拘職官入告及吏兵刑三部會讞公詞氣不屈衆以強項令目之然非
聖祖如天之仁公禍必無振矣公自京還治所父老子弟爭奉羊酒迎都人士作詩歌紀其事公名由是大起調補新安尋攝雄縣事在新安賑災民割俸予寒諸生故事 乘輿至多藉供億苛斂及拘民船守候公力禁之築白楊淀河堤溉田數千頃在雄縣罷民間雜派銀寘奸吏於法凡三任邑令百姓爭欲得公去則尸祝之 世宗御極擢吏部主事吏以賢能薦受錫賚分校會試未幾 特擢廣西太平府自此凡四任不出廣西皆著才略在郡禁絕屬僚餽送誡流官勿科斂土司在左江巡道任定思明土州與安南祿州地犬牙相

錯者由按察使陞巡撫已入爲副都御史又以土官岑映宸互相仇殺事仍往
署撫臣篆與督撫二臣調度策應映宸束身歸罪遂改土爲流先後擒莫東旺
羅文剛等皆兵不血刃其他修舉廢墜發奸摘伏不可勝舉旋詿吏議罷命在
咸安宮行走逾年起霸昌道丁內艱給假在任守制未幾調蘇松糧道擢廣東
布政使平權量減市稅陳榷關藏匿則例之弊請以沙坦地予民耕種而緩其
陞科北上日庫存稅羨充公銀二十餘萬兩公悉疏 聞纖毫無所取入爲禮
部侍郎遣讞獄大同時雍正十三年也 純皇帝登極毅然復行三年之喪
未蒙 皇太后俞允下廷臣集議公昌言曰三年之喪無貴賤一也 皇
上法堯舜之道行周孔之禮宜將順其美以立萬世彝倫之極或謂有妨朝祭
大典公曰墨縗視事越紼以祭禮固有之何疑焉遂覆奏 允行其餘大典禮
公皆多所贊襄擢兵部尚書充實錄及三禮館副總裁乾隆三年轉吏部仍兼
本兵於武職議侍衛推用法於文員令雜職皆關白堂上官始行銓敘先是公
爲文選司時洞悉僧道科蠹弊京師號爲黑地獄至是始釐剔之四年與柏梁

乾清宮內宴典總裁會試　特旨晉宮銜以遴選賑濟人員晨入部署忽中疾
薨年五十有六公服官二十年中遇摧折皆蒙　聖主知旋即振拔受
三朝委任不衰公亦感激圖報強毅能任事肅吏治振文風一時公明交頌凡
稱公居官清正者猶嘖嘖曰此固曩時令淶水之甘公也其丰裁如此公性篤
孝父庭訓嚴承之以恭母徐下世不重茵貳味者九年所至多創義學修城堡
於家則捐建祠廟指囷以助友喪尤留心文獻奏請以鄉先賢吳澄復祀學宮
遇名儒故老後人必加存恤又嘗條奏廣東圍築沙坦事宜四則又言沿海居
民採捕魚蝦用單桅船不能出海貿易請免其稅又閩粵貧民有用竹篙取魚
者有於埠頭養鴨者不肖吏或按篙按埠私征稅銀請通行嚴禁皆從之蓋見
義必爲其天性也歿之日囊無十金積至不能庀喪具　天子嘉公清節
特賻帑金　恩禮優渥則公之賢益可知矣所著有遜齋詩文奏議全集　聖
諭廣訓疏義周禮簡註宦績紀略編輯律例歌諸書雍正丙午公撫廣西之年
公父顯祖及公弟汝逢子禾同舉江西鄉試祖孫父子三世同科尤稱盛事爲

昭代所罕見云

國朝先正事略卷十四

國朝先正事略卷十五

平江李元度次青纂

名臣

孫文定公事略

公諱嘉淦字錫公一字懿齋山西太原人祖世蓋國初知崇仁縣設方略平劇盜數千人境賴以安父天繡義俠聞鄉里伯兄楨淦爲同縣趙氏子所戕論抵矣賷緣且脫罪公父憤欲死公夜入獄刃其仇與仲兄鴻淦一晝夜行三百餘里至會城門啓而入遭貨甑甗者仆焉盡毀其器訟於縣須繫待決已而與縣人喧傳孫氏兄弟殺人捕者至令解之曰安有越一宿而能殺人三百里外者乎事竟得釋時公年十八矣家貧日樵采夜歸讀書康熙五十二年成進士官檢討游朱文端張清恪兩公門研精理學以躬行爲本聞母病乞假於院長不待報徑歸尋丁母憂服闋還官　世宗卽位公上封事三曰親骨肉曰停捐納曰罷西兵　上召諸大臣示之責掌院學士曰爾翰林乃容此狂士學士

叩頭謝朱文端在側徐對曰此生誠狂然臣服其膽良久　上大笑曰朕亦不能不服其膽卽　召對授國子監司業宅曰　世宗手指公示九卿曰朕卽位以來孫嘉淦每事直言極諫朕不惟不怒且嘉悅焉爾等當以爲法雍正二年典江西鄉試三年提督安徽學政就遷祭酒尋調順天學政奏革一切供應　賜養廉銀歲四千兩　賜京城官房七十餘間爲試院每試士必與諸生講身心性命之學纂近思錄輯要授之曰此聖學階梯也歲滿涖祭酒任先是公官司業時上言學校之教宜以經術爲先請令天下學臣選拔諸生貢太學九卿舉經明行修者任助教一以經術造之三年考其成舉以待用時方急西事未行也至是復申言經術必可成人才必可得請廣學舍增諸生餼廩

世宗韙之　命戶部歲給銀六千兩　賜官房三百餘間別爲南學公嚴立課程五日一會講一時人材稱盛至今猶用其法焉六年權順天府尹疏劾古北口監督傅紳私徵關稅論如律父憂歸　賜治喪銀千兩公竭家貲營葬而以賜金建宗祠置祭田服未闋以順天府尹　召晉工部侍郎部吏倚奏銷爲

奸利公頒工程科比而先以物價咨直省大吏臨期料復披籍而已吏相弔於
家八年充會試副考官轉刑部侍郎兼署吏部侍郎公累遷官皆兼祭酒如故
前後垂十五六年會引見教習官不稱　旨公持之堅　上怒曰爾能保若
曹不以貪庸敗乎公曰願保　上擲筆令自書狀公持筆欲下侍臣呵曰汝
敢動　御筆乎公悟捧筆寘　御榻上免冠頓首曰　上用筆臣不敢捉
上曰爾固猶知有君父耶　命鎖交刑部議罪尋議公大不敬論斬　上
意已解諭大學士曰孫嘉淦太戇然不愛錢可銀庫行走時果親王方總部務
意公或怨望不事事又聞蜚語謂公沽名收銀有縮無贏乃出不意至庫所見
公方傴僂稱量與吏卒雜坐均勞苦覈所納無纖毫贏縮王嘆異之　上亦
愈重公　命署河東鹽政奏減鹽政及運司養廉銀增弓兵月餼　高宗御
極　召爲吏部右侍郎遷左都御史上三習一弊疏略言治亂循環如陰陽之
運坤陰極而陽生乾陽極而陰姤故時當極盛必有陰伏之機其機藏於至微
人不能覺及其既著遂積重而不可反此其閒有三習焉不可不慎戒也主德

清明人心悅服出一言盈廷稱聖發一令四海歸仁在臣下本非獻諛然而人君之耳則熟於此矣耳與譽化匪譽則逆是謂耳習於所聞則喜諛而惡直上愈智則下愈愚上愈威則下愈畏一唱百和所在皆然免冠叩頭應聲即是在臣工以爲盡禮然而人君之目則熟於此矣目與媚化匪媚則觸是謂目習於所見則喜柔而惡剛勤求天下之士見之多而以爲無奇也則高己而卑人愼辦天下之務閱之久而以爲無難也則恃才而易事質之人不聞其所短反之己不見其所失於是乎意之所欲信以爲不踰令之所行概以爲無敝矣是謂心習於所是則喜從而惡違三習既成乃生一弊何爲一弊喜小人而厭君子是也語言奏對君子訥小人佞佞則與耳習投矣奔走周旋君子拙小人巧巧則與目習投矣趨事赴功君子一意孤行小人多方迎合迎合則與心習又投矣於是小人不約而自合君子不逐而自離夫至於小人合君子離其患何可勝道而皆由三習爲之蔽焉今欲預除三習永杜一蔽不在乎外惟在乎

皇上之一心語曰人非聖人孰能無過此淺言也夫聖人豈無過哉惟聖人而

後能知過惟聖人而後能改過孔子謂五十學易可無大過文王望道而未之
見是故賢人之過賢人知之庸人不知也聖人之過聖人知之賢人不知也惟
爲人所不知故願　聖心之自懍之也反之己真知其不足驗之世實見其
未能故常欿然不敢以自是此不敢自是之意流貫於用人行政之閒耳目之
習除取舍之則定夫而後衆正盈朝太平可久矣疏入　上嘉納宣示焉乾
隆元年典試江西尋遷刑部尙書河南有因盜成姦獄未竟本婦以意指同村
某某十餘輩皆不勝拷掠具服論死先後大吏意齟齬具以聞遣侍郎某往勘
奏實其半廷議未決　上以屬公公至則盡脫之舉　朝大駭公還奏曰所
以監候者以疑待質耳今諸人一無左驗何疑之有而徒以瘐死與枉殺何異
　上然之竟從其議二年　詔公總理國子監事時　上方加意太學肄
業生凡數千人公奏仿胡安定遺法用經義治事分條教授於是人知實學與
起者尤衆三年轉吏部尙書典順天鄉試九月總河朱藻爲總督李衛所劾
命偕尙書訥親往鞫論如律十月以尙書總督直隸疏奏刁民王宰謀吞生員

馬承宗產賄太監劉金玉等投獻貝勒允祐門下請交刑部究審允祐交宗人府察議有　旨褒嘉　命優敘會水災奏撥山東穀三十萬石由海運達畿輔以濟飢民引水溉田共開渠五百八十有奇使溝水通道道水通河河水通淀水害去而水利以興晉州小兒被殺同村紀某衣污豆汁有司誤爲血刑訊誣服最後真定守陳浩來白公而句決之　旨已下公奏雪之又奏直省酒禁太嚴以日用飲食之故使天下騷然非政體也疏入而禁弛又奏給旗人屯田墾治古北口山海關外荒土數萬頃尋晉太子太保五年奏永定河改歸故道各工俱竣　上嘉之又奏裁直隸河道總督而責成各道部議從之六年調湖廣總督時江蘇布政使安寧奏言各省賑荒過濫國帑宜節民情易驕宜有以裁抑之　勅以所奏示直省大吏公上言　皇上以孔孟之心行堯舜之政今安寧不思仰贊　聖德倡爲經費不足之說使　皇上愛人之心與節用之念相持而未決萬一爲衆口所咻節財之念勝而行仁之意不堅則萬善由此而墮百弊由此而生又不止災民不被其澤已也治國猶治家然急於致

富乃至飢寒其子弟而不顧惡赤子之啼號反嗇其乳哺曰吾以治驕無是理也此義利之界安危之幾惟勿以爲迂而垂察焉　上優旨答之又疏言治苗之法於各寨中立頭人爲寨長一峝中取頭人信服者爲峝長使約束而統於縣令城步苗峝五設正副長十綏寧苗峝四設正副長八每名歲給工食銀十二兩有過則易置之自可令行禁止先是湖南巡撫馮光裕開橫嶺三洞議者以路險欲棄之公親履勘越嶺數十重有地曰長安彌望皆沃野公度不守且爲盜窟煽連鎮筸而保靖城綏之民無寧日矣乃奏設參將領兵鎮守羣峝肅然居亡何調撫福建以前訊糧道謝濟世事不實免　命修順義縣城工贖罪九年冬起宗人府丞明年遷左都御史又明年京察自陳乞休許之旣歸結茅城東石埭山掩關習靜將終老焉十四年復以副都御史　召直上書房十五年遷兵部侍郎晉工部尚書明年典會試　賜第東城十七年典順天鄉試九月以吏部尚書協辦大學士明年春自以年老請解官專直上書房不許其年復典順天試初公在翰林著春秋義行世久之瞿然曰吾學無真得柰何妄

測聖經遂毀之時默坐澄思以蘄自信嘗曰朱陸異同何其紛紛也聖人之道
克己而已矣當動念時追已從生究己終極即此便是窮理何知行之不合一
乎又以聖人之道在六經贊皇極正人心皆由於此晚歲侍經筵直上書房嘗
從容言諸　皇子方研習經義朱子詩集傳過矯呂氏之說於鄭風悉指爲淫
奔微有可議臣不揣昏眊欲有所述請裁於　聖意以補前賢之缺憾
上許令日進講義一篇先成詩義折中若干卷經　御筆刪定者十六七次命
作易解彖爻甫畢而公病矣　上命皇子臨視中使御醫相望於道十八年
十二月六日薨年七十有一　上聞軫悼遣使奠茶酒　賜銀千兩治喪諡
文定公久負直聲屢躓屢起晚年望愈隆中朝略有建白天下人咸曰得非孫
公邪其以副都御史　召也所過鄉民聚觀至傾村堡以出擁遏馬首不得行
明年江西衛千總盧魯生僞爲公奏稾眾萬言指斥　乘輿徧劾大學士鄂爾
泰張廷玉徐本尚書公訥親等傳播遠近事聞　上震怒下所在窮治於公
一無所問公惶恐不自安語人曰　先帝及　今上嘗戒我好名今獨假

名我殆生平好名之累未盡有以致之以是歎君之明而老臣之負釁已久也自此食不甘寢不瞑益自務斂密所朝夕獻替者莫得而聞焉公屢奉獨對賞賚在百寮之右生平以至誠待人自居鄉至立朝不作一欺人語僚屬有過必先誡諭不悛乃劾治之所奏劾必直告無隱有可原未嘗不爲昭雪也既卒

上謂近臣曰朝中少一正人矣嘆息久之公居恆以八約自誡曰事君篤而不顯曰與人共而不驕曰勢避其所爭曰事止於能去曰功藏於無名曰言刪其無用曰以守獨避人曰以清費廉取皆生平得力處也子三次孝愉官至直隸按察使

胡文良公事略 子莊敏公季堂

乾隆三十八年 上下詔求遺書依古暨今者碩撰著後先並出更 諭河南撫臣以故禮部侍郎胡煦究心理學所著周易函書獨不在列 命續舉以進五十九年十一月復下 詔曰禮部侍郎胡煦苦心讀書爲績學之臣所著周易函書已收入四庫從前因其官止侍郎例不予諡第念曾在上書房行走

今其子季堂官刑部尚書煦已得尚書封可加恩補謚以示眷念者舊至意尋
賜謚曰文貞於是海內之士咸頌　聖天子褒崇古學發微闡幽光昭文
治於無窮也公字滄曉號紫弦河南光山人祖母喻殉流寇之難焚樓以死父
之杞敦尚節行多隱德公少好學能文章康熙二十三年舉於鄉官教諭五十
一年成進士年五十八矣居常究心周易得圖書一貫之旨臚傳後引見澹寧
居卽自陳所學　聖祖叩以河洛理數公條對甚悉選庶吉士自後屢　召
見問卦爻中疑義　命畫圖以講　聖祖曰真苦心讀書人也旋以檢討直
南書房五十四年分校會試又明年典湖廣鄉試遷洗馬再遷鴻臚少卿擢本
寺卿雍正元年授內閣學士五年授兵部侍郎調戶部充殿試讀卷官教習庶
吉士明年協理左副都御史攝刑部右侍郎八年充明史總裁入直上書房以
兵部侍郎知貢舉九年轉禮部左侍郎六月罷職歸公爲人正直忠厚所建白
必以教化爲先務尤願朝廷重農桑緩刑罰先仁義而後功利其請博舉孝弟
也曰十室之邑必有忠信愛親敬長不慮而知彼生員舉監外其有能竭力奉

養無忤於二親者乎稱爲孝子宜也有能公於財和於室累世不析居者乎稱爲悌弟宜也臣請每州縣歲舉孝子悌弟各一人　勅下督撫額其門閭免其徭役見長官如生員禮如此則化行俗美人知自愛矣又請責成州縣勸課農桑或別設農官專司勸課之任又言近見督撫於命盜獄隱伏難明者止用自行招認四字援以定讞夫奸黠之徒有抵死而不伏者愚懦之夫有畏刑而自誣者然則有罪者幸免而無辜者受禍矣臣請凡遇命盜案必證據確然然後付法司閱實有弗當旋卽駁正庶得愼刑之意時方嚴刨蓡之禁故事每歲秋遣廷臣一人往訊於盛京自春徂冬羈候日久瘐死者多公至錄囚百五十人其疾病者至五十餘人斃者三人乃請繼自今刨蓡之獄專歸盛京刑部及將軍府尹隨時定讞俾情輕者得早予末減以廣好生之德得　旨俞行著爲例攝戶部時閱漕項行追案自數百兩至萬餘兩不等公言所追之案遠者五十年近者三十四五年使其人尚存必已家業蕩然或旣亡猶復行追必且係累其妻孥遏絕其生計徒有行追之名無補實用臣愚以爲免之便其他請廣言

路裕積儲汰浮糧省冗官平權量多切於時務人以是覘公之實用也會河南荒公據實以奏時　上已別有所聞　特遣侍郎王國棟往賑切責總督田文鏡文鏡銜公甚旋奏公嗣子基孟本異姓不當冒官卷中選公坐是罷歸乾隆元年公入覲　高宗命復原官廕子入監讀書會疾作卒於京師年八十有二賜金五百兩治喪　賜祭葬如典禮公所爲周易函書列四總例曰原圖曰原卦曰原爻曰原占凡五十卷又釋經文四十九卷爲正集外有約圖三卷孔朱辨異三卷易學須知三卷篝燈約旨十卷續約旨二卷卜法詳考四卷爲別集又約注十八卷續集十六卷總一百五十八卷自昔言象數者未能若是其詳也又著有葆璞堂文集子四其三皆早卒次季堂生七歲而孤撫於長嫂甘氏其後季堂貴疏請　貤封兄嫂天下稱美談焉

季堂字升夫號雲坡由廕生補順天府通判調刑部員外郎遷郎中乾隆三十一年知慶陽府擢冀寧道遷甘肅按察使三十六年調江蘇署布政使奏定罪犯聞拏投首之例又奏凡繼嗣者應專定一人以息訟端均得　旨優獎三十

九年擢刑部右侍郎兼管順天府尹四十二年　命往興化會同江督高晉讞漕書盧景山之獄究出唆訟之鍾至剛治之復　命往山東勘章邱辛存義諸城陳靜文二獄究出唆訟之張元璞治之途次復　命往河南勘獄並察出蘇丕顯唆訟各情四十三年　命往河南訊山西民張九錫控河南各官派累工料一案察其誣治之明年擢刑部尚書　賜紫禁城騎馬五十五年往濱州按事　命暫署山東巡撫奏賑卹事宜請截存漕米十二萬一千九百餘石酌濟被災州縣　上報可還朝加太子少保考績優敘五十八年　命往樂陵讞獄明年　命偕大學士福康安侍郎松筠往吉林察審副都統秀林劾將軍恆秀等虧庫苛斂一案又　命偕松筠往成安查勘劣監胡發等抗糧毆官一案反　命皆稱　旨六十年署兵部尚書管理戶部三庫事嘉慶三年授直隸總督　賞戴孔雀翎疏請清查直屬常平倉穀其因公動用者分限買補以裕民食從之尋偕侍郎特克慎往建昌朝陽二縣鞫獄四年春晉太子太保當是時

仁宗親政公首劾大學士和珅二十罪尋伏誅籍其家人呼什圖訐米麥

雜糧得萬一千六百餘石　詔以八成撥給文安縣二成撥給大成縣被水村
民從公請也會近郊長新店被盜有詔切責逾月公奏殲斃長新店首盜張標
係內黃令陶象炳之力　諭嘉公據實陳奏不存邀功之念是月續獲長新店
盜夥并滄州逸盜韓四等得　旨賞還翎頂又陳川楚軍務事宜力主緊扼要
隘派兵防守俾匪衆無路可奔又令築堡淸野俾無可掠然後勦撫兼施不至
東馳西突　手敕報曰所論極是與朕近日諭旨字字相同總之能堵方能勦
能勦方能撫大端不外此矣五年十月薨年七十有二　溫旨悼惜贈太子太
傅　賞陀羅經被派御前侍衞公豐伸濟倫帶侍衞十人往奠尋　賜祭葬
賜諡曰莊敏公承文貞公家學居恆無戲豫無疾言遽色子弟定省或饋食必
肅衣冠愼容止僕隸皆敬畏雖通下士剌無惰容治官事纖悉皆手定　上
至神明每有所記問公對如流前後政令皆畫一領外臺如領部務每晨起理
案牘至日晡退食手執卷如諸生撰古今任子錄以自勉集諸史列傳各爲之
論贊好杜氏通典司馬氏通鑑故遇大事有斷制尤有知人識不偏聽不輕任

愛人而知其所短或試之小事以觀其所忽以是所薦拔皆有聲於時子鈺乾隆丁未進士由庶常改部累官清河道鏻由任子官湖南鹽法道

徐兩峰撫軍事略

雍正八年　詔立京師賢良祠祀開國以來元勳魁輔褒德酬庸典至隆鉅凡閣部大臣非有殊績奉　特旨皆不得與其時以巡撫入祀者得二人其一爲徐公士林一爲潘公思榘兩公皆年未六十未竟其用而徐公先潘公十一年首膺祀典尤異數云公字式儒號兩峰山東文登人父農也公幼聞鄰塾讀書聲慕之跪母膝前曰願送兒入塾中如所請遂舉康熙五十二年進士由教習授內閣中書雍正二年遷刑部主事四年遷員外郎五年授安慶知府十年擢江蘇按察使坐失察私鑄左遷汀漳道漳俗械鬬殺人捕之輒聚衆據山或請用兵公不可命壯丁分扼要隘三日度其食且盡遣人深入諭以好語曰垂手出山者免如其言果逐隊出乃伏其仇於旁仇大呼曰爲首者某也立擒以徇衆驚散自後捕犯無據山者乾隆元年遷河南布政使丁父憂　命署江蘇布

政使公以病母八旬且父柩未葬懇辭許之四年　命以布政使護理江蘇巡
撫公復奏母病篤不能暫離請俟母病稍愈自行奏聞是年四月入京　高
宗召對問山東直隸麥收若何曰旱且萎問得雨如何曰雖雨無益問何以用
人曰工獻納者雖敏非才昧是非者雖廉無補　上深然之補江蘇布政使五
年夏疏言頃見湖廣資送山東流民經過兩江數日內至三千有奇恃衆逞刁
有司受其需索商民畏其糾擾臣愚以爲有田可耕之災民亟宜資送復業其
原無恆產願在外傭值者應聽其便至游惰無業之民請槩停資送庶災民得
行旅之資刁民無聚衆之擾或謂無籍窮民恐流而爲匪臣未聞不爲匪於本
籍獨爲匪於鄰封者也亦未聞真爲匪者遞回原籍卽能務本力田而不復潛
至鄰封也安分則撫綏之犯法則懲創之是在地方吏處置得宜而已　上
韙其言下九卿議行尋授江蘇巡撫先是湖北巡撫崔公紀以湖廣舊食淮鹽
自雍正元年議定價值後遞年加增寔爲民累疏請核減　廷議令各督撫詳
議各持己見議久未定至是請　特簡大臣往會核　詔公會同新任鹽政確

核定議公言鹽爲民食所資貴固累民賤亦累商今確核成本每引賤價以五兩三錢餘爲率貴價以五兩七錢餘爲率仍請每引酌給餘息二三錢以紓商力疏下部議成本應如所定至餘息諒已攤入成本內毋庸酌給公具疏堅持原議　特旨允行五年徐海水灾奏賑之明年春酌借貧民穀麥以資耕種沛縣灾尤重疏請接賑又言江蘇社穀積貯無多續勸捐十餘萬石　上嘉之尋以病請告　優旨慰留　遣御醫往視又疏言淮北被水二麥無收臣不敢泥成例已先飭藩司撥帑賑濟俟查明成灾分數具題得　旨如此辦理甚副朕視民如傷之念六月病益重且以母年八十三不能迎養寢食難安懇請給假得　旨俞允九月行至淮安卒年五十有八遺疏入　諭曰徐士林學問素裕忠孝性成因母老遠離不受妻孥之養鞠躬盡瘁以致沈疴聞解組之音疾歸以圖侍母臨終之際無一語及私勸朕以憂盛危明之心爲久安長治之計此等良臣遽聞溘逝朕實切切含悲不能自已也可入祀京師賢良祠以爲臣工勸尋賜祭葬如例遺疏奏故父之淮母鞠氏孝養祖父母臨病二十餘年歷

久不懈懇　賜表揚有　旨命地方官題請　旌表九年江蘇巡撫陳公大受
奏請入祀蘇州名宦祠公治獄如神任刑部時有二人伐木塞外木標乙斃有
司訊結矣越三月乙弟以謀殺控甲甲逃公曰置當場死者之妻孥不問而以
三月後局外之人與獄乎甲逃懼累非懼罪也甲聞出獄果虛知安慶時宿松
孀田氏事姑孝兄公利其產逼嫁之與羣匪篡焉婦刎於途以墜水告公坐堂
皇見黑衣女子啾啾如有所愬拘兄公質之則毛髮析灑口吐實公深媿以鬼
道設教而滿庭胥隸皆有見聞不能掩也每守令來謁輒具獄命判試其才且
曰深文傷和姑息養奸戒之哉夫律例猶醫書本草也其情事萬端如病者之
經絡虛實也不善用藥者殺人不善用律者如之每讞獄定必先摘大略牌示
始發繕文冊吏不得因緣爲奸性廉儉撫蘇時宴寮屬滄浪亭以五簋爲度吳
俗丕變賀長至節天寒裘禿按察使包括以貂裘假公公披之如忘涕唾交揮
家僮耳語曰此包公衣也公惶然少頃論公事快揮洒如初聽訟飢家人供角
黍且判且啖髭頤盡赤蓋誤硃爲飴筆筋交下不復能辨晚坐白木榻一燈熒

然手批曰覽雖除夕元辰勿輟幕下客憐之治具觴公公猛噉不問是何精膳其平素精神夢寐知愛民憂國而已故於服食居處人以是供公以是受泊然無所容心也文覺禪師來江南督撫將軍以下負韉矢屈膝公不爲動會議楚鹽時或勸公讓鹽政主稿公笑曰問心公私耳何嫌之避時內外大臣嗐媚不前而公疏先上乃附紙尾以進公於鄉會試師門惓惓不忘曰此人生遇合之始也至要路則終身未嘗通一刺

謝梅莊觀察事略

謝公名濟世字石霖號梅莊廣西全州人康熙戊子領解額壬辰進士授檢討雍正四年改御史未浹旬露章面奏河南巡撫田文鏡不法狀　世宗不懌曰彼號能臣朕方倚任爾毋惑浮言誣奏擲還其疏公伏地不肯起爭益力

上震怒先是文鏡疏劾屬吏黃振國邵言綸汪誠等直隸總督李公紱過河南面斥文鏡有心蹂踐讀書人文鏡密奏紱與振國同年將結黨爲彼劾諸員報復既而李果面奏退復連疏糾之　上先入文鏡言將罪李公劾疏亦及

振國言綸誠等事　上益疑爲朋黨　命九卿科道集刑部訊公辨甚力勵
尙書杜訥命刑訊問指使何人公曰孔孟問何故則曰讀孔孟書自當忠諫見
姦弗擊非忠也奏上議大辟得　旨免死令往阿爾泰軍前效力平郡王福彭
公博爾屯伯欽拜皆待以殊禮欽公築館受經稱弟子而振武營將軍某希要
人指遣官搜其書得古本大學注劾公毀謗程朱廷議坐諷刺朝政復下獄將
刑縛至市曹諸受學者皆哭送且設祭邸舍中已而將軍王宣　旨赦之公歸
舍炷香未燼酒尙溫乃揖祭者曰生受可乎諸弟子執爵言曰先生真不動心
哉何就縛時無懼容也在戍九年　高宗登極召復原官以母老乞外補授
湖南糧道衡陽令李澎善化令樊德貽巡撫許容心腹也其徵糧浮費皆倍蓰
公易服爲鄉民往納得實乃訪拏李令丁役且揭參樊令皆格不行詰巡撫面
陳狀辭過激巡撫恚甚反列款糾公於是湖南士民揭帖訟寃有　旨交總督
孫嘉淦會鞫公解任以岳常道倉德代時布政使張璨按察使王玠煆煉成獄
謂所訪衡陽丁役一節皆子虛而長沙守張琳原詳稍徵實與劾疏歧適玠擢

川藩過岳州手致璪書於倉公請密易原詳倉公不可慮攖衆忌遂以書呈總督總漕兩大府督寢其事總漕移牒都察院劉文正統勳爲總憲上之御史胡定采民謠以聞有 旨命侍郎阿里袞馳讞至則士民數萬焚香跪馬首稱寃盡得朋謀傾陷誣罔周內狀獄具坐許容及藩臬守令罪皆褫職督臣亦免官公得雪改授鹽驛道新撫蔣公溥知公賢而心終嗛之密奏其離經叛道幷上所著書 上覽奏曰朕不以語言文字罪人也未幾以老病休致家居十二年卒年六十有八所著有匽匯十經史評西北域記纂言內外篇公直聲震天下愼郡王聞其名思一見平郡王爲道意公曰曳裾王門非義也值朝會廷臣咸集平郡王目指曰此謝侍御也乃前握手如平生歡乾隆元年 詔開言路公在戍所爲欽公草疏明年春平郡王入覲 上首贊欽疏曰欽拜有古大臣風王以實對 上顧左右曰果不出朕所料也王嘗遣嗣王從學會得獵犬二擬進奉公曰進犬非王事孰與進賢王敬之其初至軍前也與姚中允三辰陳御史學海偕謁將軍問儀節或告曰三叩首二子悽然公怡然曰此戍卒

見將軍非我見將軍也及見將軍免禮呼先生賜坐賜茶出二子怡然公夷然曰此將軍待廢官非將軍待我也曰然則子爲誰曰我自有我在

楊文敏公事略

公諱超曾字孟班湖南武陵人楊氏本武陵世族公胚胎前光生有奇稟書過目成誦康熙五十四年進士選庶吉士授編修雍正四年入直南書房典湖北鄉試始公應湖廣鄉試得舉至是湖南北分闈公適銜　命主試所涖卽當日賓薦地士論榮之尋督陝西學政累遷洗馬右庶子調順天學政晉侍講學士九年擢奉天尹疏言闔屬一切公務均有攤派陋規已嚴飭禁止　上嘉之將所奏宣示　命永禁遵行十一年疏言州縣所收加一耗羨除錦縣甯遠二屬外請俱免提解留充地方官養廉部議如所請時內務府奏請於錦州添設莊頭百戶將原給民種之退圈地畝改撥公力言民種地立業已久今增莊頭百戶戶給田三千九百畝計需田三十九萬畝有奇民閒每戶不過數十畝一經撥給失業者卽有萬戶之多何從安輯且時值春耕清丈動需時日舊戶新

莊均不能播種本年賦必兩縣臣已諭民耕種毋妨農業請俟秋成時議之事竟寢又奏裁金州巡檢改設知縣典史各一下部議行尋定金州新改縣曰甯海未幾擢總督倉場侍郎十二年授刑部右侍郎充文穎律例八旂通志各總裁乾隆元年授廣西巡撫奏免桂林等屬各雜稅又請將外省得入泗城鎮安各屬應試之例停止均從之初撫臣金鉷奏請令粵西廢員及外省官生借墾荒報捐後捏報者多每撥取丈餘熟田量給工本即報稱新墾之數田未闢而賦增大爲民累雲南布政使陳公宏謀籍隸廣西力陳其弊部議令公確查公與總督鄂彌達會奏粵西地瘠民貧捏墾報捐貽累非淺請將捐墾不實田畝分別減則豁除其實在開墾者補給工本酌令升科得　旨俞允三年疏言苗疆各官養廉不敷用請將桂林平樂潯州三廠稅課盈餘銀酌繁簡增給又言泗城鎮安二府皆改土歸流地廣俗悍請增附郭知縣典史各一人均下所司議行十月擢兵部尚書充明史綱目副總裁明年署吏部尚書充經筵講官坐任巡撫時濫舉貪酷知府饒鳴鎬吏議降調　特旨寬免五年署兩江總督九

月授吏部尚書仍權總督事疏劾南昌知縣沈宏靖貪婪不法狀又劾江西巡撫岳濬與知府董文偉朋比作奸徇情納賄狀　詔侍郎阿里袞公會同河督高公斌鞫實皆論如律十二月疏言今秋徐海二屬偏災應納粟米有　旨改徵折色部定價每石七錢五分內贛榆一縣向係民折官辦本年折徵已議定每石銀一兩準部價溢銀二錢五分若以完納在前使急公良民轉不如未完之戶得沐　皇仁似未平允請卽將溢銀留抵戶內本年未完或明年應完之數從之六年疏言松江太倉沿海土石塘工計占壓及挖廢民田不下百餘頃撫臣許容奏請挖廢零田仍令業戶領種定額輸租臣思此田皆民間恆產並未給還原值若以錢糧既經豁免又必按畝徵租似非情理之平且半作溝潭不成阡陌將來歲修取土正無底止在業戶亦不能長爲己有請聽耕種免租得　旨俞行六月兼署安徽巡撫先是乾隆三年安徽各屬賑災銀米數溢於例屢經部駁布政使託庸請以司庫節年盈餘照數支補有　詔命督撫查奏至是公奏言此項銀米並無揑報諸弊以不應著賠之項設法彌補不可爲平

應即照數銷結允之八月　召回理部務是年秋上江臨淮鳳臺等二十四州縣下江上元江甯等二十六州縣及山陽鹽城等處水災甚重公於上江撥司庫銀八萬兩幷鄰近州縣倉米十萬石備賑又動支司庫銀二十萬買米麥以供賑糶下江各屬倉穀見存及動用者約百餘萬又撥司庫銀十餘萬分別賑恤餘銀散給籽種疏聞　手勅報曰料理賑務頗爲得法務令屬員咸知朕視民如傷之意以至誠惻怛之心爲之庶可補救災黎耳公在兩江增兵額築陂塘浚支河撤宄稅所以惠民者無不至瀕行復力籌賑恤全活尤多是年十二月父憂歸藉藁喪次致溼病七年薨遺疏聞　優旨議卹　賜祭葬如禮諡文敏公性孝友優於文學尤負經世才涖官能盡力民事在遼東奏罷莊頭之議俾萬戶得安其居在粵西豁加賦虛田凡數萬畝在兩江免松太廢田額租其利澤及民皆不可以世數計賑災之役動帑銀至四十餘萬米穀至百餘萬而

聖諭猶諄諄誡勉惟恐一夫不得其所則尤歎　明良一德公所遭之盛爲千載一時也年裁五十　上嚮用方殷遽以毀卒致施澤未盡下究朝

野惜焉子植秉由任子官主事博學能世其家

錢文端公事略 子汝誠　錢文敏公維城　錢載

公姓錢氏諱陳羣字主敬號香樹浙江嘉興人康熙六十年進士選庶吉士雍正七年以編修典湖北鄉試累遷侍讀學士直南書房十三年提督順天學政改右通政仍留學政任疏言各屬舉報優行請照京察計典例止於歲試時舉行部議從之乾隆元年母憂服闋仍督順天學政公母陳太夫人知書工繪事自號南樓老人微時嘗鬻畫供饘粥公少承母訓有夜紡授經圖嘗奏及之並以圖進　高宗賜題二絕句有嘉禾欲續賢媛傳不愧當年畫荻人之句六年還詹事七年擢內閣學士刑部左侍郎九年充經筵講官十年充會試副考官十二年及十五年再典江西鄉試十七年患噎疾乞休　許之　命其子編修汝誠侍行且　賜詩以寬其意明年公進途中所作詩　上用其會錦春園韻作詩　賜之二十三年　上南巡　諭在籍食俸並　命閱　召試諸生卷二十五年　上親爲橋梓圖寄　賜公序云重五日錢陳羣和賜其子

汝誠詩畫扇以進蓋欲朕賜畫而不敢言陳羣老矣不可使其因此鬱鬱於懷
促成是幅並疊舊韻賜之二十六年入都恭祝　皇太后七旬萬壽　命預
香山九老會　賞刑部尚書銜　諭曰今年恭逢　皇太后七旬大慶在籍
諸臣來京叩祝具見悃忱明年朕恭奉安輿時巡南服諸臣甫及旋里卽當出
境迎鑾僕僕道途於林下高年諸多未便可諭諸臣曾經赴闕者明春無庸出
境迎接如沈德潛卽於蘇州錢陳羣卽於嘉興餘均視此爲例副朕體恤至意
二十七年　駕過常州公偕沈公德潛來迎　御製詩各書一通　賜之有句
云二老江浙之大老新從九老會中回三十年　上南巡公復偕沈公迎
駕　賜詩曰二仙仍此候河濱三載相睽意更親郭泰李膺一煙舫沈期錢起
兩詩人是年公壽八十　命加太子太傅　賜幼子汝器舉人汝誠適扈蹕
諭至家省視明年公進呈母夫人畫冊每幅有其父綸光題句　上題詩十
二章歸之有子昂題句仲姬畫頗有今人似昔人之句海內榮之三十六年春
　上東巡　駐蹕平原公進所書登岱祝釐頌及賡韻詩冊至　賜七律五

章八月公進謝　恩詩　上疊前韻答之是冬入京恭祝　皇太后八旬
萬壽　賜紫禁城騎馬　賜杖入朝並　賜人蔘初汝誠以戶部侍郎告養歸
至是隨公入朝　上命汝誠侍杖扶掖出入內廷再預香山九老會圖形禁
中公和　御製香山九老詩有句云鹿馴岩畔當童扶　上賞其超逸　親
爲圖　賜公南歸復　賜詩以寵其行明年公抵家疏謝　上時駐蹕香山
賜答詩有香山適接還鄉信卽景猶思扶鹿人之句三十九年薨於家年八
十有九　詔曰在籍刑部尚書銜錢陳羣老成端謹學問淵醇優游林下二十
餘年爲東南搢紳領袖儒臣老輩中能以詩文結恩遇備商搉者沈德潛故後
惟錢陳羣一人而已今聞溘逝深爲悼惜可晉贈太傅入祀賢良祠並　賞藩
庫銀千兩治喪尋　賜祭葬　予謚文端四十四年　御製懷舊詩列公五詞
臣中詩有云少年困場屋賢母授之經故學有淵源於詩尤粹精蓋紀實也公
遇事持大體爲編修時嘗充陝西宣諭化導使稱其職久任刑部能持法然
高宗尤賞公詩文嘗樂與考論今古稱爲故人公天才警敏深於詩多不經

人道語書法亦蒼老每扈從賡歌帳殿前未移晷百韻立就歸田後　上有作輒寄示公　命和往來至千餘首公既和韻必親繕冊以進冊必有跋體或兼行草屢蒙　獎賚凡　國家大禮畢武功成公輒進雅頌數十章　璽書褒美　賞賚不可勝數　迎鑾者三祝　釐者二每入對　聖心先怡公亦頌不忘規民隱必告初公子汝誠典壬午江南鄉試　上先諭總督尹文端公招公遊攝山俾父子歡會　高宗六旬萬壽念公老難北行　命沈文慤往嘉興互相勸止公進竹如意　上批劄云未頒僧紹之賜先致公遠之貢文而有節把玩良怡今賜卿木蘭所獲鹿服食延年以俟清晤其　恩禮周摯如此當是時沈文慤在檇李公在吳天下以爲齊名雖　上亦稱之曰二老然沈年雖高於公爲後進受知　高宗公則受知　聖祖　世宗贊　國家文明之治先沈二十餘年故被　恩眷尤篤公晚年望益崇性益和易誘接後進人人滿所懷以去吟誦詩章音節抑揚要眇說先朝故事歷歷首尾如披史傳搆宅雙溪之西春秋佳日輒偕故人野叟遊行桑麻間見者以爲神仙文慤

薨後四年公亦薨於是上自　九重下洎朝士韋布識與不識莫不太息累欷以謂東南耆舊盡矣公父綸光有潛德嘗曝麥於庭有老蒼頭竊取去稚子見之以竊告贈公曰渠視我家物如己物偶取飼雞鶩耳何云竊也戒勿泄蒼頭聞之感泣自陳贈公好言慰之其長者多此類子汝誠乾隆十二年進士以編修入直南書房十六年典河南鄉試累擢內閣學士二十四年遷兵部左侍郎調刑部典試江南二十六年兼管順天府尹調戶部左侍郎充經筵講官明年再典江南鄉試尋　命會勘順天府屬及宣化永平遵化旗地定租額三十年疏請終養許之歸侍文端公九年服闋授刑部左侍郎　命仍在南書房行走四十四年卒同時有兩錢公均以文學知名兼工書品爲文端公所推重

錢公維城字幼安號稼軒江蘇武進人十歲能詩十二能騷賦乾隆十年以一甲一名進士　賜及第由修撰累官刑部左侍郎疊司文枋入直南書房卒贈尚書　賜祭葬　予謚文敏書法蘇文忠畫得元人筆意時以爲天授　高宗深重之屢　賜詩題識文端公嘗云稼軒自幼出筆蒼潤秀骨天成通籍後

尤得力於東山也所著曰茶山集女孟鈿工詩通音律適崔觀察龍見著有浣青詩草鳴秋合韻

錢公載字坤一號蘀石又號瓠尊秀水人乾隆元年以副貢薦舉鴻詞科再薦經學未遇十七年成進士選庶吉士由編修累官禮部左侍郎學殖淵懋品行修潔詩精於杜韓蘇黃脫去畦町自成一家工書善水墨其畫得法於南樓老人而閒出新意尤工蘭竹供奉南齋時屢邀　睿賞年七十告歸卒年八十有七著有蘀石齋詩文集

沈子大光祿事略

公諱起元字子大江蘇太倉州人父受宏貢生通經術隱居教授著書數萬言歿祀鄉賢祠公少爲諸生敦厲廉恥嚴義利之辨居親喪悉依古禮不御酒肉不內寢康熙六十年進士選庶吉士以父病乞歸父服除改吏部員外郎時嚴六部缺主之禁不自首者死直隸學政缺主事發公爭曰此與六部缺主不同學政衡文缺主不能爲弊宜減死爲流　世宗嘉其有識　召見　命往福

建以知府用總督高文良令權福州府移興化當是時　世宗聞閩中倉穀多虧遣四大臣率謁選府縣官六十餘人往按有司被劾者什五受代者爭爲煩苛較升合公獨持平宏大體興化屬仙遊令受代不肯收碎米公怒曰穀以備賑碎米獨不可食耶令謝過乃已糧道李玉鋐聞而歎曰近日閩省惟建甯興化爲光天化日矣建甯姜太守亦良吏其屬官多賴以全者也莆田黃陳兩姓因訟互毆有南北黨之目上官恐釀亂將悉捕治之公責兩人而釋其餘報曰罪在主者餘不足問　詔以閩人不善官音令督撫教之學習興化士音尤詰屈讀書了不可辨公建正音書院擇閩人通官音者爲之師上官採其法頒行諸府在官禁屬寮餽獻府倉壞出私錢興造一不以擾民巡撫檄令攝海關吏白故事司關者至必以名紙謁巡撫家奴公大駭叱止之一切驗放皆南面指揮諸奴惕息司關向無養廉關役歲輸金三千以給公請於巡撫革之並革洋船陋規數千金巡撫有家奴守關以浮收故格二十餘船不行公聞立督收稅如額放船行白巡撫斥家奴由是人皆奉法初高文良奏開南洋報可已復

禁內地商久留外國出洋者必戚里具結狀立往返期限逾者連坐公曰出洋者生死疾病無常數貨物利鈍無常期此豈戚里所能料乎且公不聽開洋則已今聽之商人造船集貨費不貲忽以結狀嬈之是明利之而陰虐之也商何望焉文良曰君意云何曰但令商自具狀過三年不歸者不聽回籍以此牒部足矣文良喜從之部例洋船水手多寡視樑頭大小商苦納稅大輒報小及出口船不得行泉防同知馳白督撫議增水手衆商籲君求驗放且請聯舟互濟免增水手同知欲候督撫令下持不可公夜詣同知曰水手額工部所頒督撫不能增文移往返駁詰需時日南風將起衆商情急必生變君其危哉同知不得已許諾衆已洶洶集其門矣初督撫得同知啓皆愕眙及聞船已放則大喜而海口商民變詛爲祝懽舞者萬人會史文靖奉使至閩以循良第一薦攝臺灣府臺田賦最重然率多隱占民不甚困時丈量法行占者不得匿文良謂公曰吾欲使臺田悉視同安下則起賦但恐不及故額致部駁柰何公曰某籌之熟矣宜令著籍田且仍舊額而丈出者視同安起科俟隱占既清更減舊額重

者均於新額之上則賦不虧而民不病文良以為然會有生番之擾公議設寨
山口斷其出入南路獲安先是國安民有寃獄按察使潘體豐不能察獄成總
督命公覆訊直其寃潘銜之中以他事鐫四秩遂告歸　高宗即位召授江
西驛鹽道在官絕商人餽遺臨行以千金為贐卻之擢河南按察使屬吏報鹽
梟四十餘拒捕傷人獲者過半法皆斬訊之自四五人外皆饑民請於巡撫雅
爾圖公斬三人戍二人餘杖遣而已巡撫令府州縣各設書院屬公總其事公
以教士當先實行頒鄉先正陳確庵敬怠日程自大梁書院始進諸生示以省
身克己之學釐其程而定差等焉又立章會坊令諸州縣舉孝子悌弟義夫貞
婦書其名公採訪事實著章會錄板行一時風動有兄弟爭訟累年忽大悔讓
財產友愛終其身七年遷直隸布政使大旱公議賑總督高斌欲遲至仲冬公
曰饑民朝不謀夕豈能久待請先普賑一月再查戶口分別加賑高慍曰必如
此君自奏之公出語清河道方觀承曰普賑萬不可緩時之安危民之生死於
此決矣子其圖之方入言於高卒從公請時有縣令倡言賑戶不[illegible]公怒曰

一戶數口止賑一二是且殺七八人矣檄州縣有犯此者罪之戶部尚書海望
奏清理直隸旗地有司違限奉　旨飭責高恐令劾數州縣以應　命公不可
曰旗地非旦夕可清州縣方賑災何暇了此獨劾起元可也乃止九年內轉光
祿卿　命稽察宗學十三年移疾歸歷主鍾山濟南揚州太倉諸書院公長身
廣顙白鬚偉然待後進慊慊如不及而視權貴蔑如性清儉口不言生產尤不
以得失動其心初署臺灣府到官日生番越獄前守劉某曰獄毀未交責在我
公曰印已受是我責也爭以失察告大府喜其讓遂兩免之晚歲杜門日誦先
儒書病中手鈔明道先生語錄臨終語友人曰年來日夕檢點身心仰不愧俯
不怍或庶幾焉卒年七十有九著周易孔義集說二十卷謂十翼爲夫子手著
學易者必當以孔傳爲主因取高忠憲孔義之名別加纂集於古今說易諸書
無所偏主惟合於孔傳者取之至河圖洛書先天後天方圓諸圖則皆陳邵之
易非夫子所本有也去之又著詩傳叶音考學古錄敬亭詩文集共若干傳

尹元孚侍郎事略

珍倣宋版印

公諱會一字元孚別號健餘先世自山西洪洞遷直隸遂爲博野人父公弼早世母李太夫人以節孝旌門公少孤貧太夫人口授論語即知孔子之言不可違既長篤信程朱謂治法不本於三代皆苟道也故自服官後日取漢唐以來代不數見之人以自律雖功顯名立而深媿不能有所建樹以上負　聖主特達之知生平坦白純粹遇事必行其心之所安事母尤篤孝少時授經祁州假館迎母侍養凡七年不忍一日離也在官每夕必以所措施詳告太夫人意或未愜則跽而請罪不命之起不敢起官中祿賜出入壹稟於母非請命妻子不得取尺布錙金日用外多布之治所爲濟物利人之事用此仁聲義聞播流海內上自　天子下至公卿士民重公者莫不知太夫人之義方焉公登雍正癸卯進士由吏部主事遷員外郎丙午典廣西鄉試丁未分校禮部試尋出知襄陽府有惠政漢水暴漲壞護城石隄公督修自萬山至長門凡十里分植巡功民忘其勞每遇水旱災太夫人必跽禱烈日甚雨中家衆恐致疾羅跽挽掖終不起常應時而得所求公嘗攝荆州府會石首饑災民洶洶以浮言相煽

動公單騎慰諭之立賑其衆而置倡亂者於法事遂定雍正九年荊州都統將兵西征取道漢江飭造浮橋吏民惶急公奉母命竭誠修禮以請卒改令以船濟時又調綠旗兵會集襄陽供具夙辦軍需而民不擾未幾調揚州其治如襄陽於是襄郡及樊城宜城並建賢母祠不可抑止就遷兩淮鹽運使尋擢鹽政導商民節儉以身先之尤屏絶餽送太夫人通文史憫民俗佻侈縱逸作女訓質言十二章以劼毖之陋俗丕變公入覲　命巡撫廣東自陳母老不能遠行遂調撫河南中州自北宋以來理學傳最盛明道伊川康節後歷金元明代不乏人　國朝湯文正張清恪耿逸庵尤爲傑出公慨然以振興絶業爲任增訂洛學編示學者命州縣皆分四鄉立社學簡有齒德者爲之長每朔望長吏集諸生講論德義書其孝友睦婣任恤與其放逸奇衺爲患於鄉里者而加勸懲焉逾年政教大行乾隆四年開歸諸郡大水公上章自劾列賑恤之宜皆報可公約法十六條兼用北宋富文忠趙清獻救災事宜而令離鄉求食者有司隨在廩給開以作業俟改歲東作資送還鄉則古法所未備也太夫人率公規畫

至廢寢食以是災民無一出河南境者又以其暇布周官溝樹畜牧比伍保受之法以劭農而靖民嘗奏報勸諭鄉農種榆柳棗梨二百萬株又以俸糈所入爲揚州兩營及河南撫標三營置舉本各二千金曰凡卒伍必使衣食得自贍乃可以法繩也其他完城濬河建橋梁設津渡修學校立書院創蜡祠表前賢遺蹟賜高年布帛寒者衣之疾者藥之公皆奉母命出私財將事其在鄉則族人皆授以田使自耕以食而執其契立義倉義學拯危拔困不可殫述故人皆感服信從顧尚書琮久任督撫再舉公自代高相國斌以宗程朱志相得總督直隸時嘗以公事過博野登堂拜母孝德益　上聞自河南內　召授副都御史太夫人老疾不能就養京師未數月公卽疏請終養得　旨俞行皆數十年中大臣所未有也八年冬　高宗特賜太夫人　御製五言律詩一章堂額一楹聯一時爭傳謂前古邀此異數者亦罕云公歸養五年築健餘堂以奉太夫人立共學社招生徒講明義理之學學者翕然宗之太夫人考終服未闋天子豫虛工部侍郎待之及赴　闕未踰旬　特命督學江南十二年秋八

月鄉試諸生既入棘闈質明公操几席杖屨徒步造謁方望溪先生於清涼山下及見北面再拜曰曩在京師母命依門墻先生固執不宜使衆駭遽今里居無嫌且身未及門心爲弟子久矣蒙授喪禮或問吾母之終寢處食飲言語得無大悖成身之德庸有既乎時先生治儀禮因以相屬欲共成一書作而曰某未暇及此也往者巡撫河南會凶饑未遑教治居臺四涉月而聞母病今使事畢歸廁九卿與廷議非忘身忘家不足以答　主知若不能自樹立徒附經術以垂名抑微矣必衰老或以不職罷歸然後可卒先生之業越日又走謁從者一人望溪畏邦人疑訝乃掃墓繁昌入九華山以避之未幾有　旨復掌江南學政逾歲七月按試松江遘疾卒於官是月特晉吏部侍郎而公不及知矣公始入臺即奏人主一言天下屬耳目焉今方甄別年老不勝任之員而饒州守張鐘又以年老命改部司旬日閒前後頓殊恐羣下無所法守　上嘉納之其在河南奏睢州湯文正公宜從祀孔廟視學江南首謁東林道南祠舉舊典答諸生再拜凡試畢士旅見皆然頒小學以昌程朱之學聞隱士是鏡廬墓三

年親訪諸舜山薦舉以礪士行既遘疾自知不起草遺疏言任賢納諫始終一意以立誠爲本旬日中無一語及家事卒之日晨興盥漱扶杖至東齋郡守入見子嘉銓侍尙爲辨人心道心之分汗出霑衣請解衣少偃息不可移時危坐而逝時年五十有八　上聞悼惜　賜一品葬祭入祀鄉賢所歷治地皆以名宦請祀而吳人兼祀之道南祠以配前哲公爲學務在力行於古今人學術純駁審擇之而未嘗攻斥曰吾惡學者之好爲謾罵也通籍二十餘年功業在天下而自視粥粥若無能每爲望溪言謂胸中所蘊蓄尙未見其端倪也太夫人以女子而能先天下之憂每閱邸報至　聖制惇大必三拜稽首以慶臣下有讜論訏謨必再拜稽首偉哉淵乎公母子宅心若此則所見於行事抑又其淺焉者矣公所述君鑑臣鑑士鑑女鑑凡十六卷增訂洛學編五卷北學編三卷小學纂註六卷近思錄集解十卷撫豫條教四卷詩文集二十三卷從宜錄一卷讀書筆記及語錄十七卷講習錄二卷呂語擇粹四卷尹氏家譜八卷賢母年譜一卷

國朝先正事略卷十五

平江李元度次青纂

名臣

陳文恭公事略 曾孫繼昌

陳公宏謀字汝咨號榕門先世居湖廣明末避亂廣西遂爲臨桂人爲諸生即以經世爲己任聞有邸報至必借觀之自題書室謂必爲世上不可少之人爲世人不能做之事庶非虛生識者知爲公輔器矣雍正元年鄉試領解額是年成進士選庶吉士尋授檢討四年授吏部郎中七年遷御史監生舊有考職例多屬人代作 世宗知其弊 勅令自首而州縣吏藉訪查滋擾公請止禁將來寬既往 上召見徵詰再三公申論甚晰乃允公奏 上以是知公特命典試山西還朝 詔以御史銜知揚州府得便宜奏事丁父憂上官留之固辭不許遷江南驛鹽道仍帶御史銜攝安徽布政使尋丁母憂 命留任因乞假歸葬十一年擢雲南布政使先是廣西巡撫金鉷奏請令廢員墾田報

部以額稅抵銀得官報墾二十餘萬畝至是公奏言報捐者止就各屬搜有餘
熟田量給工本即作新墾田不增而賦日益民甚病之請罷前例　上下督
臣尹繼善公會撫臣勘虛實乾隆元年公恐撫臣護前失再疏言報墾百無一
實又粵地磽薄三年耕必以兩年息地力計三四畝始抵膏腴一畝之利若聽
其冒墾民且流亡請盡數豁除不煩再勘惟民之願自墾者聽之時撫臣內遷
刑部侍郎具疏辯　上命督臣楊公超曾新撫楊公錫紱秉公確勘公劾鉷
欺公累民極論其非是　高宗以公粵人屢陳粵事恐啓鄉紳挾持有司之
漸交部議降二級用十一月督撫會奏捐墾田畝多不實請分別減豁撫臣以
下降黜有差公授天津道五年遷江蘇按察使明年授江西布政使甫到官擢
甘肅巡撫未行調江西八年調陝西十一年仍調回江西任尋調湖北入　覲
時大學士兼川陝總督慶復方征瞻對陳奏軍事多隱蔽懼公發之乃劾公任
陝撫時自作聰明愛憎任情等罪部議落職　詔從寬留任未幾慶以誣罔賜
死公復調陝西巡撫權陝甘總督十五年授兵部侍郎仍留巡撫任其冬入

覲會河決陽武調河南巡撫往來河堤塞決口十七年調福建十九年復調陝西明年調甘肅再調湖南疏劾布政使楊灝侵扣穀價　上嘉其不瞻徇論灝罪如律二十一年又調陝西尋調江蘇入覲　上詢及各省水災公奏皆因上游爲衆水所匯而下游無所歸宿法當通盤籌辦　上韙之命由河南赴江蘇沿途查勘　賜詩一章十二月遷兩廣總督公疏辭　諭不必迴避瀕行條奏江南河工未盡事宜五則下　欽差大臣裘公曰修等議行二十三年以總督銜仍管江蘇巡撫加太子少傅明年坐督粵時請增撥鹽商帑本　諭責其市恩沽名下部議奪職　詔留任又以捕蝗不力奪總督銜仍留巡撫任二十六年　上南巡　賜御製詩尋以失察滸墅關胥議革任　詔原之調撫湖南二十八年遷兵部尚書加太子太保充經筵講官公外任三十餘年歷行省十有二歷任二十有一所到處無問久暫必究心於人心風俗之得失及利害之當興革者分條鉤考次第舉行凡各屬村莊河道皆繪圖懸壁環復審視寢饋以之每有興作人多以爲難成卒就理或當更代卽以聞於　朝責成

受代者其察吏甚嚴然所劾必擇其尤不肖者一二人他吏率懔懔就法惟恐及己蓋公之學以不欺爲本與人言政輒引之於學以爲仕卽學也盡吾心焉而已故所施各得其理人咸安之在揚州值水災公奏請飢民所過處官給口糧護送回鄉里得補入賑冊報可造獄舍置田以益囚糧先是鹽使者令淮商於稅額外歲輸銀助國用自雍正元年始積數十萬率以空數報部及部檄移取始行追徵然實陰虧正課公奏停之在雲南時方用師猓夷運糧苦道遠公改爲短運遞運法民便之增銅廠工本除抽課外聽民得自賣礦銅民爭趨之更鑿新礦銅日盛遂罷購洋銅之令立義學七百餘所刻孝經小學及所輯綱鑑大學衍義諸書令苗民得入義學教之書俾通文告其後邊人及苗民多能讀書取科第公之教也在天津常乘小舟咨訪水利得放淤之法凡汛水盛漲多挾沙而行導之從堤左入堤右出如是者數四沙沈土高滄景諸州悉成沃壤公喜曰老河兵真吾師也按察江蘇設弭盜之法重誣良之令嚴禁淹親柩及火葬者在江西歲饑告糴於楚設廠賑粥發帑修城垣築堰埭以工代賑嗣

在秦粵遇歉歲皆盡心荒政江西南門外羅絲港爲贛水所趨衝突建石隄
捍之左蠡朱磯當衆水之衝時泛溢爲災亦築堤百丈禦水患江西居民族大
者多立宗祠置公田然頗好訟費皆出諸公田公仿呂氏鄉約令各舉賢者爲
族正平其鬪爭導以禮法在陝西尤以農桑爲先務陝本古蠶桑地近世漸廢
棄布帛悉資東南公募江浙善蠶織者導之令民植桑養蠶不能自織者賣絲
於官久之利漸著西安華州織縑充賦貢又勸種山薯充民食尤喜民種樹鑿
井在河南種隄柳無萬數在陝鑿井二萬八千八百有奇造水車教民戽水之
法旱歲得資灌溉陝無水路惟商州龍駒寨通漢江灘險僅行小舟公疏鑿遂
成康莊又修治文武成康及周公太公陵墓卽以陵外餘地召租支用河南歸
德地窪下與宿遷爲鄰故有巴溝以通下流久之淤塞公加疏濬歸德賴之既
至福建値米貴內地仰食臺灣而商船載米有額例公請弛禁以便民在湖南
禁洞庭濱湖民壅水爲田以寬湖流使水不爲患會歲大熟江南災奏運倉穀
二十萬石濟之仍買民穀還倉在西安聞甘肅軍需少錢請撥局錢二百萬貫

以濟餉　上嘉其得大臣任事體初撫江蘇時吏治刓弊公率之以勤立期
限以清案牘獎廉懲墨剔漕弊戒華奢宴會服御皆有條約禁婦女游觀治僧
道之不法者其治南河大要因其故道開通淤淺俾入海迅疾其支河督民各
開小溝以達於幹河時其蓄洩徐海諸州多棄地遇雨輒淫溢河旣濬水有所
歸令民以開溝之土築圩圍悉成腴田中設涵洞爲旱潦備其窪地令改種蘆
葦蠲其賦其在蘇州疏排六塘河之丁家溝展寬邵伯之金灣壩又議開徐六
涇白茆口以洩太湖築崇明土塘以禦海開各屬城河以通渠皆利民之大者
又疏言蘇州向設普濟育嬰廣仁錫類等堂收養煢獨老病及遺嬰近來公費
不敷請將通州崇明濱海淤灘除附近民業者聽升科餘撥入堂充公用又崇
明界有新漲之玉心河兩地民互爭請併撥入以息爭競　高宗手勅曰不
但一舉而數善備汝亦因此得名也及在吏部巨細無不詳審屬僚白事當機
立斷無留難二十九年　上特設協辦大學士以　命公漢大學士之有協
辦自公始尋　賜紫禁城騎馬歷充　國史玉牒三通館副總裁疏言凡與提

鎭同城之道員請一律加兵備銜互相鈐轄從之三十二年策拜東閣大學士兼工部尚書公在　上前所陳奏雖子弟莫能聞故不得而述也三十四年以疾請告　上慰留再三三十六年春病甚允致仕加太子太傅食俸如故　賜御用冠服　命公孫刑部主事蘭森侍公歸　詔所過處地方官在二十里以內者皆出境護送　御製詩寵行有句云粵西天末相望遠祝爾平安歸里人會　上南巡公由潞河南下迎　駕武淸　慰問良久復　賜詩六月三日薨於兗州之韓莊年七十有七　上聞哀悼　詔入祀賢良祠　賜祭葬諡文恭公早歲刻苦自勵能文章內行修飭及入仕益講求經世學待人以誠每見屬吏如老嫗訓兒諄諄絮語不憚舌敝慕古人以人事君之義奏薦大名道陳法荊南道屠嘉正等皆人望京察自陳舉通政使雷鋐巡撫潘思榘自代　詔求經明行修之士再舉陳法及孫景烈世以公爲知人所至尤加意書院厚諸生餼延名師導以正學時至而面命之發明孔孟之旨以反身實踐爲歸他若社倉育嬰養濟諸堂必計及久遠不以虛文塞責公嘗言是非審之於

己毀譽聽之於人得失安之於數三者缺一不可又曰學問須看勝我者境遇須看不如我者又曰生平無他嗜好每處一地臨一事即就其地其事悉心講求以求有益不自覺其勞也張文和嘗薦公自代謂能以民心爲己心亦視官事如家事此可以觀公之所學矣所著有養正遺規教女遺規以訓於家有訓俗遺規從政遺規學仕遺規在官法戒錄以施於民其奏疏具在培遠堂稾中以兄子鍾珂爲後乾隆六年舉人曾孫繼昌字蓮史道光壬午癸未鄉會廷試皆第一　賜及第由修撰官至江西布政使

尹文端公事略 子文恪公慶桂

公諱尹繼善姓章佳氏字元長晚自號望山滿洲鑲黃旗人世居遼東父尹泰公罷祭酒家居　世宗在潛邸時祭長白山召與語悅之問有子仕乎曰第五子尹繼善舉順天鄉試曰當令見我及公試禮部將謁　雍邸會　聖祖崩　世宗嗣服乃止雍正元年成進士引見　上喜曰汝即尹泰子耶果大器也選庶吉士授編修尋遷侍講而　召祭酒公爲工部侍郎累遷東閣大

學士怡賢親王請公爲記室　上許之天寒衣羊裘王憐其貧因賜青狐一
襲奏署戶部郎中當是時廣東總督孔毓珣與巡撫楊文乾不相中肇高廉道
王士俊者楊所薦也伺楊入覲劾王下獄公承　命往鞫得其情　上深嘉
之卽　命署按察使明年授內閣侍讀學士協理江南河務署江蘇巡撫江蘇
漕政抗弊公奏衞丁州縣費各有需嗣後請米一石收費六分先給官丁使無
不足然後一裁以法又奏平糶盈餘非公家之利應存縣庫社穀聽民樂輸不
得隨漕勒徵又奏撤水師營而增沙船巡海皆從之七年署河道總督疏請增
設巡道駐崇明兼轄太倉通州又言江蘇按察使駐江甯距巡撫治所遠請移
駐蘇州蘇松道責在巡防應移駐上海均下部議行九年署兩江總督奏請析
淮安府屬之山陽縣及揚州府屬之江都縣各分爲二增知縣典史各官　詔
如所請定縣名曰阜甯曰甘泉十年奏改徐州直隸州爲府附郭置縣曰銅山
增設府縣以下官改邳州爲屬州其所屬之睢甯宿遷二縣歸徐州府轄又請
分壽州置一縣曰鳳臺均下部議行十一年調雲貴廣西總督時思茅土弁刁

與國等滋事公調總兵楊國華董芳等協勦賊潰遁我軍遣諜入賊寨舉火夾
攻斬賊酋三賊黨百餘生擒六十有九復奏報由東西兩路出兵進勦攸樂思
茅東路兵分三支西路兵分二支攻破賊柵十五寨降夷民八十餘寨餘黨分
路圍勦務在廓清但攸思一帶非元臨內地可比非兵不足示威窮兵又無以
善後所期恩威並濟操縱得宜庶邊陲可永靖疏入　上手詔曰勦撫名雖
二事恩威用豈兩端當撫者不妨明示優容當勦者亦宜顯施斬馘俾知順則
利而逆則害方期近者悅而遠者來今此目前攻心之師卽寓將來善後之策
是乃仁術非關詐謀詎止綏靖普思將見信孚莽緬也識之十二年奏貴州新
闢苗疆事宜八則從之又奏雲南濬土黃河工竣計七百四十餘里得　旨嘉
獎尋　詔廣西省歸兩廣總督轄十三年奏貴州頑苗聚衆倡亂已調兵進勦
收復新舊黃平二城暨餘慶縣獲賊酋羅萬象等復合兩廣湖南兵分途會勦
破逆巢數十斬首千餘生擒賊酋阿九清等其鎮遠都勻黎平等屬俱解嚴
詔罷徵熱河保定浙江兵乾隆元年設貴州總督以公專督雲南二年奏谿雲

南軍丁銀萬二千二百兩有奇　允之尋入覲以父老乞留京　命爲刑部尚
書兼管兵部事充經筵講官議政處行走三年丁父憂四年夏晉太子少保教
習庶吉士五年授川陝總督會郭羅克番滋事公檄諭番目擒獻逆首番衆慴
服七年內艱歸八年春署兩江總督協理河務　賜御詩　命馳驛赴任逾年
實授公白皙少鬚眉豐頤大口聲清揚遠聞著體紅瘢如硃沙鮮目秀而慈長
寸許釋褐五年即任封疆年裁三十餘遇事鏡燭犀剖八面瑩澈嘗一月閱兼
攝將軍提督巡撫河漕鹽政上下兩江學政等官九印彪列簿書填委而公判
決恢然無留牘猶與諸生論文課詩聞者駭服其督南河也　上命開天然
壩公不可力言天然壩與毛城鋪及高郵三壩均宜仍舊疏凡數千言適浙督
李衞入覲過清江傳　旨嚴飭且云衞已奏明黃水小開固無妨公覆奏李衞
不問河身之淺深而但問河水之大小非知河者也倘河淺壩開宣流太過則
湖水之弱不敵黃水之強方草奏時幕中客皆爲公危有治裝求去者公不爲
動疏入　世宗喜曰卿有定見朕復何憂撤　御衣冠賜之其調雲貴入覲

也江南災河東總督田文鏡欲夸所屬之豐請漕東粟助賑按察使唐綏祖密
奏東省亦災粟宜留　上問公公奏如綏祖言　上曰如卿言山東誠災
但綏祖文鏡所薦不宜立異同公曰臣聞古有申公憲以報私恩者臣爲田文
鏡計但有感愧無怨尤時唐禍幾不測以公解得免而公初不識唐也十三年
疏言上江鳳潁泗三屬頻遭水患見在汀渠次第開濬而田閒水道圩塍實與
水利相表裏宜陸續興修於水利善後之圖多所裨益　手詔曰此誠務本
之圖也其實力爲之明年春　陛見　御製詩　賜之尋坐徇庇河督周學健
當奪職　特旨留任九月調兩廣總督未行授戶部尚書兼都統協辦大學士
充軍機大臣總裁國史　命署川陝總督嗣以四川設總督　命公專督陝甘
時大學士傅文忠公經略金川　詔公與內大臣傅爾丹尚書舒赫德達勒黨
阿參贊軍務晉太子太保十五年疏請修文武成康周公太公陵墓下部知之
會西藏羅卜藏扎什不靖川督策楞統兵入藏　勅公仍管川陝總督事十六
年復調兩江明年以上江頻被水請疏濬宿泗虹靈璧等州縣支河　詔俞所

請湖北羅田奸民馬朝柱聚衆於天堂寨圖不軌界連江南公檄鎭將搜捕並
親往擒獲胡杜家屬黨羽甚衆得　旨嘉奬十八年署陝甘總督明年授南河
總督疏言銅沛睢邳宿虹河道多紆曲淤成大灘日淤日積宜於曲處挑直開
浚引河導溜歸中央借水刷沙省兩岸堤掃費並免偪溜偏趨　詔如議行八
月署兩江總督兼署江蘇巡撫請於兩湖江西各撥米十萬石運江蘇平糶許
之二十一年授兩江總督　命紫禁城騎馬明年　上南巡　賜詩有幕府
山邊開幕府風規得似茂宏無之句尋與侍郎夢麟等會奏淮揚徐海支幹各
河暨高寶各河工竣下部優敘二十七年　上南巡復　賜以詩　命爲御
前大臣二十九年拜文華殿大學士仍留總督任三十年春　車駕復南巡
賜御詩如故時公年七十矣　賜額曰韋平介祉九月　召入閣兼管兵部事
務充經筵講官國史館總裁上書房總師傅教習庶吉士三十一年典會試先
一年而降　旨異數也三十四年兼掌翰林院三十六年　上東巡　命留
京辦事四月薨　優詔加贈太保入祀賢良祠賞庫金五千兩治喪派皇八子

前往奠醊　賜祭葬諡文端公毅而能擾機牙四應　上深知之凡盤錯事他大臣能了者不命公既命公則皆棋危柁險萬口噤聲人方慮公無下手處而公紆徐料量如置器平地靡不貼妥又如東風吹枯頃刻變色凡一督雲貴三督川陝四督兩江而在江尤久前後三十餘年民相與父馴子伏每聞公來老幼奔呼相賀公亦視江南如故鄉渡黃河輒心開入閣時吏民泣送公不覺悽愴傷懷過村橋野寺必流連小憩慰勞送者在官有所興除必集監司以下屬曰我意如此諸君必駮我我解說則再駮之使萬無可駮而後行勿以總督語有所瞻徇也以故公所行鮮有敗事所理大獄雍正閒江蘇積欠四百餘萬乾隆閒盧魯生僞稾及各郡判逆邪教等案皆株連無數公部居別白不妄戮一人先是十六年　天子南巡總督黃公廷桂盱衡厲色供張辦及公三次迎　鑾熙熙然民不知役供張亦辦人以是服公之敏也公清談干雲尤長奏對　世宗嘗諭曰汝知督撫中有當學者乎李衛鄂爾泰田文鏡是也公曰李衛臣學其勇不學其粗田文鏡臣學其勤不學其刻鄂爾泰大局好宜學處

多然臣亦不學其愎也好學工詩汲引人才如不及母徐氏側室也以公貴封
一品夫人公側室張氏以女爲皇八子妃亦封一品夫人子六慶桂官至大學
士慶霖官都統四十四年　御製懷舊詩列公五督臣中
慶桂字樹齋由任子授員外郎充軍機章京尋擢內閣學士遷理藩院侍郎兼
副都統乾隆三十六年充軍機大臣逾年授伊犂參贊大臣尋調塔爾巴哈臺
參贊大臣四十年夏哈薩克巴布克自稱經阿布勒畢斯將伊授爲阿哈拉克
齊偕阿布勒畢斯之子博普前來貢馬慶桂以巴布克並未與博普同來不可
深信駁飭以聞　諭嘉其有識且曰伊係尹繼善之子能如此朕又得一任事
大臣矣嗣後宜益加勉以副朕眷愛之至意四十二年授吏部左侍郎四十五
年調烏里雅蘇臺將軍遷都統明年以病來京調理又明年授盛京將軍尋調
吉林前後奏獲私挖蔘犯七百餘名蔘二百兩　上嘉之四十九年調福州
將軍入覲擢工部尙書仍直軍機旋調兵部兼都統充經筵講官　命往濟甯
勘事五十年署黑龍江將軍會陝甘總督福康安奏　命赴阿克蘇一帶安輯

回衆詔以公熟悉邊情　命以欽差大臣馳往甘肅暫署總督印務復授塔爾
巴哈臺參贊大臣五十一年　召補兵部尚書明年偕侍郎汪承霈往湖北漢
川縣讞獄尋署盛京吉林及烏里雅蘇臺將軍五十七年秋廓爾喀平　上
以慶桂在軍機處夙夜宣勞　命列十五功臣內圖形紫光閣　親爲製贊五
十八年授荊州將軍明年調都統會河督蘭第錫奏高家堰一帶風損石工段
落較多請築壩戽水俾腳跟顯露以便勘估興修　上命往勘奏止須按段
拆補毋庸戽水查驗　上是之嘉慶元年　仁宗奉　太上皇帝駕幸
熱河　命留京辦事三年　命同大學士劉墉往山東齊河勘獄四年調刑部
尚書協辦大學士軍機大臣尋授內大臣國史館正總裁加太子太保三月晉
文淵閣大學士總理刑部　賞海淀寓園九月奉安　裕陵　命同大學士
董誥恭點　高宗純皇帝神主晉太子太傅管理吏部及理藩院事務六年
管戶部三庫事務　賞黑狐端罩七年冬　上以川陝楚教匪平定特沛
恩綸賞騎都尉世職并雙眼花翎九年十一月年居七旬　御製詩　賜之有

名重三朝三相國勳隆一代一賢臣之句并　賜額曰濟美延禧十一年授領侍衛內大臣明年　實錄告成　賞紫韁仍管戶部三庫事十四年晉太子太師充崇文門正監督十七年晉太保明年以老乞休　允致仕　賞食全俸十九年壽晉八旬　予優賚二十一年六月薨　優詔悼恤　賞陀羅經被派奕紹帶領侍衛十人前往奠醊尋　賜祭葬諡文恪其子同德孫培成皆官至侍郎

劉文正公事略 子文清公

劉公統勳字延清號爾鈍山東諸城人父棨康熙乙丑進士由長沙令遷知甯羌州歲大饑假廳倉粟以活州民而自鬻產代民輸納見山多槲樹宜蠶乃募里中善蠶者載繭種往教民蠶織州民利之號曰劉公紬公以雍正二年進士由編修入直南書房累遷左庶子典湖北河南鄉試十三年入直上書房擢詹事乾隆元年擢內閣學士署刑部侍郎尋　命隨大學士嵇公曾筠赴浙江學習海塘工程二年授刑部左侍郎仍留浙江疏言新任督撫提鎮往往奏帶人

員備委用在大吏雖不乏真知第先寄耳目於數人隨付腹心以要缺流弊實
多除河工軍前效力外請概停奏帶以杜偏袒鑽營之習從之三年春還朝疏
劾丁憂御史毛之玉赴浙謁總督藩司受餽遺　上嘉公直之玉嚴議明年
母憂歸六年夏　特命補刑部侍郎九月服闋來京擢左都御史疏言大學士
張廷玉歷事　三朝遭逢極盛然而晚節當慎責備恆多竊聞輿論動云張
姚二姓占卻半部搢紳查張氏登仕版者有張廷璐等十九人姚氏與張氏世
姻仕宦者有姚孔鋠等十人雖二姓本桐城巨族其得官皆由科目薦舉廕
議敘然稍抑其遷除之路使之戒滿引嫌即所以保全而造就之也請自今三
年內除　特旨擢用外概停陞轉又言尚書公訥親年未強仕綜理吏戶兩部
典宿衛贊中樞兼以出納王言時蒙　召對屬官既奔走恐後同僚亦爭避其
鋒部中議覆事件或輾轉駮詰或過目不留出一言而勢在必行定一稾而限
逾積日殆非懷謙集益推賢讓能之道請加　訓示俾知省改其所司事務或
量行裁減免曠廢之虞兩疏入　高宗手諭曰朕思張廷玉訥親若果擅作

威福劉統勳必不敢爲此奏今既有此奏則二臣並無聲勢可以箝制寮寀可知此國家之祥瑞也朕心轉以爲喜夫任大責重原不能免人指摘即伊等辦事亦豈能竟無差謬聞過則喜正宜深加警惕所謂有則改之無則加勉若有幾微芥蔕於胸中則非大臣之度矣著將此二摺發出諭衆知之尋 命往勘海塘十一年春署漕運總督秋還京十二年典順天鄉試十三年 命同大學士高公斌查辦山東賑務並勘河道奏德州哨馬營有滾水壩分消運河盛漲而壩身過高宜改令平聊城縣運河東岸有減水閘引河宜挑濬東平縣之戴村壩爲汶水分入大清河關鍵其遏汶入運之石壩過高宜令稍低並將壩西水道疏通沂州府沂河西岸之江楓口所建滾水壩二宜加倍以衛蘭山郯城等屬田廬報可十四年遷工部尚書兼掌翰林院十五年 命赴廣東鞫獄調刑部十六年典會試明年坐查驗通倉不實奪職留任尋 命爲軍機大臣十八年以讞擬錯謬部議革任 詔原之未幾偕尚書策楞公往勘江南河工合疏言虧缺工料之由總在牽前扯後工員率取入己上官漫無稽查以一廳論

之每年冬河臣核減錢糧並不追補輒令留爲辦料之用次年核減仍復如是惟指工段稍彌此弊在本廳本任者也其調任陞任仍屬河員者所欠錢糧復帶至新任稟請別廳交料同官輒報收料若干用在某工完結此弊在虛報虛收者也其陞任他處如平越知府施廷煓離任已久所欠核減帑項數千尚待補苴此弊在陞任官也至降黜之員河臣查明欠項僅咨追而不參奏致歷年虧欠至九萬兩之多此弊在離任官也茲查出外河同知陳克濬虧帑二萬五千有奇海防同知王德宣虧帑萬八百有奇本年高郵二閘被衝閘未衝之前有料尚可堵塞而通叛周冕並無物料致束手任其衝決河臣高斌祇以債事撤回應請澈底查辦　詔罷斌職留工效力其侵帑各員褫職逮追仍鎖押漫口示警九月疏劾銅沛廳同知李焴河營守備張賓等平日侵蝕貽誤今奉清查自知獲戾必重適值水漲遂任其衝決口門百四十丈不加搶護有　旨即行正法十月公駐銅山率領河員於漫口附近舊河內勘定引河二道南三百餘丈北五百餘丈十二月十二日張家馬路堤工合龍黃河復故道策公奏二

閘漫口亦於是日合龍　温詔褒敘尋條奏稽查河工四事　詔如所議行尋
命清查江南河工未結之案公疏言水利工程陸續題銷或丈尺數目不符
或水方土方各異屢經部駁不許銷算一案不銷遂致全案稽遲而外省輾轉
行查至延二十餘年之久官吏更易若再往返駁詰徒滋案牘茲查出未銷銀
百一十一萬三千五百兩有奇請限十月內確核題銷工部於覆到日應銷者
即準銷結案應減者即核減著追從之十九年晉太子太傅　命協辦陝甘總
督事務　賜孔雀翎十一月疏言西路軍營戰馬約需六萬匹派兵遞送廷議
分五大站臣於分站之中寓遞更之法第一站安馬十分每分千五百匹二三
四五等站各千五百匹每起官兵按站換馬不必回空即留為後起更換之用
官兵既可按程長驅而各站馬行五日即得休息二日　詔如議速行二十年
命查勘巴里坤哈密駐兵事宜九月逆酋阿睦爾撒納叛擾伊犂定西將軍
永常自木壘退師巴里坤公請棄巴里坤退守哈密　嚴旨責公附和永常自
相恐怖搖惑眾聽貽誤軍機且置辦理伊犂軍務大臣班第等於不問　命與

永常均革職逮治子墉亦革職與諸子並逮交刑部并籍其家十月 諭曰劉
統勳輕信浮言張皇乖謬咎無可逭但念伊所司者糧餉馬駝至軍行進止原
係將軍之事設令模稜之人緘默自全轉可不至獲罪是其言雖剌謬其心尚
可原也其從寬發軍營效力贖罪伊子俱釋放劉墉著在編修上行走二十一
年授刑部尚書給還家產尋 命勘銅山縣孫家集漫工疏言孫家集向無堤
工例於秋汛後補築水衝溝渠今兩年未築致成渠分溜 詔解總河富勒赫
任以公暫署十一月漫工合龍 上嘉其妥速二十二年典會試四月赴徐
州督修近城石壩會雲南巡撫郭一裕慫慂總督恆文購金製爐致闔省喧傳
乃訐恆文抑勒短價各款 命公往會鞫得實恆文 賜自盡一裕發軍臺效
力十一月山西布政使蔣洲侵帑勒派彌補冀甯道楊龍文逢迎不法公奉
旨鞫實論如律尋晉太子太保明年遷吏部尚書 賜紫禁城騎馬先是徐州
黃河北岸無堤議者以爲留洩漫水給事中海明疏請補築公往勘以爲可行
乃置亂石壩洩漲衞田 上嘉允之二十四年拜協辦大學士會西安將軍

都賚尅扣兵餉事發公往勘得實論如律又山西同知普喜訐將軍保德及同知呼世圖侵帑公奏　命與巡撫塔永甯會鞫保德呼世圖共侵帑萬八千兩有奇保德又私伐官木受銀千五百兩　上以保德身爲將軍貪黷敗檢即行正法明年江西學政謝溶生劾巡撫阿思哈受屬吏餽送　命赴江西會鞫得阿思哈因生女受司道金鐲綾緞及令贛南道董榕代購什物短發價值各情擬絞如律二十六年再典會試拜東閣大學士兼管禮部尋兼兵部八月偕協揆兆文襄公查勘河南楊橋漫工開引河九百三十六丈十一月合龍有詔優敘明年三月　高宗南巡以高寶河湖入江之路未暢　詔公偕兆公往勘合疏言金灣壩地居上游滾壩僅寬十五丈未能暢達請將新挑引河展寬使有建瓴之勢鹽河北閘爲鹽運要津應自中閘迤南改建石壩三十丈將閘下土堤接築加長并挑引渠以順水勢其西灣滾壩照東灣一體落低并於西灣河頭酌濬寬深得　旨所議甚合朕意應如是行夏直隸景州水　命查勘德州運河疏言自臨清迤北惟藉四女寺哨馬營兩壩宣洩但兩壩支河俱

會老黃河故道入海袤延三百餘里居民於淤灘種植河身易致淤塞請將德
州州判移駐兩支河交匯之邊陵鎮專司河捕從之二十八年充上書房總師
傅兼管刑部教習庶吉士三十三年　命往江南酌定清口疏濬事宜時公年
七十　御書贊元介景額賜之明年復勘濬運河尋兼管吏部三十六年復典
會試三十八年十一月五鼓入朝升輿至東華門外輿微側呼之不應啓帷則
已瞑矣鼻垂玉筯長尺餘　上聞卽遣御前大臣尚書公福隆安齎藥馳視
已無及　諭曰大學士劉統勳老成練達品行端方服官五十餘年實爲國家
得力大臣可晉贈太傅入祀賢良祠賞內庫銀二千兩治喪朕卽日親臨奠醊
伊子西安按察使劉墉著馳驛來京守制尋　賜祭葬　特賜諡曰文正喪歸
命沿途文武官在二十里以內者均詣靈前弔奠幷遣官護送明年四月
諭曰大學士舒赫德于敏中各賞古今圖書集成一部故大學士劉統勳原欲
一體賞給不意先逝伊子劉墉克世其業亦著恩賞一部四十四年　御製懷
舊詩列五閣臣中有遇事既神敏秉性復剛勁得古大臣風終身不失正之句

是年　賜其孫鐶之舉人公強直厲清節洞燭幾先事之可否微發其端至一
二十年後始服其精識士賢不肖亦洞見其將來初公論劾重臣直聲震朝野
其後張文和公果以謝　恩失禮被嚴譴訥公以大學士視師金川坐僨事伏
法公言若蓍蔡矣公少直南書房每日雞鳴入　上已遣中使捧　御製詩
文稾至　命公錄於冊上公對燭書之多者千餘言比日射觚棱已寫訖恭進
蓋十餘年如一日也六旬後入夜秉燭危坐至漏三下窗外偶有聲響悉聞之
及薨　上親臨其喪見室無長物寒氣襲人　上大慟回蹕哭至乾清門
流涕謂樞臣曰朕失一股肱矣公之出視楊橋漫工也屬吏以芻茭不給爲辭
月餘尚無端緒公忽微行見大小車載芻茭凡數百輛皆弛裝困臥有泣者公
問之父老皆言奉示運稭料赴工縣丞某索賄乃收貧不能具賄遂弛置河干
欲歸不能公旋邸卽令巡撫縳縣丞至數其罪將斬之巡撫力請罪乃杖而荷
校以徇薪芻數百車一夕收立盡懽聲若雷逾月工遂竟木果木之變　高
宗方幸熱河馳傳　召公比入對　上曰金川軍覆温福已死綏事當柰何

公頓首曰臣料阿桂必能了此事　上曰朕正欲專任阿桂特召卿決之卿意與合朕事必濟矣西疆甫定戶部奏天下州縣府庫多空闕　高宗震怒欲盡罷州縣之不職者而以筆帖式等官代之　召公對　諭以此事且曰朕思之三日矣汝意云何公默不言　上變色詰責公徐曰　聖聰思至三日臣昏耄誠不敢遽對容退而熟審之翼日入對頓首言曰州縣治百姓者也當使身爲百姓者爲之語未竟　上霽顏曰然事遂寢當公進說時同列皆灑晰變色而公進趨凝然若無事其能斷大事力回天聽多類此所著曰劉文正公集子墉字崇如號石庵乾隆十六年進士由編修累官體仁閣大學士加太子太保謚文清公父子俱爲賢宰相　高宗賜翰稱爲海岱高門第清德重望均不欲以詞章自見而文清兼以書法重於時著有石庵詩集文清少躋館閣通掌故中年敭歷封圻外嫻政術及繼正揆席天下呼爲小諸城所學貫串經史百家詩遒鍊清雄題跋尤古雅其不以詩文名者爲書名所揜耳公嘗語英煦齋尚書曰子他日爲予作傳當云以貴公子爲名翰林書名滿天下而自

問則小就不可大成不能年八十五不知所終時公未登八秩也迨嘉慶甲子公年八十五矣臘月二十三日儤直南書房呼煦齋至告以雍正至乾隆初南齋舊事復理前作傳語且曰昨已屬瑛夢禪鐫印記曰洞門童子以當息壤今爲期迫矣豈展限耶既行復還坐縱談亙久曰吾去矣毋戀越一日晨興飲啖如常日昳端坐而逝烏虖若文正文清父子非所謂生有自來死有所歸者哉

鐶之後官至吏部尚書

王文肅公事略 子念孫 孫文簡公引之

乾隆二十一年夏吏部尚書臣安國言臣父卜葬於天長縣西有年矣墨食不協迺有後艱願得歸遷兆域以展臣私 皇帝曰明年春將南巡江淮汝其從事可兩盡盍待諸公拜稽首出公體素羸病咯血越四月疾大作疏請解職 上知不能視事 命從容就道於是朝之卿士或惜公之去而願公之遄有喜也明年春正月病革遺疏入 上震悼賻內庫白金庀喪具 賜祭葬如制閣臣考謚典以 聞應法 予謚曰文肅三十年 高宗南巡 賜公

子念孫爲舉人公姓王氏諱安國字書城號春圃江蘇高郵人也父曾祿拔貢生研精理學公生時母夫人夢得古鼎之瑞七歲受書卽能求訓詁大義雍正二年會試第一　廷試以一甲第二人　賜及第授編修　憲皇帝臨軒親策目爲端人正士公之受知自此始奉　命纂修一統志兼八旗志書十年典福建鄉試一榜成進士者四十人大學士蔡文恭新其一也十一年遷司業十二年遷侍講提督廣東肇高等處學政在道除侍讀學士抵任擢左僉都御史仍留學政任公之入詞館也嘗語人曰初謁座主朱高安公公教之曰學人通籍後惟留得本來面目爲難退而自省面發赤由此立志堅定數舉以勵學徒其教國子也嚴月課抑營競進諸生講濂洛關閩之學不沾沾論文藝其督學政也粵東山海遼遠初分兩學政以寬考校之期公所部自肇慶以西達瓊儋皆濱海地文風視南海諸郡縣爲劣公教士以立品爲先接諸生嚴毅有不可犯之色而提命諄諄若父兄闢學舍拔士之秀者如干人餼其中親爲授業有司以非禮挫折諸生者公執持不少屈其有敗羣而害於鄉者繩以重法無所

貸由是人知學政之任以整齊風教扶樹人材爲大地方吏亦知所嚴憚云乾隆二年疏言丁憂官多赴省會易服謁大吏讌會餽遺恬不知怪請嚴禁從之四年遷左副都御史擢刑部侍郎五年晉左都御史公總率臺綱以激揚爲己任會粵撫王謩以某教官登薦劾公故吏也知其人昏耄不可用以實聞
上嘉公不避嫌怨 命以原銜管廣東巡撫事公曰吾劾其人而得其任是所謂蹊田奪牛也具劄力辭不許乃之任 陛辭日 御製詩寵其行聞有老親復拜豐貂文綺之 賜粵東文武僚吏皆公所稔悉聞公至多望風引去公與約宥往咎許自新解絃更張治其骫骳無狀者他皆不問嶺南物產素豐海船往來貨賫瑰麗風俗侈靡政治多不飭公極意整肅墜廢畢舉倉儲溢羨自制府以下月給白粲若干公曰非制也叱勿受比數年有發其事者監司皆坐重辟人益服公操積案塵委公爲之決疑牘省留獄歲久不雨禱於神不應有盜案心疑其誣一訊得實乃大雨值計典察吏勿苛嘗曰人才實難且官屢易則吏滋爲奸易者安必優於去者乎莫若勸戒俾自勵江西應撥廣東漕米十萬

石泝灘越嶺輓運爲艱公請改撥湖南一水可達官民交便之會丁父艱貧不能辦裝廣州將軍策棱公奏公孤介廉潔歸葬無資與護巡撫託庸等助貲回籍　報聞舟至南昌　內召爲兵部尚書又調禮部皆未拜十一年服闋乃入朝授禮部尚書公故湛深經術嫺掌故議禮必斟酌古今折衷聖籍期於正人心明典制以翊贊　休明雖違俗侃侃弗顧也五禮自朝廷達於鄉遂士大夫莫能偏觀詳考民閒吉凶婚姻各徇其俗公長容臺承　詔修　大清通禮又奉　命充會典總裁官會典與通禮相表裏公一手編集所撰欲上擬周官每會典進呈附以通禮悉奉　聖裁改定凡十年而告成十五年充經筵講官二十年晉吏部尚書明年兼管工部事銓政本有成憲無可出入而蠹吏舉疑似者因緣上下其手或職人所不知輒以牟利公釐衆弊杜請謁雖親愛不敢以私干自巡撫入爲尚書起居服御猶寒素自公退食搦禿管點竄丹黃矻矻著述專以經學訓子孫不雜世事中年喪偶旁無姬侍門館闃然薨年六十有四子一念孫

念孫字懷祖學者稱石臞先生生數歲即能讀尚書文肅公口授諸經皆成誦都下有神童之目八歲屬文偶作史論斷制有識由是文肅教之以忠恕正直立身之道且延戴君東原爲之師十四歲扶櫬南歸學與行老成所不逮也服闋補州學生以大臣子迎 鑾獻文冊 賜舉人乾隆四十年成進士選庶吉士乞假歸謝絶人事居湖濱與李君惇賈君田祖汪君中劉君台拱程君瑤田以古學相勵凡四年入都改工部主事遂究心治河之道洞澈古今利弊爲導河議二篇上篇導河北流下篇建倉通運累遷郎中擢御史晉給事中掌吏科印在官十餘年凡錢局諸差及京察外任俸滿保送知府皆力辭識者嘉異之

嘉慶四年 仁宗親政之始先生疏劾宰輔某是時不乏彈章惟先生疏援据經義最爲得體特蒙 嘉納海內爭傳誦焉是年春 命巡淮安漕秋又巡濟甯漕盡汰陋規道路所經有關吏治民瘼者皆奏之蒙採納施行尋授永定河道積弊一清六年夏大雨彌月水漲溢奪職逮問尋奉 諭曰水漫過蘆溝橋面不但人力難施亦非意想所及王念孫可加恩發河工效力七年督辦河

閒漫工　賞六品服暫署永定河道八年　諭曰王念孫於水利講求有素可
賞主事銜留直隸周歷通省有關涉水利事宜悉心紀載交直隸總督彙奏辦
理乃上書總督顏公檢臚陳畿輔水利顏公據以入告會河南衡家樓河決
命隨費尚書淳查勘且籌新漕又　命馳赴台莊隨同尚書吉綸治河務尋奉
旨署山東運河道九年實授在任數年查工剔弊節帑數十萬十五年調永
定河道　召詢河務甚悉甫旋任東河帥請啓蘇家山閘引黃水入微山湖以
利漕運　召入都決其是非先生奏引黃入湖不能不少淤原非良策然暫行
無害並陳運河情形皆　詔許之是年永定河水復漲溢先生自引罪得　旨
以六品休致時年六十有七道光五年　詔曰王念孫年登耄耋重赴鹿鳴筵
宴洵屬藝林嘉瑞可賞給四品銜以光盛典是時年八十二矣十二年正月子
引之官禮部尚書以先生病奏請給假蒙　宣宗皇帝召見垂問明年九十
歲宜善爲調養且　諭以服人蔘之法越數日卒先生初從東原戴氏受聲音
文字訓詁遂通爾雅說文皆有撰述矣繼見邵學士晉涵爲爾雅疏段進士玉

裁爲說文注先生遂不復爲撰廣雅疏證二十三卷凡漢以前倉雅古訓皆搜括而通證之謂訓詁之旨本於聲音就古音以求古義引伸觸類擴充於爾雅說文之外無所不達然聲音文字部分之嚴則一絲不亂此蓋藉張揖之書以納諸說實多揖所未及知者而亦爲惠氏定宇戴氏東原所未及古音自顧氏江氏戴氏皆有考正金壇段氏分十七部爲益精段氏之分支之脂爲三部也發前人所未發先生昔亦同見及此因段書先出遂輟作然先生所分乃二十一部按之羣經楚詞斬然不紊更有爲顧段諸家所未及者尤精於校讎凡經史子書晉唐宋以來古義之晦誤寫校之妄改皆一一正之著讀書雜志八十二卷分逸周書戰國策管子荀子晏子春秋墨子淮南子史記漢書漢隸拾遺凡十種一字之徵博及萬卷其精核如此先生性方正居官廉直不受請託畢生以著述自娛善善惡惡出於至誠喜怒必形於色教子幼以朱子小學諸書長以經義長子引之能傳其學

引之字伯申登嘉慶四年進士出朱文正阮文達兩公門　廷試以一甲第三

人　賜及第授編修累官禮部尚書所涖皆能張其職父憂歸服闋署工部尚
書薨於位　賜祭葬　予謚文簡初伯申年二十一歲應順天鄉試下第歸急
究心爾雅說文音學五書以求聲音文字訓詁之學越四年復入都以所見質
疑於石臞先生先生喜曰乃今可以傳吾學矣遂語以古韻二十一部之分合
說文諧聲之義例爾雅方言及漢代經師詁訓之本原且曰詁訓之旨存乎聲
音字之聲同聲近者經傳往往假借學者以聲求義破其假借之字而讀本字
則渙然冰釋如因假借之字而強爲之解則結䡖爲病矣故毛公詩傳多易假
借之字而訓以本字已開改讀之先至康成箋詩注禮屢云某讀爲某而假借
之例大明後人或病康成破字者不知古字之多假借也又曰說經者期得經
意而已前人傳注不皆合於經則擇其合者從之其皆不合則以己意逆經意
而參之他經證以成訓雖別爲之說亦無不可必專守一家則爲何邵公之墨
守而已故其治經也諸說並列則求其是字有假借則改其讀蓋熟於漢學之
門戶而不囿於漢學之藩籬也伯申推廣庭訓遂成經義述聞十五卷經傳釋

詞十卷精博過於惠戴二家凡前人誤解者獨能旁引曲喻以得其本原之所在使人頤解心折歎爲確不可易而又百思不能到使古聖賢見之必曰吾言固如是沿誤數千年而今乃得明矣此誠不可不開之奧窔阮文達謂恨不能起毛鄭孔諸儒而共證此快論者也高郵王氏自文肅公以清正立朝以經義教子孫至石臞伯申三世相承而其緒益拓論者謂本　朝經術獨絕千古而王氏一家之學自長洲惠氏父子孫外蓋鮮見其匹云

汪文端公事略　子承霈

汪公由敦字師茗號謹堂安徽休甯人雍正二年進士選庶吉士授編修尋丁父憂以纂修明史奉　旨在館守制十年充日講官知起居注累遷贊善侍講轉侍讀授四譯館少卿乾隆元年典試山東尋　命直上書房擢內閣學士左遷侍讀學士五年復原官六年遷禮部右侍郎調兵部七年充會試副考官九年調戶部右侍郎充經筵講官晉工部尚書典順天鄉試調刑部教習庶吉士兼署左都御史充軍機大臣十四年金川奏凱加太子少保充平定金川方略

副總裁署協辦大學士事會大學士張公廷玉致仕將歸乞　上一言爲配
享　太廟券謝　恩不親至傳　旨令明白迴奏公張公門下士也是日承
旨因免冠叩首奏張廷玉蒙　聖恩曲加體恤乞終始矜全若明發　諭旨
則廷玉罪將無可逭事獲已次日張公早入朝　諭責公密通信息顧私恩不
顧公義解協辦內閣任留尚書效力自贖明年　恩予開復　命同大學士傅
文忠總督方恪敏會勘永定河南岸建壩事宜旋同莊親王等釐定　皇朝禮
器圖會四川學政朱荃匿喪納賄事發公曾保薦荃吏議奪職　詔以公爲人
勤慎學問亦優降授兵部侍郎是歲典順天鄉試　恩賞其長子𪫧生承沆以
主事用明年調戶部右侍郎　命同大學士高公斌查勘天津等處河工又明
年晉工部尚書十九年同蔣公溥等修盤山新志加太子太傅兼管刑部尚書
事二十年充平定準噶爾方略總裁調刑部二十一年調工部明年授吏部尚
書二十三年薨於位　上聞震悼　親臨賜奠　諭稱公老成端恪敏慎安
詳學問深醇文辭雅正　加贈太子太師入祀賢良祠　賞內庫銀二千兩準

入城於　賜第治喪　御製詩悼之有贊治常資理論文每契神之句尋　諭
賜祭葬　予諡文端公篤於內行記誦尤淹博文章典重有體儤直　內廷幾
三十年以恭謹上結　主知未嘗一日離左右　世宗皇帝初設軍機處以
張文和專任之乾隆初文和以公長於文學特薦入以代其勞乾隆十二三年
間金川用兵前後所下　廷諭皆公筆也初惟大學士訥親一人承　旨旣出
令公在直廬撰擬訥公惟恐不得當輒令再撰有屢易而仍用初稾者一稾甫
削又傳一　旨改易亦如之公頗以爲苦然不敢較也時傅文忠在旁竊不平
迨平金川歸首揆席則自陳不能多識恐有遺忘乞令軍機諸大臣同進見遂
沿爲例然秉筆之任率推公其後滿司官欲藉爲見才地文忠稍假借之令其
代擬公見滿司官如此而漢文猶必己出嫌於攬持乃亦聽司員代擬日久遂
爲章京之專職矣　高宗天才敏捷日課數詩皆用丹筆作草令內監持出
付公及劉文正用素楮楷繕之謂之詩片繼公者則劉文正也公好奬借後進
陽湖趙君翼客公所最久經進之作多令趙屬草筆削處服公精審屢被　旨

嘉獎廷臣推服之公曰此門下趙某作耳其不沒人善若此　上以公老於
文學尋常碑記之作每　命公屬草公令趙君草創而加潤色焉及進呈經
御筆删改往往出意表然後知　聖學尤不可及也公薨後　上以公書法
秀潤　命詞臣排次摹勒上石曰時晴齋法帖公子承霈承爵以　御賜祭葬
故詣闕謝趙君言於傅文忠遂得召見　詔各賞舉人文忠奏言承霈書法似
其父復　命賞主事於是在廷咸頌　聖天子垂念舊臣推恩逾格有泣者
其後裘文達錢文敏王文莊諸公殁其子皆引此例得授內閣中書云四十四
年　御製懷舊詩列公五詞臣中在尚書張文敏公之次五十二年承霈官侍
郎時敬進公詩文集　上賜詩以當序言
承霈字春農號時齋乾隆二十五年以主事入直軍機處洊升員外郎郎中三
十五年授平越知府以親老改邵武府時母年近八旬奏懇留京供職復補戶
部郎中仍直軍機處四十五年記名以三四品京堂用遂擢左副都御史越二
年遷刑部右侍郎調工部時甘肅冒賑案發部議西監一款省費取巧應禁革

毋許應試及由別途出身承霈奏人數甚多乞開其自新之路令加足京監費許其考試出身得　旨俞允四十八年　上校射承霈連發中的　賞花翎調戶部右侍郎五十四年坐監臨順天鄉試失察代倩等弊降二秩用五十五年署通政使尋補順天府尹擢左副都御史嘉慶四年授刑部右侍郎調工部五年晉左都御史　賞紫禁城騎馬遷兵部尚書兼管順天府尹事六年永定河水溢撫卹災民散賑五十餘日所全活無算得　旨獎敘尋改左都御史署兵部尚書被劾以二品冠服致仕十年六月薨　詔視尚書例議卹　賜祭葬如禮

潘敏惠公事略

乾隆十有七年二月既望巡撫福建副都御史潘公薨於位　天子眷念封疆勞績　優旨照江南巡撫徐士林例入祀京師賢良祠遺疏請將封典貤贈之處恩賞一品封並照一品例賜卹尋　賜祭葬如典禮　特賜諡曰敏惠自後　聖駕南巡屢遣大臣即家致祭飾終之典較徐公爲尤渥云公諱思榘

字絜方號補堂江蘇陽湖人雍正二年進士選庶吉士改刑部主事遷員外郎充己酉順天鄉試庚戌會試同考官遷郎中出知廣東南雄府考最擢海南兵備道乾隆二年調糧驛道四年遷按察使七年遷浙江布政使十一年擢安徽巡撫調福建居五年卒年五十有八與徐公同壽未竟厥施　上以故尤悼惜焉公性敏決明法律練習吏事力持大體而汲汲以宣　朝廷德意經國澤民爲務其在西曹讞獄常至夜分飢則探懷餅瀹水而食每隨尚書入奏事
世宗嘉之在南雄大水將敗城公禱神危橋俎未徹而橋圮露宿埤堄閱督吏卒縛筏救溺者在瓊深入五指山安輯黎衆劾鎮將郡守之殘黎人者洎秉粵臬卽疏陳廣東有狼黎猺三種狼人世居高州府茂名縣地今附民籍多讀書應試猺人亦輸賦入版籍設猺童義學惟黎人散居瓊州府屬以不識字往往爲土人所欺請於儋崖等七州縣照猺童例設義學訓課能通文義者許應試部議從之所理寃獄尤多會久旱奸民數百爲羣入市強取米公時方疾強起坐堂皇立捕數十人至痛杖荷校以徇藩浙時疏報衢嚴等屬水災壞田廬

漂人畜無算已申達督撫動帑撫卹　諭曰此等事正地方官切己要務毋濫
毋遺以期實惠及民公乃出臨錢塘江收流棺瘞浮尸躬親督賑尋疏陳給發
籽粒並加賑狀　高宗手勅曰今歲浙省災巡撫常安有諱匿之意賴汝在
耳是秋蕭山民匈匈渡江公曰民飢當哺鬨則亂民也嚴懲之自是迄麥登無
一譁者又疏陳常平倉出陳易新諸弊請因時酌辦又請禁考職吏員干謁地
方官違者照違制律治罪部議均如所請其撫徽也當河決淮泗之後鳳潁泗
皆災公前後請庫帑百萬有奇親行督賑冒風渡洪澤湖舟幾覆不爲動歸奏
調劑災區三事曰勸課農桑曰疏濬溝洫曰稽核流移略言鳳潁等處民情窳
惰不知耰鋤培壅之法宜令州縣官隨地董勸卽以地方民情之勤惰定有司
之考成至各屬地分三等一爲岡地最高一爲湖地稍低一爲灣地最下灣地
被水非人力可施湖地外仰中窪下游濬渠疏洩卽可涸出栽種岡地水雖不
及而陂塘未築輒苦旱乾如壽州之安豐塘懷遠之郭陂塘鳳陽之六塘均宜
及時修築臣思上年賑濟動帑百餘萬金若平時酌動數百金陸續修濬民閒

減一分荒歉即多一分收成朝廷亦省一分帑項縱遇偏災亦可以工代賑一舉兩得又鳳穎民風樂於轉徙秋收後二麥已種輒攜家外出春熟方歸一遇災歉地方官勘給賑票輒留一二人在家領賑餘悉潛往鄰境希圖資給行糧至有一家領三糧者本業抛荒人無固志此後應查明實係災民方許資送其結黨滋擾者罪之䟽上　手勅報曰此乃固本之務歷來安徽巡撫無有言及此者朕甚嘉焉勉力妥爲之以俟三年之成也九月調撫福建朝京師六蒙召對閩地民情囂獷相尚以鬭訟盜匪數起公廉得其主名髮櫛而草薙之清釐錢糧責令推收承納使糧歸於田民欠不至無著其屯田寺田之詭寄飛灑者皆確查禁杜不復派累里中晝見官屬夜披案牘旱則步禱潦則按卹又以農隙巡視海防驗戰艦朔望入書院與諸生講說經義歲以爲常勞積疾作不少止也公爲政以水利爲農田之本嘗奏請大治餘杭之南湖會稽之鑑湖上虞之夏蓋湖餘姚之汝仇湖慈溪之慈湖以及皖北之安豐郭陂等塘澮滆洮芍茨沙等河修復舊隄閘禁奸民之墾佔貽害者繪圖鳩工皆以遷擢中輟居

平常以爲憾惟修築甯德之東湖墾良田萬畝及福州城外之西湖築隄千三百丈建閘二溉田數千頃又親勘福清之郎官港法海埔招墾海灘淤地法海得地千三百餘畝郎官港得地八百餘畝疏聞　手勅報曰勸課耕農務民之本也勉之公起寒素幼從師讀書嘗自市薪米通籍後洗手奉公終身非共賓客食不重肉衣必數澣紉丁卯以皖撫監臨江南鄉試卽二十五年前賓興地有司進供給視舊減過半鄉人榮公而彌佩其清節也爲人厚重寡言笑臨大事能斷恤吏民若一體治公務若營其家愛士育才惟恐不及於世閒嗜好泊如也故皋復之夕賓哭於館吏哭於次士哭於塾民哭於途卒哭於伍僉以公中年奄逝未完其用世之志爲天下惜也平生治經尤邃於易能探荀虞之旨嘗謂後世知有漢學者賴李鼎祚集解存耳自建節鉞卽不攜眷屬之官公餘日閱注疏及徐氏經解出入一童抱畢牘自隨有得卽疏之嘗謂學者云學必求有用凡象緯方輿歷筭水利農政何一不當留心若詞章撰著抑末耳故自去翰林益講求經濟實學所著周易淺釋四卷皆卽卦變之說以求象而卽象

以明理每卦皆註明自某卦來謂之時來嘗曰彖多言象而變在其中爻多言變而象在其中不明時來不知卦之來處不求爻變不知卦之去處爻無所不包舊說概講入身心政治上去遺卻許多道理不若就淺處言之而深處亦可通也公點勘四十二家易解竭畢生之力以成此書力疾屬草尚闕乾坤二卦故所說爲六十二卦云又著有鼇峯講義四卷

彭芝庭尚書事略

公諱芑豐字翰文鄉舉時芝生庭中因自號芝庭江蘇長洲人祖定求康熙丙辰會試廷試俱第一官侍講學者稱南畇先生語在儒林傳父正乾考授州同知公幼承家學年十六補諸生雍正五年會試第一廷試卷列第三　世宗親拔第一授修撰大學士張文和奏彭某科名與乃祖同　上喜卽召入南書房充日講官知起居注七年充河南副考官入闈病作移宿於外氣垂絕恍見二童子自雲中下持采旗導還鄉至文星閣一老人持藥飲之遂蘇文星閣者南畇先生講學地也及至京　命遣醫診視　賜蔘藥九年春　世宗手

書極聯賜之尋遷中允乾隆三年擢侍講累遷左僉都御史提督浙江學政積三遷至刑部侍郎領學政如故父憂歸服除補吏部再督浙江學政就改兵部官滿還朝乞終母養母終逾年起署吏部侍郎明年補左侍郎遂遷左都御史二十八年晉兵部尚書充經筵講官越三年左調復爲兵部右侍郎又二年致仕歸歸九年　純皇帝東巡公朝行在復故階先後立朝垂四十年　國家有試士之典未嘗不在列凡校順天鄉試一校禮部試一主直省鄉試七督學政二經歷滇南中州江右山左浙東西所至皆稱得士公少逮事南昀先生受儒家言自入翰林刻苦如諸生鮮食寡欲畏遠權勢簡交游涖官以謹愼見稱不好激言畸行而介然時有所不爲所奏進經史講義皆切於治體其主試江西也還過江南之宿州宿方被水有司賑不以時飢民號訴滿道上公入奏其事章下督臣察治之學臣有詔事大吏以屬官門生自居者公又抗疏言之
上偉其論其督浙江學也還言利病四事其一曰餘杭南湖之水發源天目注苕溪下灌杭嘉湖三府今淤塞侵占者多古稱西湖之水溉田萬頃今淺狹

不稱舊聞會稽上虞慈溪諸水利多未修復旱潦無備非宜其一曰浙中收漕每石私加五六升及一二升不等宜禁其一曰浙省官水陸往來非奉使馳驛者皆例外自發驛傳多者役及千夫少亦不下六七百人騷擾實甚宜與限制其一曰温台諸府產鹽地例設巡鹽兵兵利賞輒按戶搜索或將數家食鹽併少報多誣民私販大不便章下所司皆議行其後二十餘年浙中督撫相繼得罪死州縣漕弊雜發益熟爛不可問其所以使然者漸矣公可謂識微者歟在刑部八閱月閱讞牘敬慎詳審有疑輒商諸僚屬秋審論情實以公言核改緩決者十餘人在兵部奏武職銓補遲速不均宜量與疏通奏奉使馳驛官有廩給口糧而夫役俱向驛站借雇慮開多索濫應之漸宜停例支改一馬三夫

上皆可其奏會同部蔣侍郎楙與史侍郎弈昂有隙蔣訐史於 上前且謂史嘗於衆中詆公引公爲證 上問公公對未聞 上疑有私降公侍郎逾年遂有休致之 旨先是公乞養歸爲奉母故闢園亭蓺花竹 上賜額曰慈竹春暉至是再歸林壑益幽邃花葯益茂公擁萬卷日哦其中每春秋

佳日出遊石湖寒山士女擁觀塞路嘗入京祝 高宗萬壽又明年恭祝
皇太后萬壽與香山九老會 賜杖圖形禁中兩次迎 鑾俱蒙 温諭
賜宴 命閱召試諸生卷最後 諭來京與明年千叟之宴主紫陽書院十五年所成就人才甚衆四十九年六月無疾而終年八十有四遺疏上會曹尚書亦卒 上謂廷臣曰彭啓豐曹秀先皆不得與千叟宴也惜哉公平生天真自然不知人世有機械事意有不可或時面折人然事過輒忘無少藏積以故賢士大夫多樂與之遊與劉文正嵇文恭交尤篤前後居喪皆盡禮終喪始復寢所居十泉街仍世通華子孫列官內外而門館蕭閴簾閣據几一燈諷卷如老諸生婚嫁徭役糧稅如平人家嘗語人曰吾爲秀才過徐達夫門時方及第立斗標心黜之及宦成歸再過之徐氏已易主矣後之視吾猶吾之視徐也得不懼哉公直內廷時 敕和 御製詩百數十首及告養歸復發詩百六十餘首 命和畢交巡撫奏進所著詩古文集三十卷具有家法其碑版文尤推重於世子紹謙舉人官曹州同知紹觀進士官侍讀學士紹升字尺木進士語在

楊勤慤公事略

國家漕東南之粟上輸　神倉聯鉅艦以載凡六千九百六十有九艘各有運丁丁所僱募舵工水手之屬不下數萬人艘入運河沿河左右待募牽纜之夫亦不下數萬人人衆事繁於是各直省並設衛所員弁領運以糾偷惰察奸慝而必以文武威風知大體可敬信之大臣總其事乾隆二十二年清江楊勤慤公以前禮部尚書奉　特旨轉兵部尚書授漕運總督公既視事諮訪利病爬羅剔抉與之革之與衆同欲慮運河阻滯時與河臣協謀疏濬以時蓄洩俾通達無窒　上嘉奬焉而公淡泊甯靜撫卹疲困運官不敢有私求在任十二年凡糧艘所過安靜不擾沿河居民往來行旅皆帖然二十三年十二月薨於位年六十有八　上聞震悼　賜祭葬如禮　特命予諡凡飾終之典罔不具嗚呼公之忠誠結　主知　聖天子之知人善任使可謂盛矣公諱錫紱字方來號蘭畹江西清江人也父英玉以名諸生授經講學鄉里宗之公幼即

端重若成人稍長肆力於學務求實用雍正五年進士初任吏部主事累遷郎中轉御史出爲廣東肇羅道乾隆二年遷廣西布政使六年就遷巡撫九年入爲禮部侍郎明年又出爲湖南巡撫十三年父憂去任十五年起刑部侍郎仍撫湖南十七年丁母憂十九年冬起左都御史明年署吏部尚書二十一年仍署湖南巡撫五月授禮部尚書其年冬又出署山東巡撫明年春遂總督漕運事二十三年晉太子少師二十八年加太子太保公少篤嗜宋儒書及在官試其所學學日以顯故所至皆有實政初任吏部時明習條例老吏不能欺高安朱文端公深器之其出而治外也清心寡欲正己率屬汲汲以興水利廣積貯敦學校宏教化爲事在肇羅道任歲巡視瀕海田修築圍基終公任無水患任廣西布政使條奏二事言革職佐雜官宜免追編俸州縣官不得以土產獻上官及還巡撫屢平土苗之變並勦捕黔省逆苗而審知猺獞苗民愚而嗜利其黠者動以挖窖書符煽惑聚衆嚴飭所屬勤緝捕絕其根株更令力行保甲法凡逆苗田產入官即令苗民承種收其租以資積貯借給貧苗既勦且撫苗民

咸化之屬吏或以人蔘饋者諱其名曰長生果公怒卻之以入告　上曰是
真不愧四知者矣湖南民健訟多習邪教公嚴懲禁之又以湖南產穀之鄉鄰
省皆賴接濟畜積尤宜加厚其溢額倉穀或調支協撥卽飭所司隨時買補而
長沙岳州常德澧州諸境濱臨洞庭沿湖田廬全資堤垸護衛例於每歲秋冬
督民修築然多視爲故事豪家蠹胥包攬侵扣工力不均公嚴飭有司辦治而
輕舟減從時巡視之察其勤惰予勸懲堤工既堅且厚瀰望屹立民以無虞公
凡三涖湖南父老歡迎如慈父母在山東時二十一州縣被水公奏請捐貸有
差減常平米糶價三之一以魚臺土城低窪請移置高處絕後患其政績之大
者如此其細者不勝書也公敭歷中外三十餘年凡所陳奏悉協大體而尤關
國計民生者在湖南日以各省水利久廢愚民不知遠慮數畝之塘往往倍
土爲田一遇旱乾卽他膏腴都成棄壤請飭各省督撫凡有陂塘處所嚴禁改
墾　上詔行之又以湖南每歲採木有司至苗地凡所有木輒籍記之而賤
價勒買運至江南私賣其贏餘請自後商木憑牙行採買不得官爲交易其在

苗地者州縣官爲審問聽民願賣者買之運過辰關按驗乃行著爲例其在漕運最久敷陳亦最多　上皆允行是以漕政肅清旗丁感公德建生祠河上公旣薨繼公任漕政者　上皆以遵公約束　命之所訂漕運全書雲門黃公署漕督時表上焉嗚呼公可謂不負所學者矣公爲人寛宏樂易待人恕而自守極嚴聲色貨利無所好而以人才爲性命偏長薄藝靡不記錄尤加意敦崇正學之士獎勸如不及居家孝友惇睦化其宗族鄉黨教子弟一以禮法論者謂近世名臣推朱文端楊文定蔡文勤若公者實三公之匹亞也所著自漕運全書外有四書講義節婦傳四知堂文集行於世

國朝先正事略卷十六

國朝先正事略卷十七

平江李元度次青纂

名臣

梁文莊公事略 子同書

乾隆二十有八年相國錢塘梁公以微疾薨於位遺疏未及上　高宗震悼

命皇五子臨其喪　贈太保入祀賢良祠　賜內庫白金千兩庀喪具公子

敦書守遵義乞改京秩侍養已調戶部郎中未即至　上念邸次乏人　命

內務府派司官經理其事部察卹典具奏　諭葬祭如例　予諡文莊入祠加

祭一壇啓殯日奉　恩旨所過沿途二十里內官弁並赴舟次弔奠遣人護送

公起自田閒受　兩朝不世之知遇回翔館閣出入禁闥洊歷卿宰以至延

登受策　恩禮哀榮冠絕寮寀初公直上書房得侍　高宗皇帝暨誠和兩

親王講讀以舊學受知自言嘗爲　高宗作擘窠大字適　憲皇帝駕至

諸臣鵠立以竢　憲皇帝命竟其書墨漬袍袖又　命　高宗曳之今藏

此衣三十年矣他時服以就木庶存殉志　君恩也至是如所言公諱詩正字
養仲號薌林先世自新里遷錢塘父文濂歲貢生選諸暨訓導不就公生五歲
始能言幼擅文譽與兄啓心有二難之目年三十始舉鄉試又五年以一甲三
名　賜進士及第授編修時雍正八年庚戌也未散館出典山東鄉試十一年
分校會試明年充日講起居注官上書房行走遷侍讀又明年晉侍講學士母
憂歸　詔賞藩庫銀五百兩治喪乾隆元年　諭曰向來翰林官丁憂有在京
修書之例梁詩正著來京在南書房行走　詔以素服入直照現任學士例給
俸兼直懋勤殿與顧侍講成天恭校　御製樂善堂全集　賜第南城三年補
侍讀學士充日講起居注官仍兼上書房行走十月典順天武鄉試晉內閣學
士充經筵講官四年遷刑部侍郎尋調戶部兄啓心成進士與館選五年夏公
父年七十　恩給二品封　賜御製五言詩幷　御書傳經介祉四字　賜之
六年條奏變通二款一八旗生齒日繁若不使自爲養而常欲官養之雖目前
尚可支持而數百年後旗戶十倍於今勢必不給宜令閑散人丁於黑龍江甯

古塔等處分置邊屯使世享耕牧之利以時講武且可充實駐防一綠旗增設兵丁較康熙年閒餉額多至五六百萬向來各營多空額自雍正元年徹底清查盡除此弊是近來兵額但依舊制亦較前有虛實之別況各省要地多滿兵駐防與各標營聲勢聯絡其增設之額可減者宜酌減不必遽行裁汰但遇有開除請卽停止募補疏入 上嘉納焉 命兼署吏部右侍郎七年兼 御書館行走八年正月 上御重華宮 召諸臣 賜宴聯句 勅公書以勒石七月扈 駕入盛京謁 祖陵 上升殿大宴 手賜巵酒時與者不過數人入山海關 上登澄海樓觀海獨 召張尚書照暨公聯句九年 命賜清勤堂額 車駕幸翰林院賦詩 賞賚公受 賜與尚書埒十一月 命選唐宋詩醇十年夏擢戶部尚書十三年春扈 駕東巡謁 孔林登泰岱 上以山徑險仄 諭公不必隨上沿嶺派侍衛分駐有交辦事遞傳上下尋 命閱會試迴避卷調兵部尚書明年金川報捷加太子少師暫管戶部尚書事 賜御書宣猷樞衡額尋兼掌院學士協辦大學士偕汪公由敦纂西清古

鑑十五年授吏部尚書協辦閣務如故教習庶吉士御史歐堪善奏公徇庇營
私各款　上召公及軍機大臣掌院學士吏部堂官及堪善等　親訊於勤
政殿事白不復置議會四川學政朱荃匿喪事聞　上召問奏對不稱　旨
罷掌院學士旋　賞公次子舉人敦書蔭生觀政工部公經歷四部遞長六官
所至能舉其職其佐司寇也曹司有通曉律例者虛己咨詢獄無疑義及筦中
樞　上以經略與大將軍向無區別　命公博考前典參酌今制自禡牙啓
行至凱旋告廟條上儀注載入會典及掌銓衡振淹滯抑躁進杜請託吏胥莫
敢玩弊在農部最久清釐錢法稽核奏銷精於心計者不及也十六年扈　蹕
南巡時父年八十　特晉一品封典給假留侍一月公奉太公迎　駕吳江
賜貂緞及　御製七言律詩　御書湖山養福四大字　賜公父台階愛日四
大字　賜公　命閱　召試諸生卷歲除　賜白金五百兩十七年陳情乞養
御書身依東壁圖書府家在西湖山水閑一聯慰之再請　温詔俞允　御
製詩寵行有翻祝歸朝晚卿家慶倍深之句又　賜公父如意人薓貂緞等物

且　諭曰二三年後南巡君臣復得相見矣　聖情肫篤不啻家人父子焉
家居二年　命與沈宗伯德潛合修西湖志纂二十二年　六飛重幸江浙公
赴淮陰迎　駕　賜在籍食俸會汪尚書由敦假歸省墓　命公代攝其事
賜御製詩又　賜萊衣畫永額　命閱上下江召試卷尋令歸侍養寄　御製
詩百八十餘首　命和進之明年丁憂時公兄啓心以毀卒百日後　特詔以
工部尚書召用請假數月畢葬事許之明年調署兵部　賞紫禁城騎馬　命
工部侍郎三和於澄懷園度地建屋俾就近直宿如初八月典順天鄉試二十
四年教習庶吉士服闋授兵部尚書署掌院學士二十六年還吏部尚書協辦
大學士兼掌院如故充經筵講官恭遇　皇太后七旬慶典撰擬　御製表
文恭上　徽號冊寶典禮隆重公與協辦大學士兆惠公主之周旋磬折從
容中度奉　懿旨賞賚有加明年典順天鄉試二十八年策拜東閣大學士仍
兼吏部尚書掌院學士　賜第內城加太子太傅十一月薨年六十有七公天
性孝友事二親色養備至自通籍以至爰立不傍門戶不矜巧捷以樸誠結

主知扈從　巡幸常在屬車豹尾閒大制作咸出公手總裁　國史文穎續文
獻通考各館體例多其所定巨製鴻裁折服羣彥屢閱　殿試朝考散館召試
卷必公必慎文章近南豐詩骨蒼秀有矢音集五卷書學柳誠懸繼參文趙晚
師顏李凡三變奉　命編秘殿珠林石渠寶笈益得縱觀　天府收儲經進時
獨蒙　睿賞屢勤堅珉性儉素衣必數澣自奉嗇於寒士貴郎墨吏不敢因緣
造請每下直雙扉晝掩門庭闃然嘗署所居爲味初齋示不忘舊也吏部內閣
翰林掌院皆京僚極清要地公兼領數年王尚書際華戲謂曰公可謂三清居
士矣裘尚書曰修笑曰兼以上書房南書房則五清也其爲同官所欽慕如此
四十四年　高宗御製懷舊詩列公五詞臣首子二長同書字山舟出嗣伯
兄乾隆十七年由舉人　特賜一體殿試選庶吉士累遷侍講以文章書法名
世引疾歸嘉慶十二年重赴鹿鳴宴　賞侍講學士銜年九十三卒敦書官至
工部右侍郎

雷翠庭副憲事略

公諱鋐字貫一一字翠庭福建甯化人少有志於聖賢見蔡文勤世遠所著學約篤好之遂從文勤學舉鄉試入都不投公卿一刺以陸平湖不敢見魏蔚州爲法方望溪侍郎嘗與文勤太息生才之難計數生平朋好如楊賓實陳滄洲後生中尚未見堅然可信其幾及者況在古人文勤曰吾門雷生乃後起之賓實也公乃出見望溪於文勤所文勤卽命受學於望溪望溪固辭而荅以儕輩之稱者凡四三年其後察公品峻而意誠始受之不辭朱文端軾聞公名不可得見乃就公於文勤寓舍與講易時人兩賢之而孫文定嘉淦亦禮先於公舉爲國子監學正雍正癸丑開性理試主者欲得公公謝不往是年成進士選庶吉士以大父母春秋高請急歸省乾隆六年丙辰 詔起公於家侍 皇子學賜第內城 特旨授編修丁巳充會試同考官以 御試前列受 賜充日講起居注官遷左諭德兼翰林院修撰同官余棟以 國卹入都有 旨留侍皇子讀余辭不許公言余某父喪未葬不宜在 皇子左右閣輔臣咎其辭爲好名使在廷皆避好名之嫌不求盡子道非細故也余得歸終制始公父就

養京師將以察公守官之志行又念文勤殁未知所學於望溪者何如也於其歸望溪爲文贈之亡何父卒公以憂歸服闋補原官遷右庶子再遷少詹事擢通政使當是時　上以言事者外沽直名實自規便利屢下　詔訓勅公謂二者雖諫臣不肯然朝廷樂聞讜言但當論其言之是非不必疑其計利并不必疑其好名言果可用采而納之諫臣之所得者名政事之所資者實也昔孔子稱舜曰隱惡揚善則知當舜之時言者亦不能有善而無惡也惟舜隱且揚之故書曰明四目達四聰又曰嘉言罔攸伏願　皇上以舜爲法任老成遠諛佞簡遊幸屏玩好得　旨嘉奬十二年　上將南巡公請　勅諸大吏省徭役敦樸素以便民時　上已有　旨宣諭矣以公言忠弗咈也尋乞假省母假滿　命以原官督浙江學政調江蘇改左副都御史仍調浙江教士敦實行去功利衡文取雅正一革舊習刻陸清獻及張楊園先生年譜以風示學者公爲政甚嚴而州縣吏亦無敢踰法虐士有勤厲揑報劣生者其人已擢守道公特劾之因疏言舉報優劣當責成府縣官定以處分又言太學貢士宜先老

成通經學者會秋大饑有司以例不敢請公密言狀　特旨賑之民困以蘇以母年八十乞歸侍養四年旣葬未終喪而公卒年六十有四乾隆二十五年十月也公平居雍雍以和不見喜慍之色至臨大節則嶄然不可奪在　朝遇重臣無加禮退接故交如布衣時造次必於禮法而簡亶安舒見者氣爲之斂初入仕籍大臣爭相引重公岌然中立無少依附獨以忠懇結　主知每進經史講義必詳晰義利開設端委以根極於治要　上嘉納焉二十三年　高宗南巡　御書堂額爲太夫人壽兼　賜文綺豐貂蓋公純孝　上知之故體恤尤至而公臨沒具遺表亦言臣爲子之事粗具而爲臣之志未伸此臣目終難瞑者也公之學以躬行爲主以仁爲歸以敬義爲堂戶其生平出處張弛語默按之無不合於道者至小事皆可爲法爲文章簡要沖夷有古作者風居嘗謂國家根本在人才故聞一藝片善必加搜討所交多巖穴奇士其奉使出京布衣李鍇朱𪸩送別舟次鍇號豸青山人家世勳舊爲太傅索額圖介壻隱於盤山閉關絶人事與𪸩俱守道自重不妄見人惟公能得之在蘇善陳黃中

在浙江每有造訪或邑人未曉名姓相視驚訝不測公何以知之也生平學宗程朱而於象山陽明辨之甚力嘗謂孔子性相近之言實萬世言性之宗旨孟子所謂性善正相近之實際相近者善之相近也以萬物爲一體者堯舜之仁也今人乍見孺子入井而怵惕惻隱可謂不與堯舜之仁相近乎故曰性善也擴而充之人皆可以爲堯舜也必待擴充之力者氣質有不同也孟子言性與孔子無二旨也又曰道心即性也人心之正者道心爲之主即性宰乎氣也人心之偏者道心之有蔽即性汩於氣而失焉者也非道心爲一心人心又爲一心也如飲食男女之欲人心也而道存焉知道存即道心也知其爲道而肆焉則危者愈危微者愈微矣故必道心爲主而人心聽命也所著經笥堂集自耻錄讀書偶記校士偶存聞見偶錄共若干卷

陳文肅公事略

公諱大受字占咸號可齋湖南祁陽人父綵好施與屢出粟賑饑夢神授緋衣兒遂生公兒時行仆市中逸馬羣至止焉人以爲異性沈敏強記初授內則即

退習其儀既長家益貧躬耕山麓同舍漁者每夜出捕魚公爲候門讀書不輟雍正七年以拔貢舉順天鄉試十一年成進士選庶吉士乾隆元年授編修二年　上御乾清宮親試翰詹諸臣日午　御座以待公章最先成奏焉上喜列第一遷侍讀累擢左庶子侍讀學士晉少詹事三年遷內閣學士典試浙江四年授吏部右侍郎充經筵講官三禮館副總裁尋授安徽巡撫初視事剖決疑案老吏駭其精敏廬鳳潁等府素稱盜藪地方吏多諱匿或事主隱忍不報致蠹役表裏爲奸公抵任後勒限嚴緝一月中獲盜五十人得　旨褒美會淮南北洊饑發倉穀賑之穀且盡乃令於麥熟地買麥又分糴於江廣且發且儲六年壽宿水無麥乃食民以所買糴者時連歲饑民多竊米麥以食有司以盜論公哀其情奏原六十餘人高阜斜坡不宜稻麥前總督郝公玉麟攜閩產旱稻一種曰畬粟性宜燥無煩浸灌公教民試種有秋因遣購數十石分給各屬化無用之田爲有用事聞　手敕報曰諸凡如此留心甚慰朕懷虞山陳進士祖范邃經學公延主敬敷書院且疏薦得　旨加司業銜異數也是年調

撫江蘇常鎮太水災公糶倉穀疏溝渠築圩岸修廬舍殣餓莩請緩今年徵水
退恐遺蝗種乃募民先冬掘之官爲收買疏入　上嘉奬傳諭直隸總督高
公斌照所奏辦理七年淮海徐下田積水不可以麥民有草食者公按口各假
二月糧　上命截江廣漕米七萬石賑之句容之黄堰壩灌田八千畝郭西
塘灌數百頃歲久盡淤乃貸社穀俾民以工就食水利復而民不飢秋河決古
溝再決石林高寶與泰徐州罹其患公疏聞　上命截漕米協濟銀穀至數
百萬乃多備空船候米至則分載之舳艫數百里一日而徧先是丹陽運河口
藉潮水灌輸淤沙每需疏濬至是公奏定六年大修每年小修其後　高宗
南巡　御製反李白丁都護歌有豈無疏濬方天工在人補輪年大小修來往
通商賈之句蓋嘉公奏定歲修法利於漕運也十年奉　恩旨普蠲明年天下
錢糧公疏陳江蘇蠲糧三事一核準漕項科則曉諭周知一彙造地丁耗羨同
漕項并完一酌定業戸減租分數通飭遵行得　旨嘉奬時戸部議禁商囤公
以謂商人貯米得少利卽散貯不過一歲民且利焉請弛禁便又言城上核減

意在節用用省而工惡再修且倍之城郭爲千百年計不宜求節省目前
上皆韙之十一年加太子少保時淮海徐屬被水災者十七公行縣至海沭見
食蒿實者取嘗之苦澀甚乃趣散粟借以種蘇揚俗尚侈靡公力禁習尚爲一
變蠲牛稅及漁鰕稅以惠貧民廣置義學劃俸佽助廣仁育嬰普濟三堂置產
以經久遠九月調福建巡撫疏言近海商民例許往暹羅造船飯米但內渡時
若有船無米者應倍稅示罰部議從之故事巡臺御史出巡南北路派所屬縣
輪備夫輿廚傳犒賞之用又濫準詞訟致奸民挂名胥役生事厲民公奏劾之
勅自乾隆五年以後巡臺御史均交部嚴議又疏言臺屬番民生業艱難向
漢民重息稱貸子女田產每被盤折請撥臺穀六萬石分貯諸彰淡水等屬照
鳳山例接濟其不願借者聽　上報可閩人與番雜處土音非譯不通有奸
民殺人賄通事移坐番罪公疑之再鞫竟得白十月授兵部尚書十三年春
上東巡公覲　行在召問東土饑饉情事公以所見對即　命於行營前議
賑事還朝典會試轉吏部尚書協辦大學士充軍機大臣經筵講官教習庶吉

士兼直　上諭處時金川用兵　上憂勤方略軍書如織雖深夜必達　覽
公日數被　召對夜宿直廬凡樞密重事皆與焉出入見星以爲常歸則積帙
數寸刻燭披覽無留牘十四年金川平晉太子太保加軍功三級　賜御書熙
績艮謨額秋署直隸總督積勞成疾　上數遣醫存問　賜湯藥十五年春
授兩廣總督　陛辭請　訓　上曰汝直樞廷兩載萬幾之事皆所目擊即
朕訓也何贅辭惟中外一心足矣尋　命協理粵海關務兩粵去京師遠吏媮
民嚨公以猛易之舉劾不法吏無虛月風俗丕變初總督碩色與巡撫岳濬在
粵東互相牴牾至是調雲貴督撫公疏言雲貴極邊重任二臣恐不能和衷請
切加訓飭　上韙其言十六年請裁廣東肇高學政從之疏言海康遂溪等
縣堤遇坍塌應搶修刻不容緩若必待詳估事已無及不若令民隨時自修遇
重工另奏官辦報聞八月以病乞解任　温詔慰留未幾薨年五十遺疏入
諭稱其才品優長精明勤慎　命入祀賢良祠以獎賢勞予三代封誥廕一子
賜祭二壇諡文肅公器宇端嚴每正視眉目皆上起豐髯有威　朝廷倚爲

重臣清節見推海內微時極貧父母生母皆不及養故雖貴愈自刻苦儉約如布衣時事長兄盡恭能曲承其意與人既合則不愛其力而於親故尤甚性坦夷無城府不爲矯激之行亦不洩洩隨俗嘗及方侍郎之門望溪集中多與公往還尺牘所言皆吏疵民瘼深以湯文正期公謂足繼其武公嘗言歷事多而利害明則受病即在此望溪嘆爲名論謂可爲庸庸者之藥石云子輝祖由任子累官廣西湖北河南巡撫擢浙閩總督兼管浙江巡撫事坐籍沒王亶望任所貲財以銀易金且隱匿玉器逮問　賜自盡

舒文襄公事略

乾隆四十二年正月　孝聖憲皇后崩四月　純皇帝奉　梓宮安葬泰東陵大學士舒公扈蹕行十九日抵良格莊遘疾　命御醫胗治越二日薨

上震悼諭稱公老成端重練達有爲宣力中外四十餘年實爲國家得力大臣　命賞陀羅經被遣額駙公福隆安帶領侍衛十人往奠爵　特贈太保賜祀賢良祠　車駕還京復　親臨奠醊　御製詩輓之尋　賜祭葬　予

謚文襄時長子舒常以參贊大臣征金川事蕆留鎮西蜀及是　命馳驛回京治喪哀榮之備朝列所希有也公諱舒赫德字伯容別字明亭姓舒穆魯氏滿洲正白旗人祖諱徐元夢卽文定公也父諱席格由副榜官員外郞公由筆帖式授內閣中書入直南書房隨閣臣預機務遷內閣侍讀晉御史乾隆二年擢侍讀學士明年由副都御史擢兵部侍郞協辦步軍統領四年　上以盛京爲國家根本地游民聚處日繁非便　命公偕將軍暨五部侍郞議奏請禁海口毋許山東游民私渡先來者編戶籍歸有司約束向例民人墾荒地十年乃陞科而旗人限以三年輕重失序請更其例從之十三年遷都統兼署兵部侍郞　命爲軍機大臣擢兵部尚書調戶部管三庫事尋　命同大學士經略傅公征金川參贊軍務明年春金川納款加太子太保　御書均式宣猷四字賜之　命由川入滇勘視金沙江形勢籌銅運又　命歸途校閱湖南北營伍又明年　命視浙江海塘工程十六年從　幸江浙十七年河決馬路口　上命公同劉公統勳策楞公往治之堵決口卹災黎月餘工竟　上嘉之先是

準噶爾有綽羅斯都爾伯特和碩特土爾扈特名曰四衞拉特其輝特部附於
都爾伯特厥後土爾扈特竄入俄羅斯乃以輝特補之傳至噶爾丹跳踉犯塞
聖祖三臨朔漠平定之噶爾丹策淩當雍正中遣使經界其地始奉約束
及喇嘛達爾扎戕其酋自立所屬散亂而輝特台吉阿睦爾撒納爲達瓦齊晝
計假哈薩克兵襲喇嘛達爾扎殺之達瓦齊自立爲汗阿睦爾撒納遂率所屬
及都爾伯特台吉策淩敂關求內附且籲借兵以定準噶爾地　上先命公
廉之得其狀而返至是　命公馳往經理公以阿睦爾撒納新附難信請弗與
兵而移其妻子就食歸化城　上以請兵不與是疑其貳也移妻子是以爲
質也軍營兵力未齊兩部降衆不下數萬疑而有變事將不可問所辦非是落
公職以閒散在參贊上行走十七年哈達哈帥師進發公奉　命留烏里雅蘇
臺偕侍郎兆惠公籌備糧餉駝馬事宜是歲伊犂平分準噶爾地令四衞拉特
各自爲汗駐將軍於伊犂統兵鎮撫之而召各汗入京師赴宴阿睦爾撒納旣
不得爲總汗且以將入京疑懼因煽其衆中道叛走時其妻子尚在烏里雅蘇

臺公聞信偕兆公馳往收送京師二十一年噶爾喀台吉青衮雜卜叛臺站中梗會有察哈爾兵數百方以送羊至公留之分布各站軍報乃通又以所獲馬數百羊萬餘冒險阻運赴軍前比至額爾齊斯河哈公兵已絕糧四日矣未幾詔公入覲授都統任參贊大臣明年春同將軍成衮札布等進兵回部適所收之準噶爾夷人沙拉斯等叛副都統鄂實陣亡公坐是復削籍以兵丁効力贖罪尋與兆公取阿克蘇下烏什得 旨命公駐阿克蘇經理回人屯種而兆公等以是冬進取葉爾羌賊度官軍深入無繼悉衆困我師阿克蘇烏什均一日數驚回人玉素富者自其祖時內附封公爵久居哈密者也時隨征在阿克蘇公廉其可信屬以安輯烏什回人而自駐阿克蘇鎮之衆心大定會 上先遣滿洲蒙古兵四千爲協防伊犂之用公檄令速赴阿克蘇十一月兵至者二千有奇公率以先道險遠馬斃往往步行二十三年正月將抵葉爾羌回酋大小和卓木逆戰公督兵奮擊凡八晝夜賊敗遁乃與兆公軍合事聞授副都統尋授吏部侍郎晉工部尚書及都統明年回部平予雲騎尉世職繪象紫光

閣　上親製贊又明年　命公駐回城定設官授祿賦稅土田之制二十六年還朝調刑部尚書兼都統如故兼管三庫事二十七年　上南巡命留京總理事務後以爲常尋充經筵講官兼管工部尚書加太子太保管戶部事二十八年　命偕裘公曰修赴閩察訊海關陋規還署步軍統領充國史總裁三十一年春暫署陝甘總督還朝兼署戶部尚書三十三年因緬甸不靖　命以參贊大臣往雲南坐陳奏錯謬奪職以副都統銜赴烏什總理回疆事務三十六年夏土爾扈特來歸初土爾扈特汗阿玉奇投入俄羅斯居額濟勒河及阿玉奇曾孫渥巴錫以俄羅斯蔑佛教又苦征調遂挈所部以來衆十餘萬羣言汹汹謂有詭計　上慮伊犂將軍伊勒圖一人不能經理　命公往相度公力白其無他　上嘉之額濟勒距伊犂萬有餘里渥巴錫行八閱月始抵伊犂界飢疲疾疫道殣相望公隨宜措置全活者衆先令渥巴錫及其台吉入覲而分居部落於齊爾吉爾哈朗諸地又請借給駝馬牛羊數萬俾其字息又撥地給籽種命屯兵教之耕植於是土爾扈特部咸安其生自以爲歸　天朝晚

也已而俄羅斯邊吏俠使問故公面折之其人悚息去　詔授公伊犂將軍尋授戶部尚書領侍衛內大臣二十七年拜武英殿大學士兼刑部尚書國史四庫等館總裁官又總理吏部兼管戶部三庫仍充經筵講官掌翰林院事兼日講起居注官會山東壽張賊王倫以邪教倡亂　詔公出視師至則破臨清盡殲逆黨倫自燔死凡六日賊平降　旨褒敘授　御前大臣四十一年定西將軍阿桂公平金川　上以公運籌帷幄有功依平定準噶爾回部故事圖前後功臣各五十人公列第四公子舒常第十論者謂自古雲臺凌煙未有一人再圖象者至父子並列尤曠古所無當是時　天子稽古右文徵天下秘書條爲四庫藏弆文淵閣　命公領閣事世以是爲榮之公夙夜在公不事家人產宅心誠愨事敏盤根錯節世人望而氣沮公獨紆回籌畫宏濟艱難而在準回二部久厭功尤偉其領閣部也甄綜庶政必躬必親使百執事震動恪恭不稍卽叢脞生平孝友敦篤矣行不勝書書其關於軍國之大者薨年六十有八

舒常後官至尚書

劉文定公事略 子躍雲

國朝兩舉博學鴻詞科得人最盛康熙己未中選者五十人 聖祖親拔海鹽彭公孫遹爲第一乾隆丙辰中選者十五人補試得四人 高宗親拔武進劉公綸爲第一彭公由進士官中書應 召試授編修歷官侍郎劉公由廩生應 詔授編修以文章學問應期發聞受 上知遇未三十年遂參大政又八年而真拜又二年而薨其發跡爲尤奇而其相業亦獨著公字眘涵號繩庵少雋穎六歲能綴文稍長學爲古文辭不怵世非既入翰林益踔厲自力乾隆五年遷侍講充日講起居注官典陝西鄉試進太常少卿由左右通政太僕卿三遷至大理卿授內閣學士十二年 命修詞林典故從 幸木蘭即獵所奏秋郊大獵哨鹿賦二篇 上嘉其才由是滋欲嚮用公十三年典武會試明年以署兵部侍郎入直南書房歷充續文獻通考及 國史方略詩經各館副總裁再遷禮工二部侍郎直軍機處出入帷帳列於近臣流民出塞耕土默特地貝子某不按原議年限欲盡毆民還而歸其地 上命出按公議緩其

期俾民輸作受傭不奪不爭旗民輯和十六年父憂歸服除補戶部侍郎兼順天尹故事順天府公牘治中通判不署名皆宂放自廢公請以錢穀屬治中獄訟屬通判先署牘而呈尹以可否之　王師西征準噶爾將發役車供偫壹切辦治事竟無一人譁於道者充經筵講官卽其部爲左侍郎會浙江按察使富勒渾劾奏巡撫鄂樂舜授意布政使同德勒派商銀　詔公往浙與總督尹文端會訊覆奏鄂樂舜受銀屬實論絞候同德未知情富勒渾誣劾論杖流

上以富勒渾所參重款已實不應議罪責公等失當部議落職得　旨留任尋擢左都御史二十五年典順天鄉試　命偕侍郎伊祿順赴西路勘將軍嵩阿禮剋兵糧勒餽送等款得實論如律還遷兵部尚書教習庶吉士　賜紫禁城騎馬二十八年以戶部尚書協辦大學士加太子太保兼署刑部尚書三十年母憂歸甫除喪　詔以吏部尚書起公仍贊閣務充經筵講官公爬疏抉剔綜覈名實奏定考試書吏法規條畫然三十四年典禮部試明年典順天鄉試當是時天下皆望公爲鉅人長德　天子亦習知公忠勤可倚任三十六年二

月策拜文淵閣大學士兼工部尙書充　國史館總裁明年典禮部試三十八年春公疾猶強起視事　上命公少休遣太醫就視使者存問載道　賜人葠和劑以進六月薨於　賜第年六十有三　高宗方駐蹕熱河　優旨悼恤稱公品行端醇學問博雅　詔皇十二子臨其喪賻以千金　贈太子太傅入祀賢良祠　賜祭葬如典禮諡文定公性至孝親喪三年不御酒肉號而行日踔數十里營高燥以葬手樹檟表之少游尹文端幕府得其指授通籍後汪文端尤重其度在政府十載與劉文正相得甚有南劉北劉之稱器量凝重不見有喜慍色出入殿門進止有恆處　上前所聞語久益無所遺忘亦未嘗一出口也自工部侍郎歸買宅僅數楹自後二十年未嘗益一椽半甓衣履極垢敝不改作而盛服以朝曰吾不敢褻朝章也食於廚者數百指室無儲餘王侍郎昶爲樞曹時嘗以要事繕疏槀夜半詣公公起爇燭操筆點定時仲冬寒甚公呼三子具酒脯而廚傳已空僅得白棗十數枚侑酒其清儉類此居海淀　賜園每退朝寂不聞聲同人覘之則方飯脫粟已手一編兀坐器具犓略蕭

然如布衣時屢典鄉會試其他考校以十數所等第士皆有名於時嘗言衡文始難在取繼難在去較量分寸每至夜分或勸節勞公曰文之佳兄弟也一去取閎於我甚易獨不爲士子計乎公素博雅應詞科時年裁二十有六　廷試賦題爲五六天地之中合諸徵士不解所出多瞠目縮手公獨揮翰如飛張文和公故睨公卷對衆朗吟始共得題解沈君歸愚亦在試出語人曰吾輩頭顱如許乃不如一少年愧死矣公爲文章浸淫六朝而根抵漢魏千變萬診涵於一源於詩獨喜高青邱謂能入唐人門閫所著繩庵內外集二十四卷次子躍雲字青垣乾隆丙戌一甲三名進士授編修官至禮部侍郎年七十告歸公父子相繼服官於朝至七十年之久家無一畝之宮半頃之田可以見其家法矣孫逢祿字申甫嘉慶甲戌進士官主事推衍經學著書數百卷尤精於春秋毛詩聲韻之學著有劉禮部集

秦文恭公事略

太子太保尚書秦公以經術篤行知名海內起家詞館位正卿所著五禮通考

體大思精囊括萬有能竟朱子未竟之志爲門類七十有五爲卷二百六十有
二殫思三十有八年藁三四易而後定自言平生精力盡於是書乾隆二十九
年四月以疾請解任　温旨不許八月復具疏乞回籍調治　詔允所請仍懸
缺以待公既受　命買舟南下疾遂革以九月九日薨於滄州訃聞　天子
愴惻　賜白金千兩庀喪具命有司議卹　諭祭葬如制謚曰文恭明年　車
駕南巡至無錫　幸寄暢園　御製詩有養痾旋里人何在撫景愀然是此閒
之句寄暢園者公家別業也　上追念舊臣形於翰墨如此益可以見公之
爲人矣公諱蕙田字樹峯號味經宋學士覯二十六世孫世居無錫雍正初析
置金匱縣遂爲金匱人祖孫齡順治乙未進士官左諭德父易然府學生本生
父道然康熙己丑進士官編修改給事中公以乾隆元年　賜進士第三人及
第授編修入直南書房七年入直上書房尋遷侍講進右庶子改右通政擢内
閣學士遷禮部右侍郎十二年丁本生父憂十三年奉　旨秦蕙田服制將滿
可仍以禮部侍郎用逾年調刑部侍郎兼理國子監算學充經筵講官二十二

年擢工部尚書兼理樂部明年調刑部尚書仍兼管工部事尋加太子太保二
十五年洎二十八年兩典會試公至性過人方未遇時本生父以藩邸事牽連
訟繫十餘年閉檻車南北炎雨酸風與吏卒雜馳公隨侍膝下百方營護既通
籍　朝廷赦書屢下給諫公猶不得援例寬釋公伏　闕陳情乞以身贖其略
云臣本生父某身罹重罪已荷　天恩曲宥祇因催追銀兩力不能完仍行圈
禁迄今九載年已八十衰朽不堪本年五六月內侵染暑溼瘧癘時作寒熱交
攻奄奄一息幾至瘐斃羈所臣雖備員禁近而還顧臣父老病拘幽既無完解
之期更無久存之望方寸昏迷不能自主誠不忍昧心竊祿內慚名教伏惟
皇上矜慎庶獄有一綫可原者槩予寬釋當此　聖明孝治之朝更逢薄海
祝網之日惟有籲懇　鴻慈格外鑒宥丐臣父八旬垂死之年得終老牖下臣
願革去職銜效力行走以贖父罪疏入　天語嘉歎遂有寬釋之　詔其未完
銀並豁免由是給諫公優游林下者又十年時與桐城方恪敏公並稱二孝蓋
恪敏每歲徒步省其父於戍所也公既得請感泣誓以身許國　上亦鑒公

忠孝有意大用公矣公任學士時陳科舉學校六則在禮部奉　命校閱禮書時方修會典　天子以聖人之德制作禮樂百度聿新公職業攸司考究益精博在工部疏言工程難易不同司員每意存趨避請用刑部掣簽均派例從之在刑部執法平允尤爲　上所倚重同僚或持異議公援引律例必申其說乃已遇僚屬嚬笑不苟其賢者薦達之不遺餘力衆莫不憚其嚴而服其公也公歿後部臣讞獄偶失當　上輒舉公名歎息不置以是知公之盡心職守矣公立朝三十年治事勤敏剛介自守不曲意徇物公退杜門著書不異爲諸生時後進有通今嗜古者延攬恐後蓋天性然也少從給諫公京邸何義門王篛林徐壇長諸先生咸折輩行與交中歲居里門與蔡學正宸錫吳主事大年吳學士尊彝爲讀經會於禮經之文如郊祀明堂宗廟禘嘗饗宴朝會冠昏賓祭宮室衣服器用等類隨舉一義輒集百家之說而諦審之問難辨答筆之箋釋於是者十餘年及佐秩宗考古今禮制因革以爲禮自秦火後漢儒抱殘守缺廑存什一朱子嘗有志編次朝廷公卿大夫士民禮盡漢晉以下諸儒之

說考訂辨正以爲當代之典而所撰儀禮經傳通解體例未備喪祭禮又續自勉齋黃氏信齋楊氏未爲完書迺本崑山徐氏讀禮通考義例按吉凶軍賓嘉之目取向所考定者增輯排纂有五禮通考之作方恪敏公見而好之與同參訂先經後史分門辨類以樂律附於吉禮宗廟制度之後以天文推步句股割圜立觀象授時題統之以古今郡邑山川地名立體國經野題統之並載入嘉禮中凡先儒聚訟之說一一疏通解駁上探古人制作之原下不違當代之法可以坐言起行自恪敏外與參校者爲德州盧雅雨元和宋慤庭青浦王述庵嘉定錢曉徵王西莊休甯戴東原皆當世通儒也乾隆初江陰楊文定公領國子監事薦公篤志經術可佐教成均旣而直 內廷課 皇子講讀益以經術爲後學宗嘗言儒者舍經以談道非道也離經以求學非學也故以窮經爲主而不居講學之名所著味經窩文集說經之文居其大半少喜談易謂易者象也先儒詳於言理略於言象爰撰周易象義日箋若干卷又謂詩三百篇古人皆被之管絃漢魏以降始失其傳然天籟之發今猶古也因欲以今曲歌古詩

庶協詩樂合一之旨又奏詩刊正韻書　上命公與武進劉文定公任其事公建議古韻二百六部今併爲一百七韻如元與魂痕當析爲二殷韻宜併入真韻不當入文韻上聲拯韻去聲證韻宜分出各自爲韻又考定四聲表兼采崑山顧氏婺源江氏之說欲通古音於等韻時公已遘疾猶往復辨論不休也公之著述其大者如此他若河渠律算下及醫方堪輿星命家言皆泝流窮源有體有用梁文莊嘗云樹峯如鷹隼橫空飛而食肉其爲時賢推服如此卒年六十有三長子泰鈞乾隆甲戌進士官編修

蔡文恭公事略

公諱新字次明號葛山福建漳浦人贈尚書太傅文勤公世遠從子也幼秉家學言動必以禮法乾隆元年進士選庶吉士授編修九年充江西副考官十年入直上書房考御史第一辭改侍講十一年督學河南任滿仍直上書房十七年典江西鄉試擢侍講學士日講起居注官未幾遷內閣學士再晉工部右侍郎調刑部十八年乞假省母　上許之　賜其母貂皮大緞假滿仍供職遂

陳請終養時太夫人年未八十且非獨子格於例而 上俞其請異數也是年冬里居 命爲上書房總師傅疏辭乞留養 諭之曰並非令汝卽來供職原待後日之至也二十五年祝 高宗五旬萬壽入都 御書旌其母明年春 駕幸江浙公朝 行在 諭曰卿母年逾八旬宜早歸二十九年丁母憂喪葬皆行古禮三十一年補刑部侍郎視學直隸逾年除工部尚書兼署刑部三十四年攝兵部尚書兼領國子監公所居官房火陳請賠修 特旨免三十八年調禮部尚書充四庫館總裁 賜紫禁城騎馬 賞澄懷園官房四十一年再攝兵部尚書是歲公年七十 御書武庫耆英及冠服諸珍以 賜四十四年四十五年兩典順天鄉試轉吏部尚書協辦大學士四十六年乞假修墓得 旨俞允 賜以詩四十八年 上以公究心洛閩諸書爲根柢之學錄寄 御製君子小人論雲上於天解濮議辨令閱覆還朝覲熱河 行在上賜以詩有年老君臣似友朋之句六月拜文華殿大學士兼吏部尚書 賜額曰黃扉宿彥四十九年典會試前後充殿試讀卷官凡七次 賜公長子本

淑主事賚元狐端罩五十年正月與千叟宴　賜如意壽杖諸珍物二月
上臨雍講學公以大學士兼管國子監坐講天行健君子以自強不息二句
賜茶及文綺先是　御製三老五更說糾蔡邕獨斷父事兄事班固白虎通老
更各一人之謬至是　御製臨新建辟雍詩中有云蔡新或備伯兄行註曰若
今羣臣中孰可當三老五更之席者獨大學士蔡新長予四歲或可居兄事之
列然恐其局趣勿敢當舉王導對晉元帝之語耳三月公乞致仕疏再上　詔
曰大學士蔡新老成端謹品學兼優茲以衰疾奏請解職情詞懇切覽奏深眷
於懷第念其年近八旬閩籍距京路遠不忍重拂其意勉從所請以原官致仕
晉加太子太師親製詩章以寵其行仍於朕巡幸熱河啓鑾送駕後始行馳驛
回籍五月　賜御書金箋如意諸珍物三次　製詩送行有不忍言留合令歸
及歸言別又依依之句公抵閩疏謝復　賜御製詩其後屢寄　御製文命公
閱　諭之曰在朝竟無可與言古文者故寄卿閱不可阿好徒贊頌也五十五
年詣闕祝　釐賜宴同樂園　賜詩有曰八旬幸我猶身健九望憐卿會膝前

賞人薓一斤　命沿途有地治者備安輿護歸次年復寄　示詩文　賞御製
珪瑁說搢圭說墨刻二卷　御製反蘇軾超然臺記說一篇　諭以發看近作
詩文以驗學詣不必和韻可也自時厥後凡遇　睿製必寄　示公內府書籍
石刻及畫卷文房諸珍品在廷臣所得邀賞者靡不便蕃　賜賚焉五十七年
壬子鄉試公重赴鹿鳴宴有　旨賞賚六十年恭遇　高宗皇帝御極周甲
慶期　諭公年近九十不必前來公奏庚申歲爲　上九旬萬壽届時詣闕
再祝奉　手勅字字出於至誠我君臣共勉之若　天恩得符所願實佳話
也嘉慶元年公壽九十　御書綠野恆春額並壽佛如意蟒緞諸珍物　賜之
諭樞臣向公齎摺家人問近狀　賜本俊內閣中書以端節伊邇　賞紗扇
香錠節物用示眷注是年　發和詩章凡三四往覆至臘盡又寄　示新作數
種四年聞　高宗哀詔具劄奏慰奉　御批具見忱悃公北上至福州巡撫
汪志伊奏蔡新奉　太上皇帝遺詔卽由漳浦啓行抵省頗覺委頓步履尤
難勸其暫歸安養俟秋涼時護送入都　温詔止其行尋　賜本俊一體殿試

以主事用是年十二月公薨於里第年九十有三訃聞　仁宗諭曰原任大學士蔡新久任綸扉恪恭奉職而在上書房行走最久朕及諸昆弟俱經授讀懋著愼勤可晉贈太傅著巡撫汪志伊往代朕奠酒其子四人及孫行達著汪志伊遴送二人引見尋　賜祭葬　予諡文恭六年孫行達　賜一體殿試選庶吉士八年入祀鄉賢祠公之學以求仁爲宗以孟子不動心爲指歸嘗苦此心難治因集先儒言操心養心存心求放心之法彙爲一冊曰事心錄終身體味之其端和恭謹蓋得諸文勤公之教爲多直上書房四十一年其培養啓迪於根本之地者至深且久諸　皇子孫曾對公之容莫不肅然藹然敬信悅服公亦知無不言而純樸和易使人意融所進呈經解本末燦然於敬肆欺慊及盈虛消息所由來治亂安危所由判莫不悚切言之不徒守經師舊談也家居遇巡尉執禮必恭或問之公曰欲使鄉人知位至宰相亦必敬父母官知父母官當敬庶常存不敢之心而犯法者或鮮卽此一端可想其行己之恭矣著有緝齋詩文集

曹文恪公事略　李恭毅公湖　彭文勤公元瑞

曹公秀先字冰持號地山江西新建人生之夕贈公夢遊廬山開先寺睹秀峯頂採紫芝以歸故合開先秀峯以爲名小字紫芝有異稟讀書目數行下七歲學爲文日可搆時藝十餘首十二歲患目疾失明贈公憂甚有道人詣門以手摩之曰可治約翼日持藥來已而竟不至目忽明十三歲巡撫王公企埥課士拔公第一手題繡虎鴻文字贈之明年補弟子員逾冠充拔貢生中副榜入都受知於高安朱文端公及臨川李侍郎舉雍正十年順天鄉試十三年考取內閣中書　詔開博學鴻詞科臨川以公名列薦乾隆元年成進士出高安之門選庶吉士遂未與詞科試尋授編修恭纂　世宗實錄兼經史館校勘六年丁父憂服闋補原官充山東副考官十年改御史尋請假歸十七年補原官明年近畿蝗公疏請　御製祭文頒發有蝗郡縣謄黃祭告并稽古典舉行蜡祭飭有司籌款捕蝗勿假手胥吏　手勅曰蝗蝻害稼惟當實力撲滅此人事所當盡至於祈神報賽禮亦宜之若欲假文詞以期感格如唐韓愈之祭鱷魚其

鱷魚之遠徙與否究亦無可稽未必非好事者附會其說朕非有泰山北斗之
文筆似此好名無實之舉深所弗取所請不必行餘著議奏十九年遷給事中
二十一年丁母憂二十五年補給事中巡視南城二十七年擢鴻臚少卿明年
遷光祿少卿尋遷通政司參議三十年擢祭酒典試浙江尋督江蘇學政三十
二年擢內閣學士三十三年遷工部右侍郎留學政任三十四年　命赴浙江
讞獄還朝充經筵講官明年調戶部右侍郎尋調吏部右侍郎典試江南又明
年扈　駕東巡遣往南皮祭尹吉甫墓請　御製詩表其墓　許之即　命公
恭和尋　命祭告東嶽及少昊金天氏諸陵暨闕里是年典會試恭值　皇
太后八旬萬壽夫人劉氏係六十以上齊眉命婦　賜大紅緞二端同時受
賜者惟冢宰程公景伊之夫人金氏大宗伯蔡公新之夫人何氏海內榮之三
十八年充四庫館副總裁三十九年進所輯　山莊正雅集　御製詩賜之即
以爲序且　命公恭和所進表文　命刊列卷首是年典順天鄉試晉禮部尚
書　賜紫禁城騎馬四十二年　命充上書房總師傅侍　皇八子講席　賜

寓澄懷園四十四年夏扈　蹕熱河疏請建承德府學頒發書籍從之四十
五年典會試得汪如洋爲選首廷對復第一公前後典文衡皆得士校閱必詳
盡人服其公明四十九年七月薨於位年七十有七　詔曰禮部尚書曹秀先
學問優長奉職勤謹可贈太子太傅應得卹典下所司議奏尋　賜祭葬　予
諡文恪得　旨祀鄉賢祠公以文學受主知沈默厚重莅部務謹守成憲戒吏
張侍屬僚務存大體每入　對知無不言恭遇　國慶　武成　巡幸諸大典
所進詩文冊皆稱　旨尤工書法　上嘗召問平日究心字學因進所刻敬
恩堂移晴堂書課蒙賞御臨黃庭堅尺牘二幅以公籍江西故也典試江南以
省墓乞假歸建冠山家廟構義學一區倣范文正義莊故事置義田千畝面奏
請　賜祠額　御書秩宗衍緒四字　賜之其後公子師曾官侍郎時疏請將
義田官爲經理以期經久　優詔允行所著有賜書堂稿依光集使星集地山
初稾等書師曾由任子官至兵部侍郎同時同郡以勳業文章並著者曰李恭
毅公湖彭文勤公元瑞

李公名湖字又川南昌人乾隆四年進士由郎中出守遷通永道有異政爲總督方恪敏公所賞拔累遷貴州巡撫四十五年調撫廣東以清嚴爲政粵東素多盜番禺之沙灣茭塘地近海綿亘百餘里尤稱盜藪每出洋肆劫或散布內地劫仕商莫敢過問公密訪各盜姓名居址及出入途徑甚悉偵各盜首以七月望前歸家設祀豫飭文武吏分布兵役旬日閒擒誅盜首二百有奇疏聞
璽書嘉獎乃條上安輯事宜請移設督捕同知於坑頭村立石碁村專營扼要堵緝酌添水師戰艇其各村民舡令沙茭巡檢編號給印照禁民閒私造洋船均下所司議行自是海盜肅然粵東百餘年來論大吏之賢以公爲首耆老婦孺口之而如新蓋實力爲民除害故入於民者至深且久也以積勞成疾卒於位殮時面目手足皆作黃金色見者異之遺疏上　優詔賜卹　贈尚書銜
賜祭葬　予諡恭毅所著曰李恭毅公遺稾

彭公元瑞字掌仍一字輯五號芸楣南昌人乾隆二十二年進士由編修入直
南書房官至工部尚書協辦大學士　贈太子太保　予諡文勤公天才敏贍

與紀文達公同有才人之目早直西清壘司文枋所作應奉文字婉麗清新蒙
獎賚不次而恭跋　高宗御製全韻詩乃集千字文爲之又撰　乾清宮
前燈詞駢語尤奇麗　上賜以貂裘端硯中外榮之雖爲和珅所齕而　恩
眷始終不替尤可想其風節云著有恩餘堂稾所選宋人四六藝林爭傳誦焉
子邦疇官侍讀學士

國朝先正事略卷十七

平江李元度次青纂

名臣

傅文忠公事略 子福靈安 福隆安 福長安

公諱傅恆號春和姓富察氏滿洲鑲黃旗人曾祖哈什屯官內大臣祖米思翰戸部尚書父李榮保察哈爾總管公其第十一子也乾隆五年授侍衛歷遷內務府大臣八年擢戸部右侍郎軍機處行走十一年授內大臣十二年晉本部尚書議政處行走十三年授領侍衛內大臣加太子太保協辦大學士充經筵講官時大兵征大金川逆酋莎羅奔經略訥親總督張廣泗等久無功九月命暫管川陝總督經略軍務尋晉保和殿大學士 賜詩寵行並 賜花翎二十藍翎五十銀十萬兩備犒賞軍前諸將奏章許沿途開看 上御瀛臺賜食再 賜詩十月公啓行 上親詣 堂子行告祭禮 遣皇子及大學士來保等送至良鄉視公飯十二月 諭曰經略大學士傅恆自奉命以來公忠

體國紀律嚴明途次衝風冒寒諮詢軍機常至徹夜無眠今日披覽來奏甫入川境馬匹遲誤減從星發竟至步行具見心堅金石可從優議敘部議加太子太傅　特命加太保公疏辭不允初小金川土舍良爾吉奪其兄澤旺印烝於嫂阿扣莎羅奔之侵沃日也良爾吉實從之後詐降爲賊諜張廣泗惑於漢奸王秋言使良爾吉領蠻兵我師舉動賊輒知之是月公使副將馬良柱誘良爾吉來迎至邦噶山聲其罪斬之阿扣王秋並伏誅事聞　諭曰前張廣泗力言良爾吉不可輕動卽軍前諸臣皆明知其罪而疑畏莫敢先發今傅恆甫至軍營卽誅兩年逋寇如檻豚圈豕以快人心而讋番衆非謀猷明斷識力兼定不及此其卽以前日所賜雙眼孔雀翎爲此番酬庸之典如仍執意謙讓是不遵朕旨也尋奏言臣抵卡撒軍營見所云左右山梁不過兩坡相對地非甚廣賊所守各碉亦不甚大不知何以用兵二年不能進取蓋從前之誤在於專攻碉卡賊險碉林立大兵至守益嚴毋論攻其有備克取爲難卽數日克一碉亦數年不能竣事今當奇正兼施因機制勝或以奇兵出其後或以偏師另取徑賊

出則直挫其鋒不出則專搗其穴又各路剋期齊進腹背皆兵寢食無暇自必內潰而酋可擒矣疏入　俞旨報聞公率總兵哈攀龍哈尙德等攻右山梁下巴郎平碉及色爾力石碉連克之　上以金川水土惡劣馳　賜公人薓三觔並及諸將帥有差十四年正月　命班師　召公還朝　諭曰金川用兵本欲禁遏兇暴綏輯窮番并非利其人民土地而從前訥親張廣泗措置乖方屢經貽誤是以特命經略大學士傅恆視師傅恆自奉命以至抵營忠誠勞勩超出等倫辦事則鉅細周詳鋤奸則番蠻懾服整頓營伍則紀律嚴明鼓勵戎行則士氣踴躍且中宵督戰不避風雪大著聲威誠克仰副委任朕思蕞爾窮番何足當我王師經略大學士傅恆乃中朝第一宣力大臣顧因荒徼小醜久稽於外卽使擒渠掃穴亦不足以償勞此旨到日可卽馳驛還朝尋　詔封一等忠勇公　賞寶石頂四團龍補服公請從卡撤一路直攻噶拉依又言旦夕攻克賊巢一簣之虧誠可惜堅請進兵并懇辭公爵繳還　原旨俱不允　諭曰經略大學士忠勇公傅恆帥師進勦番酋忠誠奮發志期殄寇執奏再三朕揆

勢度理以允降班師休兵息民爲經國遠計彼匈奴未滅何以家爲者乃驃姚
貳師輩武人銳往立功之概大學士輔弼元臣抒誠贊化名耀旗常豈與兜鍪
閫帥爭一日之績耶　示以詩三章有句云功成萬骨枯何益壯志何須效貳
師又云上將有心期利執大君無物不包蒙又云晉國勤勞予厪念速歸黃閣
贊元功是月逆酋遣頭目至卡撒稟訴乞降公令曰莎羅奔郎卡親縛來營者
當待以不死逆酋復遣頭目至丹壩乞降總統提督岳公鍾琪入賊巢挈酋目
等由勒烏圍噶拉依至經略軍二月四日莎羅奔郎卡除道營門外設壇翼日
率衆降公升帳受之莎羅奔等焚香作樂泥首請罪誓遵六事無犯鄰封歸土
司侵地獻馬爾邦兇酋資送內地人納軍械供徭役公傳
旨赦其罪莎羅奔
等獻佛像一尊白金萬兩公卻不受奏至　諭曰莎羅奔郎卡俯首就降獻捷
班師此皆　上蒼孚佑　宗社貽休有以默相朕躬　皇太后懿訓詳
明有以啓迪朕志荷茲　福庇感慶實深經略大學士忠勇公傅恆丹忠壯志
勇略宏猷足以懷柔異類迅奏膚功卽諸葛之七縱威蠻汾陽之單騎見虜何

以加茲實爲國家嘉祥上瑞前已晉爵封公所賜四團龍補褂著祗受服用再
照元勳楊古利額駙之例加賜豹尾鎗二桿親軍二名優示寵章將來數十年
贊化調元懋襄郅治實嘉賴焉其傳諭諸王滿漢文武大臣並宣示中外知之
御製詩有單騎汾陽休比擬都因忠赤格蒼天之句嗣公疏辭四團龍服
諭曰經略大學士忠勇公傅恆因朕賞四團龍補服具摺奏謝幷請於朝賀大
典之日遵旨服用其尋常仍服公品級補服此固出自謙冲本意然朕此番獎
賞實出至公且具深意不可不明晰宣示蓋論平定金川之功自不可與楊古
利開國之功並論但彼當開創四征之始今屬無事之時以傅恆之忠誠智勇
令與同時同事亦可信其易地皆然也夫軍旅之事國家不能保其必無大臣
身係安危爲社稷所倚賴如張廣泗不過封疆外吏其人亦不足論至訥親爵
位既崇又任用有年朕之加恩超越儕輩上年命以視師實寄以心膂如朕親
行不意辜恩貽誤一至於此爲大臣者若惟是偷安自逸任意乖張國家其何
賴焉朕既用自愧更因以滋懼是以明正典刑不肯曲宥而大學士忠勇公傅

恆見朕縈懷西顧欣然請行自奉命西征冒涉風霜均勞士卒登陟岩阻晨夕
辛勤裁決軍務嘗至達旦至則申明紀律誅賊腹心雪夜督師攻碉毀卡必期
焚巢掃穴一舉蕩平賊番震慴稽顙歸命迨承朕旨納降班師星馳就道諮詢
庶務仍係丙夜辦理奏覆此所謂誠貫金石信格豚魚是以時未七旬兵不血
刃而番酋洗心革面永矢歸誠從此邊徼敉甯而中外大臣咸知所取法股肱
一體休戚相關緩急足資倚任實我大清萬年無疆之慶國家酬庸盛典原非
朕所得私今茲疊沛殊恩昭示風勸亦為朝廷遠大之計不定為金川平定一
時一事而然在大學士忠勇公傅恆實應欽承無愧朕於賞罰大典悉有權衡
天下臣民宜所共悉所賜朝帽頂及四團龍補服并於朝賀典禮之時時常服
用不必懇辭三月公凱旋　命皇長子率諸王大臣等郊勞既至　上御殿
受賀行飲至禮　賜御詩有兩階干羽欽虞典六律宮商奏采薇之句尋　敕
照勳臣額亦都佟國維例建宗祠祀公曾祖哈什屯祖米思翰父李榮保春秋
官為致祭追諡李榮保公曰莊愨　賜第東安門內　賜詩落成二十八年夏

準噶爾平　諭曰西路興師之舉人心狃於久安在廷諸臣惟大學士傅恆與
朕協心贊畫斷在必行著加恩再授一等公爵以爲力矯積習爲國家任事者
勸公疏辭　諭曰大學士公傅恆以加賞公爵具摺奏辭情辭懇摯及召見又
復面陳再四至於泣下觀其不自滿假信出至誠將來可以永承恩遇朕心轉
爲嘉慰俯允所請用成厥志所有平定金川及準噶爾兩次功績著併於見封
忠勇公勅內仍從優加等議敘圖功臣百人像於　紫光閣公冠首　御製贊
曰世胄元臣與國休戚早年金川亦建殊績定策西師惟汝予同酇侯不戰宜
居首功三十二年　命經略雲南軍務　御製詩賜之三十四年二月公啓行
命閣臣頒　勅命於　太和殿　上賜公及出征將士食及席　賜御製
詩三月抵雲南四月至騰越　上親書詩扇以賜初　上以賊踞老官屯
之險　勅造舟舁奪賊船順流直擣副將軍阿里袞等奏邊外難通舟且沿江
無辦工所　上特遣大臣往勘所言與阿里袞同公至軍詢之撫夷李景朝
土司線官猛等知蠻暮近地有山曰翁古多木旁有地曰野牛壩野人所居地

涼爽無瘴野人樂受值執役甚恭乃令滿洲綠營兵弁從行奴僕更番運料至江岸七月工竣狀聞　諭曰所辦甚是他人斷不能似此滿洲兵與綠營兵既同隸行閒原不應區分彼此前此領兵大臣惟體恤滿洲而於奔走服役專派綠營豈一視同仁之道今傅恆於運送船料令滿洲兵輪流分擡實爲公允自非公忠體國與朕同心之大臣豈能酌理揆情若此凡領兵者皆當奉以爲法至於造船一事水陸並進實征緬最要機宜乃朕屢次詢問而阿里袞並以該處崖險澗窄斷難行船爲詞卽朕特派之傅顯佐三泰等亦以沿江實無造船處所覆奏傅恆至永昌遣人往勘則人地皆宜同此沿邊僻壤非自今日始通何以前此並無一人見及可見事無難易人果專心致力未有不成者無如諸人皆預存畏難之見耳由今日觀之向所謂斷難籌辦者然乎否乎其宣諭中外知之

上尋賦造舟行紀其事會猛拱大頭目脫猛烏猛及達羅頭目脫猛殼來降請備船濟師公令齎檄諭各土司八月師發騰越渡戛鳩江據西岸遂抵允帽九月脫猛烏猛以夷目賀洛及擺夷四十戸來降請爲偵探猛拱後

土司渾覺亦率頭目降貢馴象四　上賜詩二章獎之十月公取道猛拱破猛養寨獲臘泥拉賽誅之設臺站留兵七百駐之遂至南董干攻南準寨獲頭目三十五師次暮臘猛養頭目扎達布棄猛拔營逸哈坎大兵長驅至新街賊遁公夾攻於東西岸射殺賊目一斬級五百餘獲纛一船一寨三糧械無算西岸奪寨三斬級五十公以所獲緬纛進　上賦詩誌其事十一月進圍老官屯克毛西寨酋懵駁遣頭目乞降公以其地氣候惡劣疏請允降　諭曰緬甸僻在炎荒中朝以化外置之乃歷任總督自張允隨廢弛邊備嗣是愛必達吳達善等因循致滋邊釁而劉藻辦理莽匪事退回普洱輒畏懼自戕緬匪遂鴟張無忌此歷來貽誤情形也至命楊應琚前往調度乖方致賊匪入關騷擾及再命明瑞前往仍令以總督經理邊情並未遽欲與師遠涉而所統八旗勁旅一萬二千又分其半與額爾登額由旱塔取道合勦迨明瑞轉戰至小猛育爲時甚久屢促額爾登額移兵往援抗延不赴明瑞等猶沿途接仗期殿全師竟以策應不前捐軀以殉其事遂至難於中輟然猶冀緬酋悔罪輸誠非必欲勞

師動衆爲犂庭掃穴計也詎待一載逆酋猶頑梗怙終我國家當全盛之時豈可任小醜跳梁不示懲創況滇省綠營恇怯積習久爲賊所輕是以調遣勁旅水陸夾攻又因大學士傅恆屢請前往督辦遂命爲經略此朕不得已用兵之苦心也傅恆於七月自騰越進兵視前此師期較早兩月賊匪未及預防因得由戛鳩一路統兵直進收取猛拱猛養越險濟軍備嘗勞瘁及至新街會兵策勵將士無不賈勇爭先連奪賊砦殲賊五百餘幷殪其頭目獲取舟航纛械賊皆望風披靡如此殫誠宣力實從來大臣所罕覯者及進攻老官屯克毛西寨復悉力圍其大寨勢可計日而取但水土惡劣官兵多生疾病將士等不用之於戰陣而徒令其嘗試毒癘心實不忍是以半月前即迭傳諭旨決計撤兵今緬酋懵駮奉有蒲葉書遣老官屯大頭目諾爾哈齎詣軍門籲降傅恆等移檄使受約束賊衆甫經創衄諒不遽萌故智也至傅恆請罪一摺將此次出兵引爲一人之罪則殊未喻朕意此次出兵非好大喜功而傅恆承命經略職分應爾設以爲辦理非是朕當首任其過昔 皇祖於吳三桂一事 諭廷臣集

議主撤藩者惟米思翰明珠數人後逆藩抗命衆皆歸罪議撤者　皇祖諭
曰朕自少時卽以三藩勢燄日熾不可不撤豈因三桂反叛委過於人大哉
聖言足爲萬世法守傅恆此事卽可援以爲例前於傅恆收復猛拱時雖賜三
眼孔雀翎以示褒寵傅恆懇俟成功後再用今旣未經攻克賊巢前所賜翎卽
著繳回於伊請罪之意適足相當想王大臣亦當允服也十二月緬酋懵駁遣
其大頭目十四人獻方物於軍三十五年二月班師三月還至京七月公薨
諭曰大學士一等忠勇公傅恆才識超倫公忠體國自早齡侍直禁近親覘其
器宇非常洊膺委任旋以金川建績錫爵酬庸擢冠綸扉綜理庶務西旅之役
獨能與朕同志贊成大勳及崇爵再加堅讓不受尤足嘉焉昨歲進勦緬甸堅
決請行朕以廷臣更無足當斯寄者因授爲經略統勁旅專征自戛鳩濟師以
後身先士卒收復猛拱迨會師蠻暮襲擊新街賊皆潰竄遂進攻老官屯時已
身染沈痾猶力疾督軍晝夜兼攻克期可卜逆酋畏懼乞降而朕亦因其地水
土惡劣先期降旨撤兵并遣醫馳驛往視詎自復命以後病勢益加漸成不起

每朝夕遣使存問復間數日親臨視疾軫念彌殷今聞溘逝深爲震悼似此鞠
躬盡瘁允宜入祀賢良祠並　賞內帑銀五千兩治喪著戶部侍郎英廉經理
其事朕仍親往奠醊翼日　上親臨其第酹酒　御製詩有平生忠勇家聲
繼汝子吾兒定教培之句又　命喪儀視宗室鎭國公例　賜祭葬有加禮謚
文忠十一月　諭曰大學士忠勇公傅恆曩者金川奏績時以其祖父世篤忠
貞流光鍾慶曾諭令建立宗祠自其曾祖哈什屯以下官爲春秋致祭傅恆可
一體入祠三十六年　上巡畿輔　駐蹕天津行宮公前歲復命處也追憶
成詩三十九年　上以　蹕途所經　賜奠其墓　御詩有句云無忘昭陵
雖有例那教賜奠痛文皇四十四年　上賦懷舊詩以公在綸扉二十三年
日侍帷幄藎誠素著年未五十鞠躬盡瘁以喪甚傷惜之　詩有云嗟我社稷
臣所期甯在近年少長於余騎箕惜且恨公子四長福靈安多羅額駙乾隆二
十一年公請派往軍營效力授三等侍衛尋從定邊將軍兆惠勦賊葉爾羌擢
二等侍衛準噶爾大功告成　上以福靈安非披堅執銳之歲即能奮勇行

陞提頭等侍衛給雲騎尉世職授副都統署永北鎮總兵尋赴木邦軍營守龍陵會緬匪犯猛卯檄副將哈國興馳援賊退遮罕事聞　上嘉之六月卒於任　優詔賜卹　賜祭葬次子福隆安和碩額駙封一等忠勇公官兵部尚書又次子福康安官大學士雲貴總督一等嘉勇公晉封忠銳嘉勇貝子贈郡王諡文襄配享　太廟自有傳又次子福長安官工部尚書封一等侯福隆安子豐伸濟襲一等忠勇公官都統

阿文成公事略

公諱阿桂字廣廷號雲巖姓章佳氏本籍滿洲正藍旗　賜入正白旗父阿克敦官協辦大學士刑部尚書諡文勤公生而沈靜端重好讀書雍正十三年選拔貢生乾隆元年舉副榜以任子恩授大理寺正三年舉鄉試補兵部主事遷員外郎八年擢郎中直軍機處左遷員外郎十三年小金川土司郎卡侵擾鄰境大學士公訥親督師進討兵部尚書班第繼往奏請以公參軍事明年訥公得罪提督岳公鍾琪幷劾公逮部治罪時文勤公方爲協辦大學士　上念

其年老無次子得釋明年起吏部員外郎遷郎中十七年出爲江西按察使
召補內閣侍讀學士遷內閣學士先是準噶爾有四衛拉特　王師累征之未
能滅至是厄魯特噶爾丹策淩死子策妄多爾濟那木札爾襲位其庶兄喇嘛
達爾札執而篡之而大策零敦多卜之孫達瓦齊復因阿睦爾撒納計篡奪其
位所屬昂吉策淩伍巴什等率其家屬攸嘉峪關乞降　上以侮亡攻昧兵
有常經先後遣將軍永常等督兵撫勦適阿睦爾撒納與瓦達齊有隙自叛其
汗亦來求款達瓦齊孤立無助爲回人擒獻　上召阿睦爾撒納至熱河
行在封親王使往主故地已而復召之中途叛走時準噶爾逸賊率衆北走將
入俄羅斯　上命公赴烏里雅蘇臺與靖邊副將軍蒙古親王成袞札布躡
機搜討成袞札布係額駙超勇親王策楞之子爲諸蒙古盟長　上最所倚
重者也成公奏公遇事奮勉會文勤公薨奔喪回京七月　命仍以內閣學士
同成公辦理軍務閏月授參贊大臣十二月授副都統二十二年因成公赴巴
理坤　命公代其任二十三年補工部侍郎領索倫兵五千駐塔爾巴哈臺是

年準噶爾平　命與副將軍富德追捕準夷餘賊初回酋大小和卓木爲準噶爾所拘及將軍兆惠定伊犂使還回部至是兆公遣使定其貢賦回酋執而留之又戕我參贊大臣　詔公同富公進兵合勦回衆迎拒於阿爾楚爾時賊衆甚盛公親率銳卒繞出其右衝擊之賊敗潰二十四年回部各城以次克捷明年還伊犂伊犂自土爾扈特部竄入俄羅斯後伏莽者尚衆　上念西域旣平地方萬餘里若不分駐官軍伏戎必再出擾且恐爲俄羅斯兼幷乃　命各軍營大臣等籌議皆謂地遼遠難駐守公獨上言守邊以駐兵爲先駐兵以軍食爲要臣查伊犂海努克等處水土沃衍且有河可引灌注若開墾屯田則兵食可漸充因條上屯田方略一請增派回人屯田一請官兵駐防協同墾種一請建置城郭一請預備馬駝　上嘉其勇往任事卽如所議行公酌留馬匹分設臺站以通文報往來又請將現在沿邊運出糧米俱赴伊犂先供兵丁口食又請查各省軍流人犯內有能工匠技藝者悉發伊犂供用　上皆善之派近臣協同辦理於是在阿克蘇置辦農器是秋豐稔兵食倍足乃奏請於烏

魯木齊等處派同知知縣收放軍糧俱允行　詔平定西域諸功臣五十人圖
像紫光閣公居第十七　御製贊云阿克敦子性頗健敏力請從戎宜哉惟允
身不勝衣心可干城楚材繼出爲國之楨蓋以元耶律文正王爲比也二十六
年授內大臣補工部尚書議政處行走復授都統二十七年奏新疆約束章程
五則皆得　旨允行乃選工陶埴建城二曰綏定曰安遠規制一如內地而哈
薩克越境遊牧者悉驅逐之數千里來往晏然　詔給騎都尉世職並令還京
供職詢方略而以明瑞代之及至京授軍機大臣　賜紫禁城騎馬尋　命往
歸化城勘獄又查勘霸州文安等處水利所奏皆稱　旨充經筵講官升隸正
白旗任都統晉太子太保二十九年金川郎卡復與鄰封戕殺事聞　上以
公舊在四川軍臺熟悉情形因　命署總督相機籌辦公覆奏綽斯甲布等九
土司與郎卡互相攻擊正如鼠鬭穴中本外番常有之事不必急於辦理
上以爲然　召授工部尚書三十年烏什回人賴穆黑圖拉作亂　命公馳往
伊犁　諭以嚴防要隘俟其自斃於是明公軍其北公軍其南築長圍困之且

絶其汲道賊恟懼九月其衆擒賴穆拉以獻公與明公誅首惡而貸其餘奏入
上責其寬縱交部議處而令永貴爲伊犂將軍公駐劄雅爾三十二年補
伊犂將軍是時緬酋懵駮以兵偪脅內地土司總督劉藻楊應琚不能辦因
命明公率兵進勦三十三年明公軍至猛育糧盡戰歿於是大學士傅公請自
督軍　上乃授爲經略而以協辦大學士果毅公阿里袞及公爲副將軍授
公兵部尚書兼總督雲貴十月抵永昌時果毅公已先赴戞鳩公往會於騰越
州三十四年春以公專任副將軍令明德代爲總督四月經略至軍議分三路
進經略出萬仞關由大金江西路從猛拱暮魯至老官屯西岸果毅公率舟師
由水路下老官屯公由銅壁關抵蠻暮伐木造舟七月出關九月舟師遂出江
而經略亦至公逆知賊必迎拒也先以兵伏江滸之甘立寨居時賊果從猛戞
拒戰寨兵出擊沈其三舟我舟師喜噪寨兵應之賊大潰殲其頭目舟師遂出
江抵西岸合攻老官屯緬兵守禦堅甚時官兵自副將軍以下多病瘴經略亦
病奏聞　上命撤兵而懵駮亦以甘立寨之敗大懼乞降遣大頭目十四人

請議事公遣副都統明亮等議責此後永不得擾邊境還內地官民之在緬境
者越六年一貢其頭目惶恐遵約束遂撤兵歸永昌三十五年三月 命赴騰
越以待緬人入貢是時明德降巡撫代以彰寶使守備蘇爾相往緬責其入貢
遲慢懵駁留之公上言偏師不可深入宜休息數年爲大舉計 上以連年
用兵糧馬不無竭蹶豈可以拘留蘇爾相故遽議大舉降 旨切責 命以內
大臣管副將軍事明年以溫福爲定邊副將軍奪公職留軍臺效力初阿爾泰
之總督四川也議合綽斯甲布等九土司環攻金川有能得其地者即以畀之
而諸土司散漫不相通謁又有陰與金川通者久而無功時郎卡已死子索諾
木與小金川土司僧格桑侵佔鄂什沃日之地阿爾泰因循失措有 旨命溫
公移師討之溫公以公兩使四川熟邊事請偕以行十二月至金川軍臺攻巴
郎拉克之遂授四川提督與溫公分道進攻三十七年阿爾泰罷 命侍郎桂
林代并領其衆正月使副將薛琮率三千人從閒道進攻會天雨雪賊兵斷後
路兵潰散琮死之阿爾泰因劾桂公 上令尚書福隆安來讞其獄 命公

爲內大臣統南路官兵南路山勢嶄絶軍次達河之翁古爾壟山尤險峻而溪南布勒山頂有賊壘與達河相犄角攻五閱月弗能下十一月溪水落乃派健卒夜渡溪攀援上布勒躍入其卡出不意盡殲其衆而北岸官兵直攻翁古爾壟賊方出拒布勒官兵復以飛礮擊賊賊遂驚潰南北岸官兵夾攻直至美諾之南山僧格桑奔占古而温公西路兵亦至小金川遂平捷聞　上命以定邊左副將軍出南路戶部侍郎豐昇額亦爲副將軍出北路與將軍温公分兵三路進攻金川温公由西路之空喀豐公由北路之凱立葉而公攻喇穆山梁以三十八年正月朔半夜冒大雪進發連奪當功噶爾拉各碉其餘攻之未下是月授禮部尚書晉太子少保而索諾木誘小金川降番掩襲空喀後路斷登春糧道時温公在木果木兵潰陣亡小金川復爲賊有美諾等相繼被陷公救之不及乃派兵凡西南後路小金川降番皆收其軍械毀其碉寨悉調來營以絶其響應時賊已得志將斷當功噶爾拉後路每夜從高擊下而副都統奎林副將劉輝祖參將劉倖皆悉力拒戰每日夜十數合殺賊頗衆賊計不得逞而

所得木果木官軍米糧財帛甚多莫有戰志於是求撤兵　上亦命公整師
出另籌進勦遂授公定邊將軍七月由當功噶爾拉退駐達河躬斷後是時
上添派勁旅五千　命以　國初愛星阿所佩定西將軍印授公公仍統西
路兵南路屬明亮北路屬豐伸額皆爲定邊副將軍而舒常以參贊大臣至金
川河西日傍山攻擊牽綴公由南路至鄂克什軍營議先復小金川集諸將問
計番人木塔爾謂中南兩路皆去年進攻地賊必力守惟北山直藏噶山雖峻
而山之西南卽美諾山之西北卽占古若派兵先攻中路之碉卡以殺其勢而
別派勇幹大臣上北山直下美諾則已出中路賊後勢必望風潰卽可以得美
諾公然之遂定計以十一月十一日由中南兩路進兵賊方悉力堅拒而派登
北山之兵已入其巔頃之從山西下中南兩路之賊知將襲美諾各驚散去於
是復美諾收占古凡七日而小金川全復奏入　賜詩褒嘉三十九年正月十
日五更冒大雪由當功噶爾拉進兵抵喇穆二月克羅博瓦山梁晉太子太保
六月克色淜普山梁七月克達爾圖布等處八月克該布達什諾等處賊酋僧

格桑死於金川番人獻其尸是時明公及舒公在山西駐兵日久尚無進取之計公指畫形勢遣海蘭察率兵往助之由是宜喜之兵亦逾山而東盡克各碉與南山兵相望豐昇額駐札凱立葉者初亦阨險不得進公復遣兵往助豐公於是北路官兵亦逾險下至於河濱九月克默格爾山梁十一月克過格魯古丫口十二月克日爾八當等寨奏入

賞戴雙眼花翎授

御前大臣四十年正月克康薩爾等處二月克堪布卓各碉四月克甲索得楞山梁五月克下巴木通等山梁六月克遜克爾宗山梁七月克章噶等處八月克勒烏圍勒烏圍者在刮爾厓北與索諾木官寨互爲掎角者也寨堅甚官軍用大礮毀其碉牆賊更穴地死守至是乃盡克之而索諾木之母先往河西將收集餘衆合力抗拒公遣精兵閼道追勦於是其母子音信斷絕遑遽不知所出公使降番往諭之其母遂偕赴軍營公居以別帳俾作書招索諾木時官兵合圍官寨晝夜用大礮轟摧索諾木窘迫既得其母書乃於四十一年二月率其妻妹及各頭人至營降金川悉平

上遣近臣齎

詔至營封公爲誠謀英勇公協辦大學

士戶部尚書　賜寶石頂四團龍服先是軍營屢次報捷　上知大功必成
賜公扇且畫蘭於上題以同心之言其臭如蘭復　製詩以賜蓋兩金川之
平定實　廟算早決其機也於是安置降番於各寨請設副將同知駐其地定
以四月班師　上飭禮兵二部議行郊勞禮築臺良鄉之黃新莊　駕幸勞
臺公等戎服入行抱見禮一如兆惠公自回部凱旋故事又次日　賜宴瀛臺
紫光閣　賜紫韁及四開禊袍仍授軍機大臣又繪功臣五十人像於紫光閣
公居第一　上復　賜贊八月公六十生辰　賜崇勳耆慶匾額及　御製
詩篇如意等物爲壽先是公在金川緬酋遣人來議入貢事總督械至京師下
獄至是部臣請以索諾木母子弟兄及其頭目正法　上命撤緬使赴西市
觀行刑且告之故緬使驚怖欲絕因　命械至雲南令歸諭緬酋以震動之明
年正月遂遣公赴雲南臨邊示以禍福緬酋乃歸蘇爾相又十餘年而新立酋
長孟隕遣使具表恭祝八旬　聖壽願此後十年一貢南徼永甯亦公先聲
有以讋之也拜武英殿大學士兼管吏部事四十四年河決儀封蘭陽　命公

往視公謝以不諳河務　上曰如卿豈有不能者乃馳至儀封與督撫及河臣詢訪河狀集料聚夫晝夜堵塞每下樁埽公皆親自臨之次年三月工竣四十五年兼翰林院掌院學士日講起居注官十二月　命勘浙江海塘工程奏請修魚鱗石塘與柴塘並建以資永久四十六年　命勘巡撫王亶望獄事畢順道勘高堰河工是時蘭州逆回蘇四十三作亂　上命大學士和珅督勦失利乃　令公督師四月至蘭州賊衆數千據華林山死守公四面設圍絕其水道賊旅抗拒皆殲戮之遂獲賊首解京師伏法事畢復勘河堤工時河復決青龍岡留公督辦而令公子侍衛阿彌達祭告河源明年六月合龍九月浙撫陳輝祖與藩司盛柱互訐公往讞其獄四十八年復勘河南蘭陽十二堡堤工回京管理戶部刑部事四十九年甘肅回民張阿渾作亂破隆德靜甯圍伏羌總督李侍堯尾追不及　上遣海蘭察福康安帥師往勦復　命公督之至則敗賊於底店進圍石峯堡阿渾等窮蹙乞降械送京師　詔予輕車都尉八月　命督河南睢州堤工五十年舉千叟宴奉巵上　壽領班入宴　賜詩以

寵之六月　命閱視黃淮清口情形回京　賜調元錫瑞額五十一年再勘清
口堤工八月公壽七十復　賜平格延祺額及　御製對聯九月按浙江平陽
重征獄回京總理兵部事務五十二年七月再勘睢州堤工五十七年西藏郭
爾喀平　上命圖福安康等十五功臣像於紫光閣以公參贊幃幄列第二
五十九年　睿皇帝正位東宮六十年冬　上以御宇周甲將行內禪之
禮而隆儀盛事古所罕見公敬謹酌定儀注嘉慶元年元旦公仰承　景命於
太和殿上捧冊授寶及初四日再舉千叟宴公進觴上　壽如前視履考祥
周旋中禮百寮及外藩貢使皆驚喜相告謂重臣耆德實國家上瑞也八月公
八十生辰又　賜介眉三錫匾額及對聯　御製詩如意等物十一月公疾
上遣醫診視　賜藥至二年八月薨訃聞奉　太上皇帝　勅旨大學
士公阿桂老成練達自平定西陲時即隨同出師旋經理新疆事務懋著勤勞
嗣勦辦兩金川昇以將軍重寄堅持定見克蕆膚功特封一等誠謀英勇公賞
四團龍補服黃帶紫韁紅寶石帽頂雙眼花翎圖形紫光閣以旌殊勳續自關

任綸扉綜理部務贊襄樞要二十餘年及石峯堡回匪滋事統兵勦平復加賞輕車都尉正資倚畀頃聞患病頗劇即特派皇三孫貝勒綿億由熱河馳往看視並賞賜陀羅經被茲聞溘逝深爲悼惜仍著綿億帶同散秩大臣侍衛前往醊奠可晉贈太保入祀賢良祠九月　上親臨奠醊並　賜祭葬謚文成配享　太廟公器識宏遠沈毅遇大事必籌其始終得失計出萬全雖在萬乘前不輕爲然諾乾隆中庫帑充盈　詔以名糧改實額增兵六萬公時方奉使具疏力言其耗費謂百年後當知之每入朝先五鼓起坐直房待旦不假寐進止皆有常處或　上輦經直房侍者下戶簾公從室內起立垂手候鹵簿過始復坐議政持平舉大體尤不肯輕重其法以探　上意曰　上聖人也儻意不在是偶行之後以爲比法安得平耶在軍每獨坐帳中秉燭竟夜或拍案大呼劃然長嘯則次日必有奇謀尤善知人自大帥迄偏裨每與一二語即知其性情才具隨所宜任之又能均勞苦別等次從不以喜怒加人故皆得其死力將校中封公侯出爲將軍都統提鎮者甚衆及任宰執領尚書事得廉潔

珍倣宋版印

勤幹之士輒以陳於朝二十年來總督巡撫公所密薦者爲多自少留心史事凡古今治亂成敗之迹皆能默識其所以然遇寮屬皆教以修身植節勉成大器而於佻巧營求者必痛絕之蓋文勤公以重望著　朝端一時名卿巨老法家拂士咸與訂道義交公時聞緒論以古大臣自期嘗燕居侍文勤公忽顧問曰　朝廷一旦用汝爲刑官治獄宜何如公謝未習曰固也姑言其意公曰行法必當其罪罪一分與一分法罪十分與十分法無使輕重文勤大怒曰是子將敗我家遽索杖公惶恐叩頭謝文勤曰噫如汝言天下無全人矣罪十分治之五六已不能堪而可盡耶且一分之罪尚足問耶公後掌刑部數爲諸曹郎述之其詒謀可知矣子阿迪斯襲一等公官戶部侍郎古北口提督次阿彌達官至工部侍郎孫那彥成由編修累官大學士別有傳

胡恪靖公事略

胡公寶瑔字泰舒江蘇青浦人父賡雲進士官教授公生有異稟雍正元年舉於鄉有同試禮部者託公齎文入都奴慫於期公憮然曰吾義不獨試也袖筆

出乾隆二年試授內閣中書軍機處行走首輔鄂文端公深器之六年秋大學
士查郎阿公侍郎阿里袞公奉　命相度奉天三省地形請以公偕行時適扈
駕木蘭即由此偏歷諸部至盛京過吉林渡松花江轉至黑龍江再轉至甯
古塔周歷諸邊及春而還共行二萬二千里披榛棘觸豺虎横穿側出於冰天
雪海中覽形勝辨其土宜自以爲極域外之大觀也遷內閣侍讀會舉御史查
公以陽城馬周薦　御試第一遂授福建道御史轉給事中再遷順天府丞公
在臺垣五載嘗疏言直隸旱災蒙　恩旨先後運米五十萬石備賑請飭令土
著之民靜候賑濟其各處流民願歸耕者資遣回籍俾趕種春麥不致田畝久
荒又言河南營伍已　特遣大臣查閱第恐不肖營弁或乘機借端苛派或此
後坐扣月糧請飭督撫提鎮嚴查禁杜又言山東江南被水各州縣宜乘水涸
時設法疏導引流赴壑以便春耕皆得　旨允行十三年　王師征金川　命
大學士傅文忠公爲經略　詔公從行日馳三百餘里日或不再食冒瘴癘得
達大營時賊方張碉樓接天矢石夾兩耳下公晝策削奏動合機宜凱旋

天子親斟金巵　賜公酒海內榮之擢順天尹累遷宗人府丞左副都御史十六年扈　蹕南巡有偃師奸民傅航俊以私憾控張天重謀逆逮係百餘人命公往鞫乘傳七日而至集案牘視之比夜分曰吾已得其實矣一訊而伏止誅航俊一人餘皆省釋中州人以爲神明明年遷兵部右侍郎兼府尹如故遂授山西巡撫尋調湖南自湖南而江西而河南再撫江西復調河南凡四省六任焉在山西撫饑民理寃獄黜貪吏除奸豪整備關隘力行教養之政在湖南民貧俗敝苗猺困兵役之擾公整飭之疏定郴桂銅鉛各廠委員協辦更替之法在江西奏嚴查鄱陽湖編保甲以靖積盜又奏勘明廣信所屬銅塘山無可墾之地無可用之材無可煎之礦請永行封禁又奏定豐城隄工歲修經久策時江浙歲饑江西尚中熟而市儈居奇爲利迺宣禁以通商販鄰省賴焉及二十二年撫河南適大水開陳汝許及河北之彰衛懷同時被澇者六十餘州縣

天子軫念災黎發帑金截漕米各二百萬以賑之公率屬吏計口而賑不遺一夫葺廬舍招流亡貸牛種至冬隨地留養所全活以數千萬計復奉　命

開濬水道工賑並舉民飽食趨事所開支幹河凡六十有七計二千五百餘里皆因自然之勢層注而下分入江南濉淝諸水匯於淮以歸洪澤湖迺會其源流計其深廣爲圖說以獻　詔曰豫省災區積困已久朕特用胡寶瑔爲巡撫實能不辭勞瘁仰體朕痌瘝在抱之意而又能盡心調劑以蘇窮黎甚可嘉也其交部優敘尋加太子少傅　上以公遵　旨治河不惜工不愛帑不勞民上源下游以次就治　御製中州治河碑文刊石以垂永久自是連歲大稔二十五年冬復移江西次年七月河決楊橋沁洛丹衛同時並漲被水者五十餘州縣　詔大學士劉公統勳協辦大學士兆公惠侍郎裘公曰修河督高公斌共治之復　召公撫河南時決口數百丈未合將開引河築壩束水需藁薪之屬數千百萬日役數萬人以次徵發受傭者皆立與直民不知擾災黎周卹備至無一流亡者水落田出民借種以播菽麥次年皆大熟二十七年　上南巡公迎　駕德州　御製詩　賜之未幾以疾請告　賜人葠一斤　遣太醫馳驛往視尋疏陳民田道路開濬溝渠與河道相表裏每一州縣開溝數十道

至百數十道不等分戶承挑備旱潦并定歲修章程　璽書嘉獎　命直隸總督方觀承率所屬仿行焉公在河南最久習知其地利民俗盡心經畫故民樂而安之二十八年正月薨於位事聞　贈太子太保兵部尚書諡恪靖　賜祭葬如禮公性清約精敏既貴不改儒素尤善騎能日行三四百里某太史以善騎夸公約入　朝各策馬去某狂奔盡氣入內閣不見公方竊喜自負而公自內出已批勅數行矣嘗被　命祭告南嶽請假便道還松江太守蔡長澐驚曰吾官此數年矣不知郡中有此搢紳訪之則已徒步登舟至里門所居破屋數椽門不能容車猶然蓬蓽也太守歎息去先是教授公官宣城居正學書院院有王文成公祠生公之夕夢文成手一金軸曰五十年後煩送吾鄉乾隆十六年　天子南巡駐會稽　命公齎金軸致祭文成讀祝堂下始爽然前夢之徵云

方恪敏公事略　子勤襄公維甸

方公觀承字宜田號問亭安徽桐城人居江甯祖登嶧工部主事父式濟進士

官中書皆坐宗人孝標累謫戍黑龍江公少時僑寓清涼山寺有僧中州知爲非常人厚待之公與兄觀永歲往來塞內外營菽水之奉或日一食或徒步日行百餘里於其閒勵志氣勤問學具知南北阨塞及民情土俗所宜設施平郡王福彭知公深雍正十一年王授定邊大將軍征準噶爾奏公爲記室以布衣召見　賜中書銜十三年歸補內閣中書乾隆元年舉鴻詞科以平郡王監試避嫌不赴尋入軍機處累遷吏部郎中七年授直隸清河道遷按察使九年命隨大學士訥親履勘河道并海塘工遷布政使十一年署山東巡撫奏稽察漕弊嚴緝盜匪二事　諭實力行之可也十二年疏言義倉之便與社倉略同但社倉例惟借種義倉則借與賑兼行而爲益尤在猝然之賑大要設倉宜在鄉不宜在城積穀宜在民不宜在官其捐輸及典守年久者請照社倉例議敘報聞二月回直隸明年擢浙江巡撫時海塘引河改由中小亹安流其北大亹以北沙漲如平地公沿塘查勘自仁和縣之觀音堂起至海甯縣之淡水嶺止丈出地三十五萬四千八百餘畝民竈五千七百五十戶凡認墾者皆編列字

號分年陞科歲徵雜糧十萬石小民咸資生業　諭曰墾田乃務本之圖所宜
留心勸相者也定海普陀山遠在大洋居民進香男女偪處一船往山寺經旬
始返既於風化有關而關汛稽察禁物因婦女在船易至疏漏奸民乘機夾帶
公飭屬查禁　上韙之復請纂輯兩浙海塘通志又請申嚴雜糧私運出洋
之禁皆從之擢直隸總督兼理河道疏請就永定河之北大堤改移下口庶水
由地中暢下無阻明年　高宗親閱永定河堤　諭公以下口宜暢　御製
詩示之并　賜人葠三斤加太子少保六月永定河南岸淤溝奪溜乃堵築偪
歸引河復故道先是喀喇沁土默特等處種地人民漸多有　旨查禁廷議照
署督陳大受所請按三年五年之限交地回籍若原係民墾不能即回者按畝
交租俟一二年後給還原主十六年土默特貝子欲不問年限概行驅逐公奏
言此等貧民無家可歸即使甘受驅逐而數萬男女概入內地亦難安置應請
行之以漸　詔遣侍郎劉公綸等往勘如議行又疏言上年增建冰窖減水壩
貼近永定河下口近因水大全河於此掣溜冰窖以上河身吸刷深通較冰窖

以下河身驟低至五六尺其水仍出金門而壩臺並未衝刷至三十里外卽已澄清徑出坦坡埝汪爾淀一帶並無淤墊之處請於坦坡埝尾東北斜穿三角淀開引河歸入葉淀由鳳河轉輸入大清河疏下廷議令詳查再議公持前議益堅謂地勢人事天時皆順敢以必應改移請 詔尚書舒赫德公總督顧琮公會勘如公議是歲黃河水自陽武灌入長垣東明衝開月堤有 旨命公勘公疏言長垣東明其地南高北下河南陽武等縣之瀝水北注長垣向賴太行古堤捍衞嗣因堤被水齧堤西瀝水匯至致被衝塌今宜為瀝水籌去路請開引河導入舊河使容納東注卽將所起土自堤西村起另築新堤則堤外有河以疏瀝水河內有堤以防漫溢事半而功倍 詔如所議行尋疏陳濬治滿城縣之奇村河可溉稻田數千頃商船亦得通行得 旨嘉獎十八年奏設義倉告成計倉千餘貯穀二十八萬五千三百餘石酌規條並繪圖以進 温詔嘉獎 諭以實力行之尋疏言永定下口形勢變遷靡常請於北岸六工尾開堤放水作為下口至五道口東南導歸沙家淀仍由鳳河入大清河廷議以甫自

南岸冰窖改移下口何又有此請令據實復奏公持前議益堅　特旨允行二十年加太子太保署陝甘總督赴哈密及巴里坤籌辦軍餉馬匹疏陳共備馬二萬八千匹駝四千四百有奇又言哈密貯茶三萬封運往軍營仍撥五萬封補貯哈密舊存糧十萬石亦隨撥隨補先後撥餉金三十萬兩請再撥四十萬備用　諭以妥速爲要二十一年回直隸任明年八月　上以糧艘遲緩命卽在天津交兌俾及早回南免誤明年漕運　特諭稱公肆應裕如令悉心妥辦公奏天津北倉可貯糧三十萬石添設蓆囤可貯十數萬石臣飭辦葦蓆二萬片應用事竣仍可變價歸款費無多至交兌之船悉令泊北倉以南起剝之船悉泊北倉以北北倉東岸釘樁立界每二里泊船一起同時起米不相妨礙西岸留爲河道令空船行走仍令各船並進毋拘銜尾常例以期迅速抵津得　旨嘉允永定河淤灘地公請於堤內外共留十丈爲種柳取土之用餘撥給守堤貧民領種從之二十四年四月　上以北運河水勢微弱　命將先到糧艘截留四十萬石貯天津北倉將來水長續到之船令其直抵通倉公疏

請就先到各幫內每艘令酌剝若干卽得輕便各按應剝之數截留北倉餘仍
抵通交納以剝爲截則應截者一律均勻　諭獎其妥協如議行二十七年奏
請寓賑於工凡河渠堤埝及各處之減河疊道等概加修築計三十二州縣土
方銀米皆歸確實得　旨俞行四月同劉公統勳會勘山東四女寺哨馬營減
水引河語在劉公傳先是易州城北有安國河公奏允開渠灌田鑿子渠建大
小閘以時啓閉渠成　賜名安河二十八年　上以天津等屬積水未涸責
公不能設法疏消模稜玩誤部議奪職　命留任御史吉夢熊等遂劾公玩視
民瘼及胥役派車船勒索賄放事　諭曰方觀承在直年久每存息事甯人之
見事務既繁又値災歉措置自無不竭蹷言者動以爲歸過之地置身局外坐
言易而起行難使易地以處未必能如觀承之勉力支持也尋疏言直隸水道
溝洫自大興宛平東至撫甯西至易涿西南至望都東南至阜城又運河自武
清至吳橋共二十二州縣疊道開渠一律完竣　諭曰溝渠卽河道之脈絡也
應聯爲一氣方得宣洩之宜三十年　高宗南巡公迎　駕　賜詩褒美四

月條舉木棉事十六則繪圖說以進　御題詩十六章並令將公所作詩書於
每幅之末尋疏請欒城柏鄉內邱定興安肅望都等縣改建甎城淀泊河灘淤
地向給貧民租種嗣因胥役豪強影射兼幷公查明撤回請歸留養局爲養贍
貧民之用八月籌辦居庸關城及關溝疊道十月奏永定河葦地已成高灘請
改種禾納租均如所請三十三年薨於位年七十有一　優詔賜卹諡恪敏
賜祭葬如例公明於用人一見與語卽能知才所堪任寄以事無不當及公歿
而爲督撫有名若周元理李湖等凡十餘人皆夙所拔於守令丞尉中者也直
隸爲天下總滙之區繁劇不易治　乘輿歲有臨幸往來供張又值大軍征伊
犂緬甸師屢過境公儲備精密未嘗少缺乏而民無擾累自爲清河道至總督
皆掌治河公洞澈地勢相時決機前後數十疏從之輒利　純皇帝每稱善
謂非執成法者所可幾也公以政在養民故尤盡心於農田水利及溝洫倉儲
諸務所行以工代賑及周官溝樹之法得諸望溪先生之緒論爲多嘗值旱蝗
上責公督捕不力或勸劾一二州縣以自解公不可曰我之不職州縣何

辜焉磁州有逆民為亂公奏誅三人絞七人　上疑公寬縱廷寄切責者數
公執不易　詔九卿軍機大臣會訊乃知公所定之當　上益以賢公素勤
學工詩及書嘗偕秦文恭蕙田輯五禮通考又屬戴東原震撰河渠書百三卷
著有述本堂詩宜田彙稿問亭集及雜記直隸事凡數十卷公得子遲撫浙時
購一姬將納之見所攜詩冊有相知名問之其大父作也公曰吾少與其祖以
詩相知納其女孫可乎遂還其家助貲嫁之及六十一歲乃生子維甸　純
皇帝嘗抱至膝前解所佩金絲荷囊　賜之四十一年　上巡幸山東維甸
以貢生在良鄉迎　駕　諭曰原任總督方觀承宣力畿輔二十餘年勤勞懋
著一子維甸年已及歲著照裘行簡例授為內閣中書一體會試四十二年入
直隸名宦祠四十四年　御製懷舊詩列入五督臣中五十一年　命入祀賢
良祠
維甸字南耦號葆巖由中書直軍機處乾隆四十六年進士授吏部主事四十
九年隨福文襄公赴石峯堡軍營累遷郎中五十二年隨福公赴臺灣軍營

賞戴花翎遷御史五十四年典試廣西晉給事中遷光祿少卿五十六年隨福
公征廓爾喀轉太常少卿　賞三品卿銜擢光祿卿五十九年　命偕尚書蘇
凌阿往山東勘獄轉太常卿充順天副考官明年授長蘆鹽政坐事奪職吏議
發軍臺　特旨寬免　賞員外郎仍直軍機處嘉慶四年分校會試遷郎中晉
內閣侍讀學士隨尚書那文毅公辦軍務五年授山東按察使遷河南布政使
時川楚教匪未靖公督兵六千防界　上嘉之八月調陝西布政使就遷巡
撫時軍務將竟於搜捕零匪及籌撤鄉勇各事宜不遺餘力十一年甯陝新兵
叛公派兵堵勦請令總兵楊公芳回陝疏入　上韙之　命偕提督楊公遇
春進山督勦會有　詔遣繼勇侯德公來視師賊勢將趨石泉公遣將擊走之
命回行省治糧餉軍械及彈壓地方事宜未幾德公疏請將叛兵蒲大芳等
二百餘人暫歸原伍　上責其寬縱　命公嚴訊叛兵定議尋疏陳善後六
事從之十三年奏酌改陝省鹽務事宜下部議行十四年擢閩浙總督公以母
老未能迎養奏懇於半年後更代得　旨方維甸之母年逾八十平素母子相

依朕所素悉伊慮及日久遠離私心負疚自屬人子至情目下可速赴新任俟明年二三月來京陛見彼時順道先往江甯省母到京後再將其母近狀據實奏明候朕降旨尋遵旨赴廈門按治臺灣械鬭獄獲犯林聰等百餘人分別定議奏海盜朱濆經官兵礮斃其弟朱渥悔罪投誠呈繳船礮有衆三千餘人請分別遣散安插又奏臺灣屯務廢弛請通行查勘體卹番丁資調遣又請申明班兵舊制並籌議章程十則又奏臺灣各營汛地酌議歸併以便操防又疏陳約束械鬭章程請設約長族長責令管束本莊本族嚴禁隸役黨護把持皆下所司議行六月奏請陛見得旨七月十七日爲方維甸之母吳氏生辰方維甸可先赴江甯爲伊母稱祝並賞如意緞疋諸珍物九月至熱河入覲奏請終養優詔許開缺回籍養親且曰朕以孝治天下不忍拂人子至情也會浙撫蔣公攸銛奏鹽政奇玫家人弊混狀命赴浙察勘明年四月特旨召爲軍機大臣卽補尙書用資倚畀且曰伊母向在京師久住於北方風土素習若奉母來京於散直之餘朝夕侍奉實爲公私兩得卽遇巡幸亦不令其

隨往朕於方維甸母子之閒所以體念之者無所不至維甸當仰體朕用人不
得已之苦衷也但伊母見在身體不知究竟若何若果精神委頓萬難遠行仍
許據實陳奏公尋奏母病情形得　旨見在天氣漸熱方維甸母子不能暫離
若令其長途跋涉心殊不忍可在籍安心侍養不必來京幷　賜其母香珠摺
扇等物十八年丁母憂　詔賜祭　命江甯將軍與肇前往奠醊並傳　旨慰
諭方維甸令其節哀守禮再圖爲國宣勞時林清謀逆李文成等據滑縣奉
特旨方維甸本應俟其終制後再行簡用茲因直隸及東三省交界處有匪徒
滋事其令墨經從戎署直隸總督在任守制將來來京召見仍准素服俾得兼
盡孝思公營葬畢卽遵　旨啓程疏請馳赴軍營勦賊會那文毅公奏捷云已
圍攻滑城指日可收復　上不欲使公抱奪情之戚　溫旨令轉程回籍守
制再候簡用二十年六月薨於里第　諭稱其忠誠盡職清慎著名　贈太子
太保　命江甯將軍穆克登布往奠其子舉人候補中書方傳穆　賞進士許
一體殿試尋　賜祭葬　予諡勤襄所著曰心蘭室稿傳穆尋選庶吉士由編

修官沅州知府遷兵備道女若徽工琴善畫精篆刻適汪刺史元炳著有閒雲閣詩鈔

莊容可尚書事略

高宗御極之四年　詔以廷試進士對策撰擬頌聯獻諛非體且啓請託弊命大臣集議制策當取通達治體以漢鼂錯董仲舒唐劉蕡宋蘇軾爲式於是番禺莊公裒然爲舉首比引見風度端凝　天顏喜甚　賜及第授修撰入直南書房越三年公弟有信成進士引見公適以起居注官侍直　上顧問公遂得選庶吉士其冬兄弟同請告歸省海內榮之還朝遷右中允進侍講遷侍講學士擢光祿卿父憂歸即家授內閣學士服闋入朝遷兵部右侍郎督江蘇學政十五年轉戶部右侍郎　召還京尋典江南鄉試再視學江蘇十六年授江蘇巡撫二十一年丁母憂扶櫬南行　特命給假百日治喪於伏汛前至淮安署南河總督先是公督學政時浙江人于文彬偵公出獻所著文武記太公望傳等逆書公以爲病狂不究至是文彬挾其書至山東呈衍聖公孔昭煥

轉告巡撫楊應琚以　聞公自請治罪　命罰學政養廉銀十倍至是坐朱聃
主使獎命及張轂孫賄謀聯號嚴凝裕鬭蟋蟀等案均擅批罰贖未奏聞逮繫
法司論如律　詔貰罪令護喪回籍後赴軍臺自效方詰謫所中途即授湖北
巡撫歲餘仍調江蘇巡撫未行復調浙江巡撫蒞事四載復調江蘇仍兼管浙
江塘工賑務加太子少保二十九年擢刑部尚書暫留巡撫任三十一年協辦
大學士仍留辦巡撫事是年冬入都未幾坐前劾同知段成功縱役擾民復以
因病被朦入告　上責其避怨市恩逮繫半載有餘復授福建巡撫三十二
年七月薨於官舍年五十有五公以文學侍從之臣荷　主知出膺節鎮奮以
清勤自勵初在江蘇淮陽諸郡水公察勘撫卹得　旨截留百二十萬石出帑
銀五百萬兩備賑民乃得蘇歲乙亥大江南北復災公上疏自言奉職無狀數
干天和并陳諸捄荒策　上皆允行費帑千餘萬躬親散放胥役不得侵漁
明年夏大疫公捐俸錢令有司察民病者予藥死者予櫬并檄管內推其法行
之又疏言太倉鎮洋沿海田廬全賴海隄保障雍正十年築土塘三萬四千七

百餘丈時因經費不充僅於沿邊頂衝處修築餘多未辦邇因東北風潮損傷隄岸居民自請挑築請酌借庫銀萬六千兩交紳士自募夫役接築土塘九千四百七十餘丈務令汛前告竣所借銀按畝扣輸二年即可完款得　旨俞行及撫浙江浙西三郡以風雨蟲傷米價騰踊而江南亦歉收商販不至公奏撥庫銀三十六萬兩遣官往湖廣採買有　旨截湖南漕米十五萬石并碾倉穀十萬石運浙平糶自冬徂春米之來自三楚者舳艫相望歲雖儉而民不飢矣錢塘江入海之處有三亹曰南大亹曰中小亹曰北大亹乙丑以後水行中亹者十餘年己卯歲改趨北大亹公承　詔抵海甯閱柴石塘登尖山渡江歷勘以加築土堰添建坦水爲請既而水勢直齧塘根以預備得無患又奏復海塘兵弁專司負薪運土甃石省民夫無算海甯之老鹽倉向以土活沙浮祇立柴塘壬午歲　聖駕南巡議改石塘　命大學士劉公統勳高公晉與公先往察勘果以活沙不能立樁　上復親臨指示形勢令修柴塘增坦水加薪價公承　命鳩工庀材又用前人竹絡法編竹爲簍實以巨石鱗次櫛比以衞塘

根其秋風潮大作石塘閒有崩裂而柴塘獨無恙公之力也時秋霖水漲公親
往嘉湖二郡察勘知水歸太湖之道多淤而太湖下流亦多壅閼因請浚烏程
長興境內七十二漊幷遣官至江南按行三江故道疏入尋奉移撫江蘇之
命公遂親往尋脈絡得其要領建議大修三江水利疏略云太湖北受荆溪百
瀆南受天目諸山之水爲吳中巨浸而分疏之大幹則以三江爲要三江者吳
淞江婁江東江也東江自宋已湮明永樂閒別開黃浦寬廣足當三江之一今
亦謂之東江三江分流經吳江震澤吳元和崑山新陽青浦華亭上海太倉鎮
洋嘉定十二州縣港浦縱橫湖蕩參錯其出水之口不特寶帶橋一處如吳江
之十六港十七橋吳縣之鮎魚口大闕口爲湖水穿運河入江之要道今皆淺
沮又如入吳淞之龐山湖大斜港九里湖澱山湖潡浦邇因小民貪利徧植茭
蘆圈築魚蕩亦多侵占劉河古婁江也今河大非昔比往往艤舟待潮崑山外
壕爲婁江正道淺狹特甚蘇州婁門外江面僅寬四五丈偶遇秋霖上游輒淹
漫若及早治之事半而功則倍法當於運河以西凡太湖出水之口皆爲淸釐

占塞其運河以東三江故道惟黃浦見尚深通其吳淞江自龐山湖以下婁江自婁門以下均宜浚治寬深其植蘆插簖及冒占之區盡數剷除此後仍嚴爲之禁即以濬河之工加培圩岸庶渾潮不入清水日強而海口之淤亦將不挑而自去請先動帑興工仍於各州縣分年按畝徵還則民力紓而工可速集疏入　詔可工始於癸未十二月至甲申三月告成凡用白金二十二萬有奇公再撫蘇有　旨仍兼理浙江海塘先後增築魚鱗石塘二百七十丈其松江太倉沿海土塘居什之八九公請如浙塘法編竹簍實石護塘根以禦海潮公之盡心於水利海塘其大者如此其撫福建也預戒族人居晉江者勿造謁有至者遣閽人謝之曰某任封疆義當避嫌俟去官時再相見洎公薨晉江族人始來會哭咸稱公之公正爲不可及云公諱有恭字容可號滋圃先世由晉江往粵遂爲番禺人生而穎異工書法出入顏趙閒在禁林經進詩文數被獎異及

車駕省方公以方岳大臣扈從輒　命賡和　御詩壬午丙戌兩次　南巡

賜御製五七言律詩各一　上幸嘉興之煙雨樓　特召公至行營用石

鼎體聯句詩成書以勒石羣臣莫及焉公由祠館躋九列皆 聖明特擢不由
薦剡東南重鎮膺委任者十餘年入領尚書遂參大政中閱兩遭顛躓賴
天子仁恕終保全之重建旌節天不假年未臻中壽然海內士大夫識與不識
聞公名靡不傾嚮謂科目得人之盛爲嶺表所希有也一子曰士斌

沈文慤公事略

公諱德潛字確士號歸愚江蘇長洲人乾隆丙辰舉博學鴻詞科未遇戊午舉
於鄉年六十六矣己未成進士選庶吉士壬戌授編修 高宗嘗於南邦黎
獻集中見公詩賞之 諭大學士張文和公曰沈德潛係老名士有詩名 命
和消夏十詠及落葉諸詩俱稱 旨以後賡和遂不可勝紀累遷中允左庶子
侍讀學士甲子典試湖北明年晉詹事嘗 召對論歷代詩源流升降且云張
鵬翀才捷於爾而風格不及丙寅授內閣學士請假歸葬有 旨不必開缺
命給三代封誥 賜五律一章題云沈德潛爲父請封陳親遺訓聲淚俱下此
所謂終身之慕乎詩有云奚用悲寥落因知遂顯揚又 賜詩寵行有云我愛

德潛德醇風抱古初錢侍郎陳羣和云　帝愛德潛德我羨歸愚歸　上
嘉賞焉丁卯四月　命直上書房六月還朝　賜詩有曰朋友重然諾況在君
臣閱兒輩黽知書相期道孔顏尋以公年老　命天明始入上書房亭午即出
且曰以身教不專以言教也尋擢禮部侍郎明年充會試副考官以年力就衰
命原銜食俸仍直上書房己巳請告薦齊召南自代　許之　賜御畫人葠
緞帛及詩壇耆碩額　命校　御製詩畢乃行　諭有所著作許寄京呈覽且
曰朕於德潛可謂以詩始以詩終矣　賜詩有云清時舊寒士吳下老詩翁又
云近稿經商搉相知見始終　陛辭　面諭云爾歸享林泉之樂與鄉鄰講說
孝弟忠信便是爾之報國又云我五十壽時一定來京拜祝君臣之誼等於父
子家人最後復用　陛辭韻　賜詩四律首章云高尙特教還故里清標終惜
去朝班三章云笑予結習多難遣嘉爾臨文不忘箴皆異數也庚午公遊黃山
天台謁禹陵奉　賜詩有云爲語餘年須愛護來春吳會共論文蓋預訂　南
巡期約也明年公主紫陽書院二月迎　駕清江浦　温諭詢吳民勞苦不

賜緞帛蔆貂　諭在籍食俸　賜詩有云玉皇案吏今煙客天子門生更故人
別後詩裁經細檢當前民瘼聽頻陳壽扈蹕西湖　賜道存風雅額幸金山時
又　賜和山居雜興十章又　賜題紫陽書院詩公進恭和　御製詩一百四
章是冬以祝　皇太后萬壽入都　召見　賜坐明日　召入南書房　命
題韓滉七才子圖又題　御書無逸篇後又題　御畫古榦梅　賜貂裘及德
藝清標額公進詩集求　賜序　上欣然許之於小除夕坤甯宮手書以賜
序略曰德潛之詩遠陶鑄乎李杜而近伯仲乎高王矣乃獨取義於昌黎歸愚
之云者則所謂去華就實君子之道也昌黎因文見道始有是語而歸愚叟乃
能深契於此識夷守約斂藻就澹是則李杜高王所未言而有合於夫子教人
學詩之義也夫非常之人然後有非常之遇德潛受非常之知而其詩亦今世
之非常者故以非常之例序之異日者江國行春靈巖駐蹕思欲清問民艱暇
咨新什將訪歸愚叟於愚公溪谷閒矣高王蓋指青邱漁洋謂公詩有過之無
不及也壬申正月　上召賦雪獅聯句詩小宴　重華宮　賜詩　命和又

賜御書鶴性松身堂額及藏佛一尊冠服六種蓋爲公八十稱壽也翼日陳
謝　上與論人臣體用公奏體用兼備如姚宋韓范諸臣可以維持宗社有
體無用猶不失爲正人特不堪重寄耳若無體而妄談作用必僨事　上然
之南歸　賜詩送行及途費銀二百兩尋進西湖志纂　上題三絕句代序
丁丑二月　上南巡加公禮部尚書銜　諭稱爲蓬瀛人瑞疊前韻　賜之
有句云星垣帝友豈無友吳下詩人尚有人每　召對問民疾苦幷問高年有
學問者還有幾人公以司業顧棟高進士方粲如對　上詳詢履歷識之尋
出　御詩百六十餘章　命和辛巳入都祝　皇太后七旬萬壽進歷朝聖
母圖冊　賜杖入朝　命與九老會計在位九人在籍九人武臣九人皆年七
十以上公爲在籍文臣之首　賜遊香山並圖形內府　懿旨賞賚有差公
進所選　國朝詩乞序中錄錢謙益錢名世諸作　上賜序責其失當　命
儒臣精校去留重鋟板行世而待公如初尋　諭明年南巡迎送不必出蘇州
界壬午二月偕錢尚書陳羣迎　駕常州　賜額曰九袠詩仙又詩二律其一

與錢尙書同　賜並稱爲大老公連和　御詩十八章　恩賚稠疊明年
上和公攝山詩十二章　御書長卷以　賜乙酉二月公偕錢尙書迎　駕武
進　詔加太子太傅食正一品俸孫賜舉人一體應禮部試尋　賜人蔘緞匹
御製詩二律其一與錢尙書同　賜其一有云吳中今古老人科比似徵明
定若何書畫雖輸詩勝彼功名已過壽如他蓋公曾進呈文待詔像　上題
七言律　命南書房詞臣屬和故　賜詩以比公也戊子己丑均有　詔存問
賜人蔘庚寅九月薨年九十有七乾隆三十四年也　優詔悼恤　贈太子
太師入祀賢良祠　賜祭　賜葬諡文慤　御製詩悼之有云壽縱未能臻百
歲詩當不朽照千秋可謂恩禮始終矣公鄉試十七次不第晚達受殊眷榮悴
一節不干進不希風旨下直蕭然繩扉皂綈如訓蒙叟其所奏進諸詩陳善納
忠往往能繼古泂酌卷阿之作者其於閭閻息耗四方水旱歸本辰居責成牧
守補救之實壹見於詩反覆盡意不苟爲虛美世徒見　上遇公之榮而不
知公之所以被　上知者固有在矣　上每巡江南望見公　天顏先喜

前後受　賜詩至四十餘首歷校　御製詩時有更易　上皆虛己從之
賞福字及書籍法帖諸尚方珍物不可殫數海外諸國爭走重金購詩集日本
臣高彝寄書千餘言溯詩學源流詆錢牧齋持論不公而以公所論爲中正贈
詩四章願附弟子列公拒之蓋法文衡山不以書畫予遠夷意也四十二年東
台縣已故舉人徐述夔所著一柱樓集詩詞悖逆被訐告集有公所作述夔傳
下廷議追奪階銜祠諡四十四年　御製懷舊詩列公五詞臣中仍以錢沈並
稱東南二老云

裘文達公事略 子恭勤公行簡

司空之職掌邦土居四民時地利使修利堤防通達溝瀆別五土之性而物其
所生之宜厥任綦重　朝廷命官必深知其蘊蓄又歷試有功然後畀以宅揆
熙載之任新建裘公歷六官咸稱職尤善於治水　天子重公材數任之
公竭智慮告成功最後晉工部尚書竟薨於此位可謂能舉其職者矣乾隆二
十二年五月　詔曰朕此次南巡親涖河工相度險要特派侍郎夢麟總河白

鍾山疏濬荆山橋一帶總河張師載巡撫高晉會辦徐州黃河兩岸堤工其徐州護城石工則委之副都御史德爾敏下河諸工則委之副總河嵇璜凡以爲積歲災民籌捍禦之策也近聞山東之金鄉魚臺上江之宿虹靈璧河南之永城夏邑等州縣皆有積水漫溢其受病實非一朝一夕之故若不及時籌辦將何所底止此朕南巡未了之事也其令侍郎裘曰修馳驛前往山東河南上江現在積水各州縣往來周視寬以時日熟察情形通盤籌畫果歸實用毋惜多費帑金用副朕痌瘝一體之意公銜　命自山東查勘至河南自河南至上江疏請將靈璧之斗溝拖尾河沱河虹縣之荀家溝岳家河潼河一律疏濬至董家溝在宿遷境內安河界桃源泗宿三州縣閒皆已淤淺其金鎖鎮田家集劉李埂陡門等處上下八十里爲入洪澤湖咽喉皆宜逐段開濬必此處較上游深通而後濉河等水可以順流直下惟下游之下復有下游洪澤一湖以清口爲出路前已奉　旨將草壩拆卸以暢其流仰見　聖明燭照於數千里外但每歲須應期開放庶不至壅閼於一時有　旨嘉其明晰得要領　命與夢麟

等無分彼此所見既確卽一力擔承務期歲前蕆事公復由潁亳一路至河南疏言潁亳一帶必東面及東南面去路無阻然後中州諸水可得而治宜先開幹河繼開支河繼開溝洫其東面之幹河在商邱爲豐樂河在夏邑爲响河在永城爲巴河東南面之幹河以大沙河爲最卽古潁水次則開封之賈魯河卽古汴水均宜一律挑濬此外如永城之漕溝夏邑之毛家河小引溝觀音閣引河白河三岔河虞城之惠民溝商邱之北沙河大澗溝鹿邑之清水河汝甯之洪河汝河宜徧加疏濬一律通流由引河以達支河由支河以達幹河其不能歸河者於田閒多作溝渠導引或窪地聽爲澤藪庶不至漫溢得　旨如議速行公復至山東查勘疏言館陶臨清等州縣濱河兩岸民埝向係民築民修請照直隸永定河工例每夫日給升米責成地方官督令修補從之又言山東水道疏濬兗州爲要曹州次之臣前已奏開伊家河今復將原估十丈河頭再展寬數丈使微山湖水建瓴而下則濟甯魚臺滕嶧以及江南之豐沛二縣地畝可普行涸出至水消後再有當治者就兗州言之魚臺縣有舊運河界微山湖

西面上接濟甯之牛頭河金鄉之淶河柳林河應一律挑濬又泗河自濟甯姚安莊以下河身愈狹白馬河中段之董家口與泗河相接應將二河之尾段挑濬至府河爲泗水分支宜將涵洞改建水閘其楊家壩亦改建石閘又濟甯之與文鎭舊有河形宜挑濬以洩洸河盛漲就曹州言之則應分二道西南之太行堤畔舊有順堤河今多淤墊宜疏濬東北則現於八里廟增建滾壩當沙趙二河之衝於地勢最爲扼要又沂水流入江南之駱馬湖見多淤塞應一併疏通以除水患　諭曰朕正慮及沂州府每被水災覽奏有疏通駱馬湖語宜相度速辦又奏山東運河情形言南旺舊制係三分南行七分北上今則北少南多應於分水口兩岸接長南壩收短北壩俾順勢北行再將何家壩減低二尺放入北運於糧艘回空後嚴閉南閘使南運河下段堤岸畢出凡不能興工之處皆可興修庶明歲漕運無誤　諭曰恐爾等分身不及今又遣劉統勳前往專司運河工程此奏可與之酌辦也公復至上江請將亳州之兩河口及三道河淝河宋陽河太和之茨河明河霍邱之高塘河宿州之澮河商邱之大沙河

一律修濬旋至河南疏陳自幹河外共開支河三十餘處如商邱之兩沙河虞城之苑家堤遂平之石洋河上蔡之柳堰河泥河小茅河新蔡之三岔河各相機疏築從此中州可永無水患疏入　上皆嘉獎二十三年夏工竣得　旨優敘　御製詩美之二十六年秋河決楊橋　命赴河南勘辦尋　命大學士劉公統勳北惠公駐楊橋督工公躬自履勘塞決口二百餘丈又言沁水出五龍山性甚悍急沿河堤埝皆民辦此次工大費鉅請借帑興工以紓民力得　旨嘉允十二月工竣予優敘　御製中州治河碑序及公勞績二十八年二月　命馳驛來京督辦直隸水道溝渠事務　賜御製詩公濬蘆溝中泓疏金門求賢二壩築攔水埝瀹鳳河淤兼治北運河築南倉橫堤以衛民居改疊道以洩西流九月工竣請假回籍迎養　詔以濉河久未疏濬　命歸途便道勘辦公奏宜厚蓄清水以刷淤泥遇應開黃㠉閘則堵南服河頭應開西流閘則堵北服河頭使水匯入濉河力足衝刷庶無淤積之患至南北二河口宜築壩堵截俾兩河清水全歸濉河遇水漲時仍啓壩分洩於蓄洩乃為合宜　上嘉

納焉三十一年　命公往勘江南淮徐支河其毗連山東河南者　命一體閱視三十六年復　命勘滄州一帶運河情形七月有　詔濬河利漕　命公往來調度查勘專司其事明年復　詔督辦永定河北運河等處工程　上言治河不外疏築二字而築不如疏其理甚明直省之弊在近水居民與水爭地如雨河淀泊本以瀦水乃水退一尺則佔耕一尺旣報陞科卽呈請築埝致堤埝直矗波心橫決益甚請　勅所司於一切淀泊毋許報墾陞科並不得橫加堤埝俾水有所歸則患自息矣　上是其言降　勅嚴禁此公治水大略也當是時　高宗軫念河防不惜捐千萬帑金以捍民患亦惟公竭忠殫力足以仰副　聖心云公諱曰修字叔度一字漫士世居新建之雙港父思補康熙丁丑進士由建德令行取累官給事中祀名宦公其第五子也乾隆元年以廩生薦博學鴻詞舉順天鄉試四年成進士與館選八年　御試高等超擢侍讀學士轉少詹事晉詹事遷內閣學士一任兵部右侍郎再任吏部右侍郎三任戸部左右侍郎一任工部左侍郎兩任倉場侍郎三尹順天歷禮刑工三部

尙書中閒坐胡中藻逆詩事罷官尋授中允遷侍講逾月復故後坐捕蝗不力降官未幾仍復故一入軍機三侍經筵一直南書房一典湖北鄉試兩典江南鄉試兩典浙江鄉試一充會試總裁又充會典四庫書總裁奉 勅撰熱河志大學志西清古鑑秘殿珠林石渠寶笈錢錄等書公貌清癯眉有濃翠顧盼閃精神淵映居恆喜賓客工諧謔搜奇語怪無倦色而遇事神解超捷每歷一曹受一職手文書默然數日後判決如流二十一年 王師征伊犂公面奏軍務機宜 天子大悅即 賜御衣冠 命乘傳赴巴里坤治事會逆酋莽里克遣弟某詭稱押送諸番探信卡倫公與哈密總兵祖雲龍縛畀總督發其奸哈密兵少有赴巴里坤種地者七百人公請暫留爲衛而發麥以餉之 上皆獎許公聽強機警受大任舉重若輕 天子愛其敏倚若股肱凡有事於四方與大學士劉公統勳先後奔走 命未復後 命踵至雖侍 內廷綜六部而英蕩款闕足跡常半天下二十三年 命在工次訊邳州某牧短發車價事明年 命往太倉訊王閶冒家主事又明年 命往蘭州訊縣丞崔琇擅動

驛馬事二十九年　命往福建訊總督楊廷璋受陋規事三十七年　命往盛
京查旗地事而奉　命勘水利前後至八次兩次丁憂回籍均於未服闋時奉
特召入京視事其眷倚若此公讞獄無苛嚴亦無縱捨衡文得士心遇事善
於應變而立意一歸慈厚自盛京歸奏免八旗在息銀長司寇時奏免盜瘞者
死勘災楊橋時奏災區急宜賑恤請不拘成例一面查點一面散給庶無坐轉
溝壑之虞又言粥廠爲利最溥有司恐聚衆生事往往阻格不行不知各縣均
設粥廠則彼境之人不入此境又於一縣中分四鄉散給自不至於擁擠
上立予施行公所治皆有名績他人得其一皆足自名而其尤關國計民瘼者
則治水爲最著也三十八年五月公病噎　上日遣御醫診視請解職弗許
賜詩慰問加太子太傅公感涕恭和二詩手書進謝越二日薨年六十有二
上聞軫悼派散秩大臣率侍衛十員往奠醊　賜祭　賜葬謚文達子行
簡　恩賞內閣中書　命一體會試喪歸公卿士大夫素車塞路外省河堤老
兵戍卒皆泣歎有失聲者公本以文學受知澤躬儒雅提唱宏奬道滁州擕歐

陽文忠像丐　御題得允所請凡扈從侍宴及　慶典大禮所進賡颺紀頌之
作皆稱　旨書法近宋臣張卽之　上以內府張書華嚴經殘本　命公補
書人莫能辨平居不言人過惟以人命最重果報不爽爲勸戒見失意者卽惻
惻不安必曲折使得其所在戶部最久所入隨手施與嘗典衣度歲人不知也
方勘豫災時子麟卒太夫人書訓曰窮黎皆赤子勿以爾子傷墮公事公爲節
慟聞者誦之公彌留時語左右曰吾爲燕子磯水神君輩江行所次苟酹卮酒
弗敢辭有老嫗曰昔太夫人禱磯邊神祠始有身公之去來可知也子麟庚辰
進士官編修師國子監生皆前卒行簡官至兵部侍郎直隸總督
行簡字敬之乾隆四十三年以中書直軍機處擢內閣侍讀四十九年隨大學
士阿文成公赴甘肅勦石峯堡逆回旋赴河南察治河工明年出知甯武府調
平陽五十五年請改京職便養　優詔以知府服俸任員外郎仍直軍機處嘉
慶四年由郎中遷內閣侍讀學士六年以太僕少卿奉　命赴陝西犒軍時教
匪未靖經略額勒登保公駐略陽公疏言川陝兵宜扼衝嚴守使陝匪不入川

川匪不入陝然後偪使東竄經略以大兵蹙之可計日梟縛又言自寶雞至褒城棧道兵卡宜復設且於要害設大營隔賊走路兼通大軍糧運而其時經略引嫌請止舉劾麾下功罪公奏請五路帶兵大臣所統將士皆聽舉劾移書川督勒保公陳廉頗相下之義兩帥大和途次鳳縣晉本寺卿　賞花翎授河南布政使調江甯母憂歸八年授福建布政使調直隸先是天下大政事賑貸轉輸供億皆以州縣爲經由數匯錢穀出入多未釐正　高宗禪受禮成　特旨盡免廢負而地方大吏鉤稽簿領束於成格不能盡豁除或借以爲煩擾之具公以謂非清谿無以塞僥倖滌煩苛遂一以清谿爲首務福建布政司冊目十有一公創分子目千五百有奇支解者毫黍皆見吏不能欺得銀若干萬直隸民逋議分年帶徵官逋議分年罰繳又得若干萬於是兩行省積弊一清尋命加兵部侍郎署直隸總督坐永定河決降二秩留任九月自天津赴永定河督工途次得疾不起　優旨照總督例　賜卹　賜祭葬諡恭勤子元善賜舉人官內閣中書

梁文定公事略

公諱國治字階平號瑤峯一號豐山浙江會稽人父文標官刑部司獄恤囚有陰德嘗曰彼自麗於法耳何爲瘐苦之累遷刑部主事公生負異稟年十四補弟子員冠其籍十九舉乾隆六年鄉試明年考取內閣中書十三年戊辰以一甲一名 賜進士及第授修撰十九年還司業二十一年典試廣東復 命奏對稱 旨命往廣東以道員用明年補惠潮嘉兵備道二十六年恭祝 皇太后萬壽至京以卓異引見 特旨署都察院左副都御史公以巍科清望出試吏事至是超擢卿貳聞者翕然明年主江西鄉試旋視學安徽擢吏部左侍郎三十年調江蘇學政提唱羣雅鑒別茂異大江南北士翕然宗之尋坐署廣東糧道時失察折色事落職就勘明年事白授山西冀甯道三十二年授湖南按察使明年授江甯布政使又明年擢湖北巡撫兼署湖廣總督及荊州將軍時官兵征緬甸振旅過境公躬勞拊且鎮之序行無譁奏定施南府屬宣恩來鳳咸豐利川學增額有差三十六年調撫湖南公以經術飭吏治清風惠政不

嬈以孚嘗捐俸修唐鐵佛寺池產青蓮花時以為瑞三十八年　特召直軍機處署禮吏侍郎時朱文正公致書公曰君以封疆大吏入贊樞密願以清吏源培民脈端士氣三言為獻公深然之明年　命直南書房補戶部侍郎自是召對扈從無閒昕夕充經筵講官　賜紫禁城騎馬第宅冠服之賚便蕃有加四十二年典順天鄉試擢戶部尚書四十七年加太子少傅明年協辦大學士歲庚子甲辰再以扈　駕南巡　賜休沐上冢鄉鄰榮焉五十年春與千叟宴於　乾清宮夏拜東閣大學士兼戶部尚書公以文學受知在　帝左右敬慎縝密不以寵利居功粹然儒者在昔有宋由大魁入政府者九人有明一代十有七人而我　高宗朝六十年中實遘其三公以經世才際　文德武功之盛雍容大雅密勿論思時目為讀書真宰相其天性學養尤足稱其遭遇云

公體素清臞五十一年仲冬疾作　上遣醫官暨侍衛傳　旨存問越月十三日薨於位　高宗軫悼加贈太子太保　命　皇子往奠　賚白金千兩治喪　賜諡文定公始終承眷惟其端亮勤恪信之者深也公性孝友十歲喪

母哀毀如成人十七丁外艱葬祭盡禮顛沛中不廢所學兄國泰早卒與公同

月日生故終身不稱觴事嫂馮甚謹官侍郎時以己官貤封焉性好學愛才所

至名士如歸公退論文見之者如對山林高逸篤故人誼貧賤交終身不忘晚

秉樞要從游益廣渾穆中涇渭秩然淸儉不名一錢俸入輒隨手盡三黨皆德

之詩文典贍書法得唐人風致著有敬思堂文集薨年六十有四子五人

國朝先正事略卷十八

國朝先正事略卷十九

名臣

朱文正公事略

平江李元度次青纂

朱文正公諱珪字石君號南厓先世居蕭山祖登俊官長陽知縣父文炳官盩厔知縣始遷籍爲大興人公祖與高安朱文端公同爲湖北令相友善清名亦相埒公父受經於高安故公自十一歲即傳高安之學年十七舉乾隆十二年鄉試與叔兄筠同榜名震都下次年成進士選庶吉士習國書尋授編修累遷侍讀學士二十四年主河南鄉試奉使祭告南嶽明年充會試同考官秋授福建糧道毀和合諸淫祠民大驚服二十八年擢按察使兼署布政使閩人裘自位假平臺灣功躋武職獄連數十人公誅正犯一人諸受欺者皆不坐有告家譜妄逆者讞之僅戮一撰譜者屍二十九年父憂歸三十二年補湖北按察使時緬甸用兵公司驛務無誤無擾有亂民聚衆公鞫之不少縱然脅從者皆

得免明年調山西又明年就遷布政使秋奏立保固城工法令後任隨時修護
如潰在三十年內與原築官分賠下部議行三十六年權巡撫事奏撥歸化綏
遠二城穀十餘萬石搭放兵糧以省采買而免紅朽奏免土默特蒙古私墾之
罪以所墾牧地三千一百餘頃許附近貧苦兵民認耕納租歲六千餘兩增官
兵公費奏太僕寺牧地苦寒宜改徵折色以便民除弊皆下部議行三十八年
勘歸化城水災奏撫恤之明年按察使黃檢疏劾公終日讀書於地方事無整
頓又明年入　覲授侍講學士四十一年　命上書房行走侍　仁宗皇帝
學時初置文淵閣官　特命公直閣事主福建己亥鄉試四十五年督福建學
政將行上五箴於　仁宗藩邸曰養心曰敬身曰勤業曰虛己曰致誠
上力行之及　親政亦常置座右四十九年扈　蹕南巡授內閣學士閱江浙
召試卷五十一年授禮部侍郎主試江南督浙江學政五十四年置蕭山祭田
百畝冬還　朝充經筵講官明年經筵進講　諸皇子侍班聽講　高宗顧
謂　仁宗曰汝師傅所講甚善春總裁會試秋授安徽巡撫　命馳驛賑

水災乃攜僕五人與村民同渡賑宿泗碭山靈璧五河盱眙民以糧借懷遠鳳臺壽民以糧及種築決堤六十餘丈民乃安復請展春賑手自散給五十七年奏鳳潁水災　恩賞糧種免民欠萬五千兩祁門縣築城成輕騎往驗之至新嶺有欲中傷歙縣令者屬掌亭人以饍餳進公恬然飽之五十九年調撫廣東尋兩廣總督授左都御史兵部尚書皆留巡撫任暎咭唎國入貢呈土物卻之嘉慶元年授兩廣總督兼署巡撫六月有　旨內召曰將用爲大學士也俄以督魁倫奏粵東艇匪駛至閩浙乃公總督任內不能緝捕之咎寢前　命仍授安徽巡撫會鳳陽等屬水災疏請賑恤親給之官吏莫敢侵時楚豫多邪教流言皖屬多跧伏者公曰疑而索之是激之變也乃親駐界上籌防禦徧涖潁亳等屬聚長老教誡張文告諭而明民大感化明年授兵部尚書調吏部皆留巡撫任宿靈璧水合肥定遠巢來安全椒旱皆親賑之民忘其災明年蒙亳復水賑卹如之會　高宗純皇帝上賓　仁宗馳驛召公公哭且奔先上奏曰

聞　太上皇帝龍馭上昇膽裂呼天角崩投地欽惟　大行皇帝十全功

德五福考終傳器愜心於昭在上我　皇上純孝超倫報天罔極竊聞定欲躬行三年之喪此舉邁千古而欽萬世然而天子之孝不以毀形滅性爲奇以繼志述事爲大親政伊始遠聽近瞻默運乾綱霈施渙號陽剛之氣如日重光惻怛之仁無幽不浹思修身嚴誠欺之介於觀人辨義利之防君心正而四維張　朝廷清而九牧肅身先節儉崇獎清廉自然盜賊不足平財用不足阜惟願我　皇上無忘堯舜自任之心臣敢不勉行仁義事君之道　上嘉納之及至京哭臨　上執公手哭失聲旋　命直南書房管戶部三庫自是國家大政事有所咨詢皆造膝自陳不草一疏不沽直不市恩不關白軍機大臣公第在外城遠且隘　賜第西華門　紫禁城騎馬加太子少保充　實錄總裁典己未會試調戶部尚書時　上禁浮收漕米之弊外省以運丁貧仰資州縣州縣取民不得不浮於是安徽有加增銀江蘇有加耗米之請部議將擬行矣公思之不寐綜其數較原徵加倍乃決計駁曰小民未見清漕之益先受加賦之害不可行並令曹司以後凡事近加賦皆議駁以體　皇上損上

益下之意長蘆鹽政奏鹽價一斤加錢二文公駁曰前蘆東因錢價過賤已三加價又免積欠二百六十萬兩餘欠展三年商力自寬且今錢價漸貴應無庸議廣東布政司奏陞濱海沙地賦公駁曰海沙淤地坍漲靡常故照下則田減半賦之今視上中田增賦是與沿海民計微利非政體且民苦加賦將別有漲地亦不敢報墾不可行後倉場衙門請預納錢糧四五十倍準作義監生公駁曰國家正供有常經而名實關體要於名不正於實有傷斷不可行凡駁議皆親屬稿奏　上皆韙之嘉慶五年兼署吏部尚書坐輿夫毆傷禁門兵免太子太保解三庫事彭文勤墮馬西華門內公呼其輿入門舁之復坐違例鐫三級留任六年陪祀祈穀壇未曙誤行墜甬道下傷左跨　賜醫　賜食駱驛於道遣內監賚　硃諭至第視疾且詢事三月小愈卽趨　朝七年秋扈　蹕灤陽宣　制以戶部尚書拜協辦大學士仍加太子少保八年兼掌院學士春夏皆爲留京辦事大臣九年春　駕幸翰林院先期晉公太子太傅及幸院　賜宴聯句　御書天祿儲才額摹刻院堂以墨蹟　賜公第公在翰林爲二十四

科前輩資最深且掌院事瀛洲典故盛且榮焉十年正月宣 制拜體仁閣大學士管理工部事 上以是命爲遵 先帝遺詔也命詣 裕陵謝明年春公感疾 上命遊覽西山諸勝以散其懷時公年七十有六矣九月乞休 上曰待卿八十當爲壽尋 命戶部尚書戴公衢亨賚 賜詩十韻及玉鳩杖 諭天寒閒二三日入直且俟日出後至南書房候 召對每入對則預定召對後期十一月庚午寒甚乾清宮 召對畢降階忽痰壅歸第 賜御醫視疾 賜假兩月十二月乙亥力疾作匆獻詩 上將親臨公第丁丑復命戴公來問疾夜逾半公薨 上震悼泣諭羣臣降 制曰大學士朱珪持躬正直砥節清廉經術淹通器宇醇厚凡所陳奏均得大體服官五十餘年依然寒素家庭敦睦動循禮法洵不愧爲端人正士畀倚方殷遽聞溘逝深爲痛悼初六日朕親臨賜奠已賜陀羅經被可令慶郡王永璘帶領侍衞十員先往奠醊給內帑銀二千五百兩治喪晉贈太傅入祀賢良祠己卯 上親臨奠三爵哭不止回 宮降 制曰乾隆朝惟故大學士劉統勳蒙 皇考鑒

其品節　賜謚文正易名之典特隆顧統勳於署總督任內曾經獲咎褫職復蒙　恩錄用至朱珪立朝五十餘年敭歷中外從未稍蹈愆尤絕無瑕玷猶憶伊官翰林時　皇考簡爲朕師傅其所陳說無非唐虞三代之言不特非法不道卽少涉時趨之論亦從不出諸口啓沃良多揆諸謚法實足當正字而無愧著卽賜謚文正毋庸內閣擬請也又曰本日朕親臨奠醊見其門庭卑隘清寒之況不異儒素睠念遺風愴懷未已可再令皇二子前往代朕賜奠俟殯送時派慶郡王永璘前往祖奠目送以示朕眷懷舊學至意復　撰抒痛詩十二韻　命南書房翰林黃鉞於殯前焚之壬辰　命禮部尚書承恩侯恭阿拉諭祭公第明年　御製碑文刻石阡門上巳日　上謁　西陵蹕路距公墓數里　上遠眺松楸追懷愴惻　命大臣詣墓賜奠　高宗實錄成以公總修八載　賜祭一壇長子錫經服闋後以京卿用公在翰林時　國家有大典禮撰進雅頌詩冊文跋　高宗必嘉賞之以爲能見其大頌不忘規或陳坐隅或　命諸　皇子　皇孫寫爲副　聖製詩時或寄示　命和公官

督撫時　仁宗皇帝在書房常頒手札積一百三十九函裝六卷歸朝繳進
上亦書數年懷公詩數十首爲二冊題曰蒹葭遠目曰山海遙思以示公
公跋云臣之蕪陋何足以當非常眷注惟有此心不敢欺耳其於大學義利之
辨通鑑治亂之由天命呼吸可通民情憂樂無閒反覆敷陳不以爲迂闊而遠
於事情也公所著知不足齋詩文集　上命以刻本進　賜題律詩四章於
卷首公端凝純粹胸中無城府於經術無所不通取士務以經策較四書文銳
意求樸學才士黃景仁張騰蛟死深惆惜焉通人寒士必揚其名於朝典試事
不受外僚贈遺承宣數省平餘銀鉅萬悉不取撫安徽裁蕪湖南關陋規閩省
洋商陋規事發　欽使涖治惟公未受一錢公官於外厓岸廉峻中朝大官絕
無所援管部事持大端不親細務清操亮節海內仰之撫皖時門人汪庶子學
金來請益留帀月歸公曰何所聞而來何所見而去汪曰一談一笑無非天理
某所見乃大進矣其感人如此尤篤孝友父杖兄跪而以身蔽受之慟母氏早
世事庶母幾如母事諸兄悲愉如一體執兄喪咯血幾至毀事寡嫂盡敬撫兄

子如己子三鄉故交靡不周卹嘗曰吾三十九歲夜坐忽腹悶自暖由脊上貫於頂甘液自咢下注由是流轉至老不絕乃知朱子注參同契非空言也年四十餘卽獨居迄無妾媵　御製抒痛詩有云半生惟獨宿一世不貪錢其知之者深矣有兄三曰堂曰垣曰筠筠字竹君與公齊名另有傳

傅襄烈公事略

公諱傅清姓富察氏滿洲鑲黃旗人追贈一等公李榮保次子也由藍翎侍衛洊擢副都統雍正五年授天津總兵九年　命以副都統充駐藏大臣先是西藏郡王頗羅鼐有子二長珠爾默特策布登次珠爾默特那木札勒　上獎頗羅鼐勞績令自保一子襲爵頗羅鼐以次子對十二年頗羅鼐卒　詔珠爾默特那木札勒襲郡王又慮其年幼未必能洽服衆心　諭公逐處留心訪查凡有未洽之處卽行指示惟期地方安靜不生事端公疏言準噶爾夷使目下進藏熬茶各隘應增兵防範幷密飭各寺廟喇嘛知之疏入　廷議酌調數千於緊要處防守毋涉張皇恐伊等聞而生懼十三年春熬茶事竣　命馳驛來

京補天津總兵擢古北口提督十四年調固原提督十月駐藏副都統紀山奏珠爾默特那木札勒性情乖戾與達賴喇嘛有隙請將達賴喇嘛移駐泰甯

上訓飭之　詔公以都統銜由固原馳驛赴藏與紀山遇事籌商十二月紀山復奏珠爾默特那木札勒告其兄珠爾默特策布登聚兵攻取果弼柰事

詔公沿途細訪勿墮其術中尋　命侍郎拉布敦往代紀山公途中覆奏言珠爾默特策布登搆兵事恐未確或係珠爾默特那木札勒謀據兄地揑詞誣陷俟臣抵藏時察看情形辦理得　旨珠爾默特那木札勒乖戾詭譎留之終必生事或乘伊與兄搆兵以助戰爲名相機擒戮或俟明年章嘉呼圖克圖赴藏熬茶時以兵護送乘閒殲除二者孰爲利便其熟籌具奏十五年五月公抵藏偕拉布敦公合疏言珠爾默特策布登暴死珠爾默特那木札勒擅調兵甲運礮赴薩海　諭曰此時當靜以俟之待其自起自止俟回藏後將如何舉動之處再取進止九月疏劾珠爾默特那木札勒往後藏時誣搆卜倫第巴等籍沒其產又逐其兄子戮辱頗羅鼐舊人殆盡見帶兵二千餘在距前藏三百餘里

之達木地方駐牧　諭以道途遼遠可暫聽之十月奏逆跡漸著宜相機擒治
上命副都統班第赴藏並　密諭川督策楞備兵援勦時珠爾默特那木
札勒陰通準噶爾絕我郵置軍書不達者旬日公與拉公決計翦除是月十三
日召珠爾默特那木札勒至通司岡公署登樓數其罪手刃之逆黨羅卜藏札
什等糾衆圍樓縱火施鎗礮達賴喇嘛遣救不得入公被創自盡拉公亦遇害
十一月策楞馳疏聞　上以公等爲國捐軀深用憫惜不覺涕零又　諭曰
珠爾默特那木札勒反形已露若不先誅戮傅清等亦必遭其荼毒則傅清拉
布敦之先幾籌畫殲厥渠魁實堪嘉閔非若漢霍光之誘致樓蘭而斬之也夫
臨陣捐軀尙迫於勢所不得不然如傅清拉布敦揆幾審勢決計定謀其心較
苦而其功爲尤大其各贈一等伯並入祀賢良昭忠二祠春秋致祭傅清幷入
伊家祠從祀伊等子孫各予一等子爵世襲罔替並將二臣爲國捐軀之大節
明白宣示使天下共知其不得已之苦心否則好事喜功者將借二臣爲口實
而事外無知之人又有議其擅開邊釁而仍邀國家厚恩者朕豈肯令是非倒

置若此乎十六年春　命立祠通司岡柩至京　上親臨奠醊　賞白金萬兩治喪　賜祭　賜葬　賜謚襄烈　御製詩紀其事未幾達賴喇嘛使番部公爵班替達等禽逆黨以聞我將軍策楞班第等至藏奏珠逆僭立名號句結準噶爾求發兵爲聲援設非二臣決意除害則貽禍藏地將不可言　詔特建雙忠祠列入祀典爲實心爲國者勸自是永禁唐古特及準夷往來之使而西藏遂不封汗王貝子以四噶布倫分其權而總於達賴喇嘛我駐藏大臣增兵千有五百戍藏而國事仍不盡與聞云

拉壯果公事略

公諱拉布敦姓棟鄂氏滿洲正黃旗人父錫勒達官尚書康熙五十五年公由閑散襲輕車都尉雍正七年赴北路軍營隨靖邊大將軍傅爾丹勦準噶爾於和通呼爾哈納爾公與賊連戰數晝夜斬獲甚衆十年隨額駙策淩敗賊於額爾德尼昭授世管佐領十三年查驗軍營超勇人員　賞戴孔雀翎十二年奉命率兵越阿爾台山偵探乾隆元年補參領六年授副都統八年授北路軍

營參贊大臣九年授定邊左副將軍疏言偵得布爾吉推河有厄爾特宰桑額
勒愼等十餘戸駐牧布延圖河源有烏梁海得木齊札木禪等十餘戸駐牧布
爾吉推河在阿爾台山梁外布延圖河源在阿爾台山梁內均距卡倫不遠現
密劄坐卡侍衛等嚴防　詔軍機大臣等議尋議伊等或因避雪而來但日久
未免生事準噶爾夷使哈柳現在京應諭以各守定界毋任意遊牧令還告台
吉噶爾丹策淩即撤回從之十年疏言烏梁海得木齊烏爾巴齊等避雪駐牧
黄加書魯克距卡倫甚近託爾和烏蘭及布延圖哈瑪爾沙海卡倫外皆有準
噶爾人嚴飭坐卡侍衛小心防範報　聞十一年還京補副都統十二年署古
北口提督十三年四月駐藏副都統傅清期滿　命公往代十月　諭曰據拉
布敦奏西藏新襲郡王珠爾默特那木札勒等告稱準夷現在內亂已嚴飭各
卡緊密防守如有準夷來到卽送至藏等語藏地關係緊要駐藏大臣凡事最
宜查取確實權其輕重相機辦理毋得稍滋事端藏內不可容留準夷一人十
四年還京授工部左侍郎仍兼副都統並署漢軍都統十二月　命仍赴藏辦

事傳公亦復往十五年九月擢左都御史時珠爾默特那木札勒謀叛公與傅公決計翦除十月十三日召至通司岡公署數其罪而誅之逆黨羅卜藏札什糾衆肆逆公及傅公遂同遇害事聞　上軫悼　諭奬其奮不顧身忠誠卓越心甚苦而功甚大贈一等伯入祀賢良昭忠二祠　恩授一等子爵世襲罔替初籍隸鑲紅旗至是　命入正黃旗十六年　命立祠通司岡柩至京
上親臨奠醊　賞治喪銀萬兩仍　賜祭葬如例諡壯果並　特建雙忠祠祀之嗣子隆保襲職

班義烈公事略

公諱班第姓博爾濟吉特氏蒙古鑲黃旂人由官學生授中書遷內閣侍讀晉內閣侍讀學士雍正二年擢內閣學士五年遷理藩院侍郎坐事左遷學士九年　賜孔雀翎十一年軍機處行走乾隆元年授兵部侍郎充經筵講官四年擢湖廣總督湖南鎮筸永綏苗人不法偕巡撫馮光裕等籌勦閱兩月事竣
優詔奬敘五年丁母憂六年仍直軍機處七年授兵部尚書兼議政大臣管理

藩院事十一年署山西巡撫尋　召還十三年授內大臣赴金川軍營辦理糧餉加太子少保六月赴軍前督攻昔嶺一路尋署四川巡撫八月復赴軍前坐事降侍郎十四年以副都統由四川赴青海辦事十五年調赴西藏辦事未至西藏郡王珠爾默特那木札勒謀叛駐藏都統傅清左都御史拉布敦設計誅之旋爲逆黨羅卜藏札什所害十二月公抵藏羅卜藏札什等伏誅十六年諭防準噶爾窺藏十七年　召回京補都統兼管理藩院事仍充軍機大臣十八年署兩廣總督緝獲增城東莞奸民王亮臣等寘之法明年　召回京授兵部尚書赴北路軍營署定邊左副將軍當是時準噶爾內亂杜爾伯特台吉策楞輝特臺吉阿睦爾撒納和碩臺吉班珠爾等相繼降具陳準噶爾臺吉達瓦齊昏暴狀　詔定於明歲進勦　諭公籌辦軍務十月奏擒烏梁海宰桑車根赤倫等收戶口千餘復遣兵擒瑪木特等盡收其屬　諭曰班第自抵軍營以來奮勇果斷調遣合宜其予世襲子爵授領侍衛內大臣仍賞白金千兩十二月授定北將軍入都　陛見面陳軍務二十年正月兩路出師公以定北將軍

出北路阿睦爾撒納副之額駙科爾沁親王色騰布郡王成袞雜布內大臣瑪木特爲參贊永常爲定西將軍出西路薩賴爾副之郡王班珠爾貝勒扎拉豐阿內大臣鄂容安爲參贊兩副將軍各領前鋒三千先進將軍參贊繼之兩路軍各二萬五千馬七萬匹西路出巴里坤北路出烏里雅蘇臺各攜兩月糧約會於博羅塔拉河時兩副將軍皆準夷渠帥建其舊纛先進各部落望風崩角其同族大臺吉噶爾藏多爾濟及舊回酋和卓木先後迎降於是所至臺吉宰桑或數百戶或千餘戶攜酮酪獻羊馬駱驛道左師行數千里無抗顏行者瀚海舊少雨至是則大雷雨以五月朔長驅至博羅搭拉河距伊犁三百餘里兩軍皆會而是時達瓦齊在伊犁日縱酒爲樂不設備比聞大軍至急遣親信兩宰桑出令箭徵兵而自率親兵萬人走保伊犁西北百八十里之格登山阻淖爲營我軍獲其調軍者具悉國中解體狀士氣倍奮爭渡伊犁河長驅追襲將及格登山夜遣降夷阿玉錫等率二十餘騎往覘道路阿玉錫卽乘夜建大軍之纛大呼入其營萬衆瓦解達瓦齊以二千人宵遁餘皆不戰降黎明我二十

餘騎遂收其衆八千還大營達瓦齊踰冰嶺南走回疆僅存百餘騎以爲什城阿奇伯克霍吉斯爲己所善也投之而霍吉斯已承我將軍檄即執之以獻幷獲前青海叛賊羅卜藏丹津獻俘京師　上御午門受之皆赦其死　詔獎公功封一等誠勇公　賜寶石頂四團龍服金黃緣朝珠而阿睦爾撒納亦晉封雙親王食雙親王俸餘陞賞有差於是天山南北二路皆不血刃而定初四衛拉之分部也綽羅斯治伊犂和碩特治烏魯木齊都爾伯特治額爾齊斯土爾扈特治雅爾土爾扈特北去輝特治之部各有汗非有君臣之分也自綽羅斯渾臺吉汗強盛伊犂始爲四部盟長抗衡中國者數世　上擬俟事定仍衆建而分其力而阿睦爾撒納志未饜必欲爲四部總臺吉專制西域特欲出自　朝命則無後患乃目眂於額駙科爾沁親王使與公爲難阿睦爾撒納輒隱以總汗自處擅調兵不服　賜衣翎頂不用副將軍印自用渾臺吉菊形篆印移檄各部諱其降自言統領蒙古滿漢兵來平此地又陰使哈薩克布魯特流言非己總四部邊不得安與其黨曉夜聚謀意叵測將軍參贊先後密以聞

有詔令阿睦爾撒納九月至熱河行飲至禮同四部臺吉受封而阿逆前與
額駙約期七月下旬俟命額駙歸不敢奏至期無信而入覲期迫公乃趣之
行令喀爾喀親王額林沁多爾濟與之俱旋奉旨以阿睦爾撒納逆形已著
宜乘其未發誅之如已入朝可追及則追誅之時阿逆已就道且有哈薩克貢
使隨行公恐哈薩克驚疑遂不敢發阿逆中途遷延及八月中旬尚無信疑事
且中變十九日行至烏隆古河距其舊游牧不遠乃詭言暫歸治裝以副將軍
印交額林沁使先行從間道北逸使迎其孥於扎布堪河則上已密諭烏
里雅蘇臺大臣阿蘭泰并其弟班珠爾收之不半日而賊使果至得不遺阿逆
既叛賊四出煽亂伊犂諸喇嘛宰桑爭劫掠軍臺蠭起應之時大兵已撤僅留
兵五百駐伊犂歸路斷又阨魯特與賊不合者賊皆先以計遣入朝所留皆其
黨羽公與鄂容安等力戰走二百里至烏蘭庫圖勒被圍力不支遂各自盡
上初聞公等陷賊信命傳諭公等以兵少力弱爲賊所困非失守封疆可
比宜相機脫出或忍死以待大兵不必遽以身殉及聞公等引決自裁狀

上大軫悼即以公子巴祿襲誠勇公爵二十一年三月大軍復定伊犁將軍兆惠富德等窮追至哈薩克逆黨次第就縛阿逆竄死俄羅斯七月　詔曰班第鄂容安靈櫬將次到京前已降　旨親臨祭奠並令三品以上大臣齊集用昭優卹其令入祀昭忠祠尋　賜祭葬如禮諡義烈明年　特建雙忠祠祀之御製詩紀其事二十六年　命圖形紫光閣　御筆親爲製贊

鄂剛烈公事略

公諱鄂容安字休如號虛亭滿洲廂藍旗人大學士鄂文端公長子也雍正十一年進士選庶吉士軍機處行走乾隆元年授編修入直南書房遷侍講轉侍讀擢詹事時文端公承　旨奏辭再三　諭曰朕用人悉秉至公古云非喬木之謂有世臣之謂蓋大臣子弟果能立志向上斯不愧世臣可爲國家宣力朕觀鄂容安及張廷玉之子張若靄朱軾之子朱必堦皆能遵守家訓祇受國恩況容安若靄向蒙　皇考命在軍機處行走原欲造就成人此次擢用乃朕量材加　恩卽寓栽成之道秋八月　命入上書房隨福敏行走七年以與聞

副都御史仲永檀密奏留中事免官八年　命仍直上書房授祭酒十年署兵
部侍郎襲三等伯爵十二年授兵部左侍郎十三年充會試副考官兼翰林院
掌院學士管理國子監十月授河南巡撫十二月以辦送金川兵差妥協　賞
戴孔雀翎十四年疏陳文武各屬官優劣　上嘉之河臣顧琮公往署總漕
諭公就近料理豫省河務豫省有伏牛山居嵩山南界連秦楚二省袤延八
百餘里山深箐密公於查閱營伍之便周歷查勘飭員弁不時巡察以防伏匪
又豫省各關其近秦省者陝州有硤石關靈寶有函谷關閿鄉有大谷關近楚
省者浙川有荊子關信陽有平靖關桐柏有犂耙口俱通商大道公恐奸宄潛
藏飭行保甲嚴禁　諭獎其諸事認真時衛輝參將阮玉堂因鞭責兵丁過甚
致譁譟公以玉堂失職應題參但兵丁諠鬨遽參營弁恐啓驕悍之漸奏請嚴
拏兵丁定擬後解玉堂任　上是之尋　賜所襲爵號曰襄勤開歸陳三府
地勢窪下多水患非開濬溝渠不足資宣洩公歷查諸郡幹河如賈魯河大沙
河渦河俱各深通惟惠濟一河上流尚須開濬其各支河內應開濬者開封則

有鄭州之金水河七星河中牟之欒河祥符之城東乾河南陽儀封之周家河

尉氏之乾河陳州則有太康之燕城河西華商水之清河睢甯之東西蔡河枯

河古黃河項城之蔡河況河歸德則有甯陵之舊沙河考城商邱之沙河睢州

之橫河桃河司家河姬家之大城河鹿邑之清水河黑河皆爲承受溝洫貫注

幹河之要道公酌量工程難易或分年帶挑或借給口糧用民力籌辦並於各

屬挑濬處每歲終核勤惰爲舉劾使工員咸知愼重疏聞　諭曰如此留心方

副委任勉之十月　上巡幸河南公奏紳民感沐　皇仁願捐銀五十八萬

七千餘兩充公用　諭曰朕巡幸方岳一應費用皆準開銷正項曾何藉於輸

將鄂容安此奏甚錯謬著傳　旨嚴飭其紳民樂輸之項俱著令給還先是湖

廣總督永興與布政使嚴瑞龍疏劾湖北巡撫唐綏祖婪贓累萬奉　旨削職

逮問永興尋丁憂回京　諭新督阿里袞嚴審至是阿公參奏瑞龍收受平餘

等款　命公赴楚會審四月合疏參永興於進京時私受贐賻　詔奪永興職

交部治罪五月訊明綏祖並無婪贓情事惟縱容鑪頭私買銅鉛添鑄瑞龍收

受平餘四千八百兩入己屬實　上命給還綏祖家產來京候旨錄用並敕
部另擬永與等罪公尋疏言河北鎮屬九營暨臣標左右二營公費不敷查南
陽等十縣官租積穀不過二萬餘石銀不及四千兩各州縣民食既有常平義
社等倉原不藉此接濟請撥歸各營疏下軍機大臣議行八月調山東巡撫時
濟南府屬夏秋被水糧價抗而沿海之登萊青三府地僻山險轉運尤難公奏
請照乾隆十三年例暫弛海禁招商前往奉天糴運以資接濟商船出入照例
稽察從之十七年疏言運河全隄自臺兒莊至德州千有餘里素稱卑薄每年
伏秋兩汛兼風雨浸汕又漕船往來下撅施埝日漸殘塌臣與河臣顧琮會籌
應及時估修計需銀十五萬三千餘兩又單隄向無堡房應照黃河例每二里
建堡房二需銀二千一十八兩得　旨允行十月調江西巡撫時上猶縣逆犯
何亞四就獲公親往勘地勢奏請移駐千把總及巡檢縣丞等官用資彈壓從
之十八年擢兩江總督十一月　命同侍郎嵇公璜等查勘高家堰堤工並籌
辦下河疏濬事宜十九年奏言江南地廣事繁胥役最工作弊臣查得淮安等

府屬有藉賑弊混得贓分肥者蘇州等府屬有收漕舞弊婪贓者徐州府屬有辦差工料滋弊者除將各犯嚴懲外如本官於中染指及知情故縱者嚴加治罪即失察亦分別懲警至胥役原有經制名數乃江浙胥役非冒缺頂補即承遠充辦一役在冊外有無名白役至十數名之多因公訛詐大爲吏治民生之累現飭各屬稽查嚴禁頂補朋充俾易約束得 旨嘉獎四月加太子少傅八月 上以杜爾伯特台吉策楞輝特台吉阿睦爾撒納先後來降 詔以公年力壯盛勇敢有爲一切緊要機宜均能曉暢著速赴行在面聆指授軍行事宜十二月授西路參贊大臣偕總督劉公統勳籌辦糧馬二十年正月定邊右副將軍薩喇勒哨探兵由西路進勦 命公同進且 詔公於進兵時凡準回部落內有與漢唐史傳相合可援據者一一詢之土人細爲記載以資採輯五月大軍定伊犂直抵達瓦齊所居之格登達瓦齊遁公偕喀爾喀郡王青袞雜卜等收其遊牧獲達瓦齊之叔及其孥並喇嘛六千人六月達瓦齊就擒公同班第公駐守伊犂時阿睦爾撒納爲定邊左副將軍蓄異志謀據伊犂公與班

公密疏劾之　命趣阿睦爾撒納赴　覲熱河尋命公與薩喇勒以兵至塔爾
巴噶台相機擒勦會阿逆中道叛逆黨應之台站斷公與班公被陷力戰自盡
都統策楞公以狀聞　上軫悼卽令其次子鄂津襲襄勤伯爵二十一年柩
至京　上親臨奠醊　詔祀昭忠祠　賜祭葬如例諡剛烈　特建雙忠祠
御製詩旌之並　命馘逆黨阿巴噶斯克什木耳於柩前致祭二十六年
命圖形紫光閣　上親製贊公好學嗜義與雷公鋐同直上書房每欲雷指
其闕雷曰聲色貨利一無所染果決有擔當可爲君信但每見相國公如春風
風人君尚未至此耳公深然之自兩江　召赴西陲以八日夜馳抵京師旣入
對還至兵部不歸家母夫人就見之一慟而別及其　賜諡也閣臣以公由詞
館起家擬文烈文剛以進　上抹二文字取剛烈二字合之蓋　聖主深
知其忠義果決故不拘常例如此

明果烈公事略　弟奎林

公諱明瑞字筠亭姓富察氏滿洲鑲黃旗人一等承恩公富文子也由官學生

襲世爵授二等侍衛乾隆二十一年　命以副都統銜赴西路軍中時阿睦爾撒納叛竄哈薩克公隨定邊將軍達勒黨阿追之再戰皆捷授副都統二十三年夏追擊推素隆集寨逃人八十餘戶降之殲其拒戰者收駝馬軍器得　旨嘉獎遷戶部右侍郎明年授參贊大臣　御前侍衛　詔以公領兵奮勇加號承恩毅勇公五月隨將軍兆惠勦逆回霍集占於葉爾羌　賞雲騎尉世職八月逆酋大小和卓木遁公率銳卒九百追及之賊衆六千餘負嵎固守公奮擊大敗之賊恃其馬力復來拒戰陣斬五百餘級生擒及傷竄者無算　賞戴雙眼花翎其一等承恩毅勇公世襲罔替二十六年伊犂回部平　詔圖形紫光閣　御製贊曰椒室懿親年少志雄謂可造就俾學從戎獨出獨入既忠且壯屢建宏勳愜予所望遂擢都統轉左侍郎授領侍衛內大臣二十七年授伊犂將軍明年敘功給騎都尉世職三十年二月烏什小伯克賴黑木圖拉等聚衆五百餘人乘夜焚掠據城爲變公派副都統觀音保往援旋聞駐烏什之副都統素誠自戕公卽統兵進時參贊納世通先帶兵至烏什之鄂托巴什及觀公

至納世通派令守隘毋進勦復具牒止公進兵公不可仍統兵進奏入　上
嘉之抵烏什賊衆二千出犯公及觀公擊敗之奪礮臺七殺賊二百餘黨負創
入城城堅山險公設長圍困之有　旨命查勘素誠狂縱激變納世通淩辱回
衆及副都統弁塔哈掩飾兵敗狀　詔尚書阿桂赴烏什傳　旨將納世通弁
塔哈正法賊困守既久謀夜襲大營公偵知之嚴備以待賊至掩擊之賴黑木
圖拉中箭死賊復推其父爲阿奇木悉衆死守公簡巴圖魯兵六百人中夜擕
雲梯潛往薄其城先登東北隅賊未覺梃刃交下守陴賊驚竄官兵循城北至
東南毀其　天明收軍仍逼城築壘斷其樵汲賊糧盡內潰縛獻首逆四十二
人遂克烏什城　詔責公未將所獲犯嚴訊起釁緣由及素誠激變罪狀遽行
正法　命奪職留任尋與阿公奏回部事宜八則均如所請行三十二年緬甸滋
擾總督楊應琚措置乖方獲罪三月　詔以公總督雲貴兼兵部尚書議政大
臣經理軍務發滿洲兵三千及滇蜀兵二萬餘大舉征緬十月授將軍仍管總
督事議分兩路進兵公由木邦孟艮攻東路參贊額爾登額由猛密老官屯攻

北路約會於阿瓦以九月二十四日出師連旬雨潦又負糧以牛不能速至芒
市易運糧以行十一月二日始出宛頂越八日整隊至木邦守賊望風先遁留
參贊珠魯訥按察使楊重英以兵五千守之公自率兵萬二千結浮橋渡錫箔
江遂進攻蠻結賊衆二萬立十六柵環濬深溝列象陣以待領隊大臣觀音保
等麾兵先據山之左臂賊來爭不得上翼日兩軍相持未決而顧賊柵甚堅其
法立巨木爲柵而聚兵其中我鎗礮僅及其柵而賊從柵隙擊我兵輒中此賊
長技也總兵哈國興請分三路登山俯而薄之軍士皆奮時出邊已逾月始與
賊遇一呼直逼其柵有黔兵王連者先躍入十餘人繼之縱橫抉盪賊恇亂不
知所爲多被殲遂破一柵乘勢復攻得其三而十二柵之賊皆宵遁當鏖戰時
公分兵爲十二隊首先陷陣目受傷仍策馬指揮不少挫我兵以一當百羣象
皆返奔蓋賊自新街交綏以來從未經此大創已駭喙不敢復抗矣捷聞　諭
曰明瑞秉性純誠親冒矢石雖目受鎗傷猶鼓勇直前摧堅陷銳允宜特沛恩
施用示優異現在所襲之公係承恩世爵可特授一等誠嘉毅勇公賞給黃帶

紅寶石頂四團龍補服以彰殊績所有原襲承恩公著伊弟奎林承襲十二月師次革竜地近天生橋賊於山頂立柵拒守公令副都統達興阿領兵二千由大路進佯爲奪渡之勢自督兵從閒道繞至上游乘霧渡河進據山梁賊驚潰殲馘二千餘軍聲大振進至象孔迷失道而軍糧已罄集諸將議進止無敢言退者公念糧既斷勢不能復進又慮猛密路之師或已先入於法不當退聞猛籠有糧且其地近猛密冀可得北路聲息乃定計就糧猛籠賊探我兵不向阿瓦又獲我病卒知官軍糧盡即悉衆來追及我於章子壩我軍且戰且行每日先以一軍拒敵即以一軍退至數里外成列待軍至則成列者復迎戰公及觀公哈公等更番殿後步步爲營每日行不三十里自象孔至小猛育二千餘里凡六十日而後至至則從逆土司皆遁果得窖米二萬餘石濟軍時已深入二千餘里會歲除而北路猛密之師無消息三十三年春乃取道大山土司向木邦以歸盡焚猛籠餘糧人攜數升以自給將至大山又有蠻化之捷先是賊之綴我也每夕駐營猶相距十餘里至是我兵營蠻化山巔賊即營於山半公謂

諸將曰賊輕我甚矣不決一死戰將益肆毒於我無噍類也賊久識我軍號每晨與我三吹波倫即起行賊亦起而追我明日復吹波倫三則我軍盡出營伏箐以待詰旦賊聞波倫聲果蟻附而上我軍萬衆突出鎗礮聲如雷賊惶遽不及戰輒反走趾頂相籍我兵乘勢反擊死者四千有奇自是每夜遙屯二十里外不敢逼公休兵蠻化數日取所得牛馬犒士而賊之先一日過者已柵於要路我軍至攻之不能拔得波竜人引由閒道循桂家銀廠舊址而出會賊於正月十八日已潰我木邦之師戕珠魯訥執楊重英於是木邦之賊亦至額爾登額之進猛密也道聞老官屯有賊欲先取之既至攻柵不能克頓兵月餘

上以公久絕軍報趣額爾登額援之於是老官屯之賊亦至公抵小猛育賊已蝟集四五萬我軍尚分七營距宛頂糧臺二百里而額爾登額之援不至公乃令軍士乘夜出而自與諸領隊大臣及巴圖魯侍衛數十人率親兵數百斷後及晨血戰萬賊中無不一當百已而領隊大臣扎拉豐阿中鎗死巴圖魯侍衛皆散觀公發數矢連殪賊尚餘一矢欲復射忽策馬向草深處以其鏃刺喉死

公負數創亦慮落賊手力疾行距戰所已二十里氣僅屬乃從容下馬手自割辮髮授家丁使歸報而縊於樹下家丁以木葉揜其尸去時二月十日也事聞

上震悼　特旨照班第例從優議卹　御製詩輓之四月柩至京　上

親臨賜奠尋　賜祭葬諡果烈入祀昭忠祠並於京師特建專祠曰旌勇春秋

致祭　御書折衝扞蓋四字額其祠公天性忠勇得人心章子壩之役賊日增我兵日少孤軍轉戰兩閱月未嘗一敗每晨起即躬自督戰且戰且撤及歸營率以昏時勺水猶未入口糧久絶僅啖牛炙一臠猶與戰士共之所將皆飢疲創殘之卒體恤倍至有傷病者不忍棄令士練舁以行故雖極困憊無怨言其死也非不能自拔歸蓋以阿瓦未平懼無以返命　上亦有全師速出之

旨而道梗不得達展轉徬徨決計以身殉而又不忍將士之相隨死也結隊徐行全師至小猛育距宛頂不過二百里度皆得自達然後以身死賊中嗚呼烈矣方軍勢日蹙時公戰益力嘗語諸將曰賊已知我力竭然必決死戰者正欲賊知我　國家威令嚴明將士用命雖困極無敢不盡力則賊知所畏而後來

者易於接辦此其謀國之深尤非忼慨赴死者所能及矣然公之死緬人不知也閱月餘威猶震屢遣使達貝葉書乞降　上命拒之明年經略傅公至益恟懼求和乃班師而額爾登額以罪重置極典四十四年　高宗御製懷舊詩列公五功臣中子惠倫襲一等公爵

弟奎林年十七即以勳貴子弟從征準噶爾彎弓躍馬刻苦自奉閒讀書能小詩人不覺其爲戚畹也性剛果尙廉節豁達英邁尤遠於權勢與季父忠勇公弗善也其他直涕唾視之每酒後論當世人才罕所當意所慕惟王保保王保保者元擴廓帖木兒明太祖所稱奇男子者也征緬甸金川俱在行間身經百戰被創不動有疾不介意騎馬飲酒自若待將領嚴而於士卒甚恕遇移營取一褥坐營門內視各士卒帳房行李畢至然後即安否則不先入幕也每日肉一盤菽乳湯一盂與下同甘苦故皆樂爲用金川之役將軍溫公兵潰於木果木而阿公達烏之軍不動由公守隘口與賊日夜數十接殺傷過當故也身無長物尤不問家計不憙佛法惡番僧尤甚捕盜賊及奸宄有殺無赦而必不濫

及無辜由侍衛積功至都統金川平圖象紫光閣襲承恩公出爲伊犁將軍被參贊海祿劾削公爵久之授臺灣提督西番科爾喀犯邊　命以參贊大臣往西川薨於行次　上惜之祭葬有加禮子二其一出爲果烈公後

阿襄壯公事略 子誠武公豐伸額

公諱阿里袞字松崖姓鈕祜祿氏滿洲鑲黃旗人父音德官至領侍衛內大臣諡愨敬公由二等侍衛授總管內務府大臣乾隆四年授副都統尋授兵部侍郎五年偕僉都御史朱必堦往山東勘災調戶部侍郎六年侍郎梁詩正疏請令八旂人丁分置邊屯　命同大學士查郎阿往奉天等處相度定議尋疏言甯古塔黑龍江所屬之吉林烏喇齊齊哈爾一帶平疇沃壤五穀皆宜江繞於外河貫於中山木取資不盡實堪屯種奏入經議政王大臣議以拉林阿爾楚哈最爲膏腴地請先移駐滿兵千名屯墾種地將來著有成效由近及遠漸次舉行　詔如所請八年湖南巡撫許容劾糧道謝濟世狂縱各款總督孫嘉淦請革濟世職御史胡定以許容挾私誣陷奏　上命公會鞫得容鍛鍊冤誣

及嘉淦瞻徇扶同狀　詔濟世復職容等論罪有差卽　命署湖南巡撫尋調
山西十二年調撫山東明年秋仍調山西蒲州民與陝西朝邑民爭黃河雞心
灘地互控　詔偕陝撫陳宏謀會勘以十之六給晉民十之四給秦民耕種
上從之十五年擢湖廣總督先是總督永興布政使嚴瑞龍疏劾巡撫唐綏
祖巧詐營私累商肥橐各款　上命公及豫撫鄂容安會鞫尋奏綏祖無贓
款惟縱容鑪頭私買銅鉛添鑄屬實部議奪職有　詔永興瑞龍宜反坐綏祖
來京候　旨公尋調兩廣總督東莞縣民王亮臣等糾黨散劄謀不軌公馳赴
增城捕匪二百七十餘人寘諸法得　旨獎敘未幾以母憂回京九月補戶部
侍郎兼管工部十九年授步軍統領二十年署刑部尚書授都統尋授戶部尚
書二十一年夏　命以領隊大臣赴西路軍營定西將軍達勒黨阿者公從兄
也時方率師至雅爾拉賊衆迎拒公至領兵進擊陣斬百七十餘人生擒十一
人追至里努喇復遇賊二千奮擊敗之殲賊三百四十有奇擒其宰桑南扎布
等　上嘉之尋　詔回京二十二年　命爲領隊大臣辦巴里坤事務會達

勒黨阿獲罪　詔以公襲果毅公爵尋坐逆首阿睦爾撒納乘閒逃竄降補戸
部侍郎兼副都統九月沙拉斯嗎琥斯等遊牧復叛掠臺吉公帶兵二百偕都
統滿福進勦獲男婦二百餘口二十三年正月我兵進勦路擒嗎琥斯等四月
自魯克察赴巴里坤時將軍兆惠領兵薄葉爾羌城以四百餘人渡黑水進擊
小和卓木霍集占率賊衆二萬圍之道遠馬乏堅壁固守者三閱月先是
上命選馬三千餘匹濟軍以公爲參贊大臣自哈密進發擢兵部尚書兼都統
二十二年正月副將軍富德統兵至呼爾璊遇賊騎五千轉戰五日夜會公解
馬亦至乘夜分途斫陣賊大潰斬馘千餘餘悉負創遁逆酋大和卓木中鎗走
我兵復進屢敗賊將軍兆惠遂全師而出有　旨嘉獎賞雲騎尉世職七月逆
首霍集占逃阿爾楚爾公及參贊大臣明瑞阿桂二公進擊賊大潰盡奪其家
屬輜重逆回二千餘乞降復踰嶺追勦逸賊九月　命以參贊大臣留葉爾羌
辦事　賜戴雙眼花翎二十五年夏　召回京　賜紫禁城騎馬公行次雅木
扎爾閧賊掠臺站圍城堡即回哈什哈爾帥師力戰大敗之擒伯克邁喇木等

諭嘉其應機立辦迅速可嘉其子豐伸額授三等侍衛次子倭㑹額授藍翎
侍衛十月擢公領侍衛內大臣　命圖形紫光閣　上親爲製贊二十六年
署禮部尚書充經筵講官明年授御前大臣又明年署陝西巡撫加太子太保
二十九年授戶部尚書協辦大學士兼管禮部事三十三年授參贊大臣往雲
南軍營尋署雲南總督授副將軍駐永昌疏言沿邊夷民俱已復業請於今冬
借給銀兩購買籽糧牛具普行耕種秋成後照時價交米還項其不敷兵糧在
各土司地方採買藉省輓輸費得　旨嘉獎三十四年九月偕經略大學士傅
公合疏言猛拱土司渾覺等來降且願爲嚮導進攻阿瓦獻象牙牛隻等物並
採買旱稻運送軍前　上嘉之是月師次蠻暮十月至新街時傅公偕副將
軍阿公領兵新街東岸有賊三千餘船百餘扼河以拒公據戛鳩江西岸派官
兵七百餘人進勦伏賊百餘藏寨中我兵奮勇衝入賊遁又一寨藏賊三四百
人我兵一擁而進賊棄壘逃奔餘賊亦宵遁我軍奪寨三殺賊五十餘人　諭
曰初次接仗即如此獲勝　覽奏甚欣慰十二月以疾薨於軍事聞　天子

震悼　詔嘉公久侍禁廷敭歷中外公誠恪愼宣力有年　命入祀賢良祠
賜祭葬如典禮　予諡襄壯三十五年　上以公先世額亦都遏必隆並以
崇勳建立家祠得膺祀典　特詔以公祔祀而其父領侍衛內大臣音德著一
併入祠用彰勳藎四十四年　御製懷舊詩列五功臣中公子四人長豐伸額
由侍衛襲果毅公爵乾隆三十四年擢領侍衛內大臣管理三庫尋署兵部尚
書授御前大臣兼都統總管內務府大臣三十七年金川用兵時溫福爲將軍
詔與阿桂並爲參贊大臣五月以巨礮擊傾東瑪賊巢力戰遂克東瑪
上嘉之六月攻破固卜濟山梁盡獲其碉卡七月攻克色爾渠大碉及卡房百
餘十一月克明郭宗沿途碉卡敗賊於二雅山十二月克嘉巴山焚念經樓擒
僧格桑之父澤旺　詔以豐伸額爲副將軍與溫公阿公議分三路進兵遂駐
軍宜喜三十八年夏進太子少保六月木果木師潰仍扼駐宜喜不動十一月
阿公收復小金川始奉　命移兵丹壩三十九年冬攻克凱立葉山梁　賜元
狐冠及貂褂尋攻格魯克古了口奪賊碉五十寨三百遂通丹埧四十年夏克

犖噶爾木城及勒吉爾博山梁進攻遜克爾宗圍將合分三路並進賊不能支連取石碉十二敗賊奔竄盡殲之　詔曰豐伸額乃巴圖魯額亦都之孫能繼其祖其果毅公爵即係額亦都所傳襲著於果毅字下再加繼勇二字以示優獎七月偕海蘭察等攻章噶壘戰克之八月與阿公四面分攻克勒烏圍官寨及轉經樓喇嘛寺四十一年正月克瑪爾古當噶山梁遂進圍噶拉依賊巢捷聞　詔再賞一等子爵暫令公弟布延達賴承襲是月調戶部尚書　賞戴雙眼孔雀翎二月金川平　賜緞四十端白金四千兩四月凱旋　上行郊勞禮賜　御用鞍轡馬一匹　命圖像紫光閣　親爲製贊尋　命管崇文門稅務署左都御史兼署理藩院尚書十月授步軍統領兼管太常寺樂部四十二年兼管禮部事務十月薨　高宗軫悼　賞陀羅經被派散秩大臣帶領侍衛十人往奠茶酒贈太子太保　賜祭葬謚誠武

陸朗夫中丞事略

公諱燿字朗夫一字青來江蘇吳江人自幼貧苦承庭訓六歲受孝經論語以

古賢自期乾隆十七年舉順天鄉試考授中書入直軍機處由戶部郎中出知
登州府調濟南再遷運河道按察使權布政使事母病乞養歸終喪　天子
命視運河授山東布政使擢湖南巡撫才一年薨公性淡泊不慕榮利惟於仁
民利物之事朝夕宣究多識前言往行故事理通達無盤錯之難凡處事必衷
諸道不意爲異同所見既審莫可搖奪爲郎官時公卿藉以決疑議其守濟南
也上書徐中丞請截留南糧爲積貯計任河道時上書總河姚公請疏泉源修
月河任提刑時以徒犯罪輕請免解司以省苦累又與幕客約應駁之案以十
日爲期不以遲延累州縣干議署承宣時以流外壅積請停分發又以虧空多
請定耗羨倉穀數　上皆韙之歲甲午在運河任壽張逆匪王倫作亂距濟
寧州二百里人情洶洶有欲閉城者公不可曰寇未至先閉城門是示之怯也
且何忍拒吾民使散逸被賊害且脅誘耶乃募鄉兵拒守而身坐城闉任稽察
民大安賊知濟寧有備不敢南向已而　王師奏捷一城雞犬不驚咸重公鎮
定有方略云先是公直樞垣至日晡猶不退猝有急務立辦傅文忠公深器公

屢薦之　上亦知公深凡　巡幸必令扈從所奏察虧空事宜及救荒策均蒙　嘉奬初選大理府改登州升西寧道改調運河皆以母老蒙　聖恩體恤及爲藩司會巡撫國泰年少跳踉嗜酒好聲伎而喜怒失當黷貨至亡算公規之弗聽反積怒事輒齟齬青州同知員缺公稟補王某國不聽改補汪某公不下委劄巡撫自給之公曰山東竟可無布政司矣遂以母病乞假不許乃自爲奏上之得報可初無不爲公危也及巡撫敗　上益稱公去就明決而後任藩司于某竟與國同抵罪焉母病痰疾必得公侍側乃少安既得請而故宅無可居乃僑居禾中夜不解衣聞母聲息即起扶掖之積六年遭喪既葬起督運河堤工公博稽詳驗成備考六卷遂由藩司拜南撫之　命湖南鹽務有歲餽公至峻卻之時鹽價奇昂遂勒減其半社倉捐穀未輸者六萬二千餘石計貯穀已足請停止催收見屬吏有親老猶赴補者惻然閔之奏請申明定例凡親年七十以上者雖有次丁俱許終養一時中外官歸養者千餘人嶽麓城南兩書院肄業者多經費苦不足請將積存息銀三千兩交商生息爲膏火資其

初涖長沙也夢吟七言長句記一聯云能開衡嶽千重雲但飲湘江一杯水會
總督特昇額公以閱兵來長沙公迎謁畢還署總督來候公方午食見所食皆
菽乳菜韭訝之公曰天久不雨地方官戒殺清齋爲祈雨耳總督素豪後聞言
瞿然詈其奴曰吾此來傳舍酒肉如山何不以祈雨告耶既歸寓乃盡撤之人
美總督之知過而益歎公之清德其感人者速也公卒於乾隆五十年六月二
十三日年六十有三遺疏上　上深悼惜既而事有與公涉者　諭及之猶
太息不置公奏社穀免徵事在臨終前一月得　旨允行　批劄回秦方伯承
恩啓告柩前慰公泉下愛民之心時公歿二十餘日矣生平篤內行厚宗黨不
立講學名而造次必於儒者冠昏喪祭世俗所習常而戾於禮者槪屏弗用所
輯切問齋文鈔分學術風俗教家服官選舉財賦荒政保甲兵制刑法時憲河
防十二事皆近時急務多經世之文其自著曰河防要覽甘薯錄切問齋古文
朗夫詩集若干卷敕祀鄉賢湖南祀公名宦有專祠公歿後桐城張侍郎若渟
曾疏請將甘薯錄飭交江浙大吏令民閑學種爲備荒之用

國朝先正事略卷十九

名臣

平江李元度次青纂

王蘭泉侍郎事略

公姓王氏諱昶字德甫號述庵學者稱蘭泉先生江蘇青浦人父士毅年四十五無子禱於靈隱寺夢人贈以蘭遂生公少穎異博學善屬文家貧作固窮賦以見志乾隆十八年進士歸選班二十二年　高宗南巡　召試第一　賜內閣中書協辦侍讀入直軍機處史文靖蔣文肅梁文莊皆待以國士洊升刑部主事員外郎郎中三十三年以言兩淮鹽運提引事不密罷職時緬甸未靖文成公阿桂以定邊右副將軍總督雲貴奏請以公佐軍事遂至騰越出銅壁關擊賊江中勝之緬酋乞命阿公屬公草檄允其降班師旋永昌既而緬甸貢表久未至復從阿公如騰越三十六年四川小金川土司澤旺之子僧格桑不靖金川應襲土司索諾木應之　詔尚書温福代阿公移師四川勦辦奉　旨

授吏部主事從温公西路軍進討温公屬公作檄斥僧格桑罪遂克班爛山進攻日耳寨阿公奏　詔由北路進兵兼督南路公復從阿公軍攻克美美卡以皮船渡水克小金川僧格桑遁澤旺降檻送京師進討大金川阿公奏公無兄弟母年七十餘明大義勖以殫心軍事今從軍五年矣得　旨遷員外郎三十八年至當噶山山脊絶險官兵營壘與賊錯處兩雪甚夏温公兵潰木果木阿公亦退兵至翁古爾壟時警報絡繹　詔旨疊至公力疾叱馭懸崖日行數百里夜治章奏軍書於礮火矢石中無誤無畏冬大兵復進據美美卡攻大板昭小金川平擢郎中復從討大金川克勒烏圍刮耳崖四十一年三路兵合攻益急索諾木等率衆投罪僧格桑先病死以其首獻公草露布告捷於是兩金川悉平公在軍中前後九年凡加軍功十三級紀錄八次凱旋至良鄉　駕幸黄新莊郊勞用戎服行禮　賜茶　賜宴紫光閣　賞賚優渥奉　旨王昶久在軍中懋著勞績可授鴻臚寺卿　賞戴花翎在軍機處行走時漢人由科甲起家　賜花翎者惟大學士于公敏中及公而已尋擢通政司副使四十二年擢

大理卿四十四年乞假歸營葬冬授左副都御史四十五年扈　駕南巡恭和
御詩七次回　鑾次嘉興授江西按察使抵任檄府縣力行保甲禁族詞訟
鬬之習坐堂皇六十餘日決獄百餘案丁母憂哀毀盡禮服闋補直隸按察使
調陝西奏命盜逃犯宜於定案時速行通緝從之逆回田五倡亂奉命備兵長
武時賊勢張兵少公試礮巡城籍丁壯繕守具民以無恐京外大兵皆過長武
用車馬以萬計公飛書草檄立辦之洎班師迄無一誤河南亂民秦國棟等戕
官奉　命緝捕獲之五十一年遷雲南布政使雲南銅政繁公盡發故籍著銅
政全書五十卷示補救調劑之術五十三年調江西布政使明年擢刑部右侍
郎五十八年以病乞休　上鑑其老允之　諭以歲暮寒俟春融歸明年歸
名所居曰春融堂嘉慶元年以　禪受大典至京與千叟宴四年　純皇
帝升遐復至京謁　梓宮蒙　召見　勅建言公密封以進不留草夏歸青浦
以分償滇銅鬻田宅入官居廟廡朋舊贈遺以刻所著書五年重遊泮宮十一
年六月六日病亟口授謝　恩表自定喪禮初七日雞鳴公曰時至矣遂薨年

八十有三公之扈　駕巡山東江浙也古帝王聖賢名臣陵墓祠廟嘗分遣致祭乾隆己卯庚辰壬午分校順天鄉試辛巳癸未分校會試壬子主順天鄉試皆以經術取士士之出門下爲小門生及從游受業者二千餘人在京師與朱筠河亙主騷壇有南王北朱之目又嘗主婁東數文兩書院　欽定通鑑輯覽同文志一統志續三通等書皆奉　勅與纂修焉又奉　勅删定三藏經呪偏譯佛典深於禪理者不及也前後奉使勘鞫高郵州假印重徵江陵縣偷減堤工等七案研求虛實無枉縱公之學無所不通早歲沈文慤選其詩與王鳳喈鳴盛吳企晉泰來錢竹汀大昕趙升之文哲曹來殷仁虎黃芳亭文蓮爲吳中七子名傳海外晚宗杜韓蘇陸侍讌賡歌皆稱　旨詞擬姜夔張炎古文力宗昌黎眉山碑版之文照四裔積金石文字數千通書五萬卷所至朋舊文讌提唱風雅後進執經請業舟車錯互戶外屨恆滿士藉品藻以成名致通顯者不可勝數公治經與惠氏棟同深漢儒之學詩禮宗毛鄭易學荀虞言性道尊朱子旁及河津餘姚諸家不區門戶始入京師會奏文恭纂五禮通考即以吉禮

屬公生平重倫紀尚名節在軍中和平簡易自科爾沁王以下皆親重之爲司
寇時與阿文成爲舊識他非所契嘗訓子曰易言比匪之傷非匪人之能傷比
者自重其傷也少與王鳳喈錢竹汀同學同年至是同歸老相與講求問學跌
宕湖山尤快事焉自來文學與武功文章與政事判然兩途至於漢宋互異朱
陸殊科治樸學者以詞賦爲虛華論性天者譏訓故爲繁碎分茅設蕝莫能相
通而得其一皆足以名世惟公邃於經健於文富於詩詞精於考證達於政事
韜略研窮於性理又北至與柦西南出滇蜀外所過名山大川皆足開拓心胷
增長識力渟泓迤演不名一家可謂通儒也已所著春融堂詩文詞集六十八
卷金石萃編百六十卷青浦詩傳三十二卷詞二卷湖海詩傳四十六卷湖海
文傳七十五卷　國朝詞綜四十八卷明詞綜十二卷征緬紀聞三卷蜀徼紀
聞四卷滇行日錄三卷屬車雜志二卷滇詔紀程適秦日錄商洛行程記豫章
行程記雪鴻再錄使楚叢談臺懷隨筆各一卷青浦縣志太倉州志蒲褐山房
詩話如干卷皆行世餘若天下書院志朝聞錄等書未刻者尚十餘種

紀文達公事略

乾隆三十有八年　純皇帝特開四庫全書館以河閒紀公爲總纂官公貫徹儒籍旁通百家凡六經傳注得失諸史異同子集支分派別以及詞曲醫卜之類罔不抉奧提綱溯源竟委每進一書仿劉向曾鞏例作提要冠諸簡首
上輒覽而善之又奉　詔撰簡明目錄存書存目多至萬餘種皆公一手所訂評騭精審識力在王仲寶阮孝緒之上藏諸七閣褎然巨觀真　本朝大手筆也公諱昀字曉嵐一字春帆晚號石雲世爲河閒獻縣著姓祖天申有善行歲饑出粟數萬石活人無算父容舒官姚安知府先是郡爲九河入海故道天雨則汪洋成巨浸中夜輒有火光公大父夢火光入樓中而公生光遂隱人以爲公實神物化身也少奇穎讀書目數行下夜坐暗室目閃閃如電光不燭能見物比知識漸開光亦斂矣乾隆丁卯年二十四領順天鄉試解額初闈中擬朱文正首卷以公二場表儷語冠時乃定公第一而文正亞之時阿文勤劉文正典試事榜發皆以得人賀二公復　命遂以二人姓名　上聞公與文正

皆早受　特達之知職此故也明年文正中第公遲至甲戌成進士選庶吉士授編修己卯典試山西庚辰分校禮部試辛巳京察記名以道府用壬午分校順天鄉試提督福建學政癸未遷侍讀父憂歸服闋補侍講充日講起居注官晉右庶子戊子授貴州都勻知府旋以四品服留任擢侍讀學士坐泄漏運使盧見曾事謫戍烏魯木齊辛卯　召還授編修癸巳擢侍讀總纂四庫全書與內廷翰林一體宴賚同事者爲陸副憲錫熊陸侍郎費墀而公實綜其成縮書局凡十有三年體例皆其所定丙申擢侍讀學士直文淵閣知起居注己亥擢詹事晉內閣學士壬寅授兵部侍郎仍兼直閣事改任不開缺異數也甲辰充會試副考官乙巳晉左都御史丙午除禮部尚書充經筵講官戊申　賜紫禁城騎馬典武會試自後爲總憲者五長禮部者三壬子以畿輔水災奏請截留南漕數萬石設粥廠十賑饑民得　旨六月開賑後增五廠自季夏至明年四月全活無算嘉慶元年丙辰典會試調兵部尚書己未典武會試癸亥六月壽八十　上遣官賚上方珍物　賜之　命教習庶吉士是年奏婦女猝遭強

暴捆縛受污不屈見戕者例不旌表臣謂捍刃捐生其志與抗節被殺者無異如忠臣烈士誓不從賊雖縛使跽拜可謂之屈膝賊廷哉請　敕下所司議與未被污者略示區別　予旌表下部議行乙丑正月復調禮部拜協辦大學士加太子少保管國子監事二月十四日薨於位年八十有二有　詔紀昀學問淹通由翰林洊歷正卿擢襄綸閣服官五十餘載辦理四庫全書始終其事十有餘年最爲出力可賞陀羅經被派散秩大臣帶侍衞十人前往賜奠並賞白金五百兩治喪尋　賜祭葬　予諡文達公於書無所不通尤深漢易力闢圖書之謬一生精力備注於四庫提要及目錄不復自爲撰著今人所見狹偶有一得輒自矜創獲而不知皆古人所已言或爲其所已闢公胸有千秋故不輕著書其所欲言悉於四庫書發之而惟以覺世之心自託於小說稗官之列其感人爲易入自文集外所著閱微草堂筆記凡七種中多見道之言性坦率好滑稽有陳亞之稱然驟聞其語近詼諧過而思之乃名言也在　上前嘗以片語解紛實錄館請甄敘或言其過優　仁宗以問公公不置可否但云臣

服官數十年無敢以苞苴進者惟戚友倩臣爲其先人題主或銘墓雖厚幣輒受之　上輾然曰然則朕爲　先帝推恩何不可之有某科考試差後有宣布前列詩句姓名者臺臣密以告　上召公問之公頓首曰如臣卽洩漏者問何故曰書生習氣見佳作必吟哦或記誦其句出而欲訪爲何人手筆則不免於洩漏矣　上含笑事遂寢少與朱文正公不相下有文人相矜意後見文正所爲文大歎服以爲向不知公吾過矣自後交誼乃益摯云

畢秋帆尚書事略

嘉慶二年秋七月兵部尚書湖廣總督世襲輕車都尉鎮洋畢公薨於辰陽行館公久在行閒著勳績及移駐楚南籌善後之策苗境敉甯　上聞公積勞遘疾手足不仁卽馳　賜上藥　諭以安心調攝公自念受　恩深重且當三楚多事不敢以私廢公力疾視事有加無瘳遂致不起遺疏入　九重軫悼贈太子太保　諭祭文有性行純良才能稱職鞠躬盡瘁恤死報功之褒可謂生榮死哀也已公諱沅字纕蘅一字秋帆自號靈巖山人由休甯遷太倉州後析

置鎮洋遂占籍焉少穎悟六歲母張太夫人手示毛詩離騷過目即成誦太夫人工詩著有培遠堂集公承母訓稍長讀書靈巖山從沈文慤德潛惠徵君棟游學業益邃乾隆十八年中順天鄉試旋授內閣中書入直軍機處大學士傅文忠尚書汪文端裘文達咸以公輔期之二十五年進士　廷對纚纚數千言議論凱切進呈擬第四　上親擢第一是歲始定新進士前十人於讀卷日引見公儀觀秀偉進止有度　天顏甚喜臚唱授修撰館中經進文字出公手皆典重有體遷右中允再遷侍讀充日講起居注官教習庶吉士轉左庶子充會試同考官三十二年　上親耕耤田　御觀稼臺宣示　御製詩給筆札令賡和詩成進　覽稱善是冬授甘肅鞏秦階道召見　諭曰汝軍機舊屬達於政治不徒文學優長也到官即留辦新疆經費局又從總督出嘉峪關察勘屯田自木壘河至吉木薩往還數萬里途中多紀行詠古之篇尋調安肅道三十六年擢陝西按察使入　覲具言甘肅頻年苦旱狀有　旨諭督臣加意賑卹并免積欠四百萬尋擢陝西布政使護理巡撫時大兵征金川由陝入蜀

公督理臺站三十八年河渭洛三水溢入朝邑界公馳往分別賑卹全活甚衆

擢陝西巡撫歲旱禱太白山得甘雨清理八旗及提標馬廠空地六百五十餘頃募民開墾納賦爲賞卹之用又奏修西嶽廟及元聖周公墓訪其後裔置五經博士以奉祀事濬涇陽龍洞渠灌溉民田又以秦中碑版最多萃而置之府學俾無散佚在陝六載兼署西安將軍者再署陝甘總督者一　特賜戴孔雀翎　恩遇之隆漢大臣莫及焉丁母艱甫及一年　上以陝西任重復起公署巡撫事會甘肅回賊陷河州逼蘭州城公檄調滿漢兵先後赴援又請調簡八旗勁旅令大臣總統援應事平　上諭閣臣曰畢沅在陝西聞甘省逆賊滋事卽能悉心調度事事妥協並有先辦而與朕旨相合者朕甚嘉焉可賞給一品頂戴其後平涼逆回倡亂攻掠通渭靜甯驛道梗塞公復調兵助勦又分兵出關道繞其後俾不得他竄公之盡心國事不分畛域多此類也五十年調河南巡撫是時河南北頻年旱而河水泛溢壞田廬公既受　命卽奏請截漕二十萬石平市價以濟民食被災各州縣展賑兩月其徵收未完銀米視被災

分數或全免或緩徵俱荷　允行　手敕報曰如此盡心民莫必徼天佑朕爲
彼一方民慶幸也遂增給三十萬石以賑之尋奉　命詣桐柏山求淮源公親
履嶄嵓繪圖以進蒙嘉獎　御製淮源記述其事未幾　賞穿黃馬褂擢湖廣
總督未行以伊陽拒捕案被議仍留巡撫任五十二年河決睢州溢甯陵商邱
永城鹿邑柘城諸縣　詔大學士阿文成公臨視會同籌畫自夏迄冬凡五閱
月蕆事撫卹災黎蠲緩借種全活無算明年河北三郡旱遵　旨撥運米麥十
萬石減價平糶又令常平社倉不拘常例糶借兼行又濬治百泉丹河九道堰
引水溉田俾飢民得受僱值尋授湖廣總督時江水暴漲溢入荊州城下游州
縣多淹沒公以江心窖金洲阻塞水道爲上游之害亟命拔去蘆葦居民毋得
占據仍於北岸築壩逼溜南趨以資保護修葺城垣堤岸及官署民房以工代
賑又革除鹽課陋規禁絕私販每歲溢銷十數萬引五十九年入　覲天津行
在　賜御製詩隨於幄次賡和自陳早衰多病乞京職自效　温諭不允是秋
坐失察湖北姦民傳教左遷山東巡撫臨清館陶諸州縣被水遵　旨加兩倍

賑卹豁免秋糧及本年漕米遣官分赴豐收處購運糧食備來歲平糶六十年
恩詔普免各省民欠公查出東省節年所欠正耗銀四百八十七萬兩有奇
常平社倉米穀五十萬石有奇咸奏除之時已得再任湖督之 命拜疏而後
行惟恐弗及也初入楚境聞苗疆有警即馳赴常德籌畫轉餉既而大學士福
公四川總督和公先後涖楚檄調六省兵會勦供支日不下數萬公移駐辰州
督運軍儲輸將相繼 大兵既擒首逆吳半生等乾州永順永綏保靖諸苗五
百餘寨先後詣辰乞降公承 詔撫諭咸感泣叩頭去嘉慶元年春湖北枝江
賊起詭稱白蓮教而宜都長陽長樂教匪一時應和四出焚掠公馳赴枝江與
巡撫惠公調兵進勦連破蕭家巖栗子山長嶺衝諸寨時北省標營兵皆調赴
苗疆姦民乘虛煽誘分擾諸縣當陽保康來鳳竹山相繼陷 詔諸大帥分路
攻勦而公與將軍舒公攻當陽即選驍勇扼山隘殲其外援三千人賊悉力死
守公親督將士以火攻克其東門賊退守西北復攻拔之殲賊二千餘擒僞帥
楊啓元等縣境悉平事聞 優詔褒美賞輕車都尉世職復馳至襄陽督同鎮

道邀擊賊於青河口破之時貝子福公總督和公相繼徂謝公密奏乾州已復
首逆就擒惟石柳鄧未獲而以十萬之衆駐守蠻烟瘴霧中苗人見有重兵生
計無資石逆轉得從中煽亂不若因其窮困許以自新酌撤苗寨官兵而於四
面設兵防守其有出外滋事及同類讎殺者用以苗攻苗之法可不再煩兵力
詔下其章於軍中議之未幾大兵破平隴斬石柳鄧等遂　詔公馳往苗疆
籌議善後及撤兵事二年春抵乾州周歷三廳撫諭苗寨清釐民苗地畝給還
耕種咸伏地感泣各歸生業各省兵次第撤回公遵　旨留駐辰州奏請移提
督駐辰州而以辰州協駐乾州洞庭協駐常德又於花園汛添設總兵以永綏
協保靖營隸之諸要隘皆撥兵屯守聯絡控制其苗寨酌設土弁以資約束又
估修城堡營房賑難民卹殉難官弁及紳士婦女皆得　旨勅部議行而公遽
以炎瘴致疾薨於軍年六十有八朝野惜之公識量宏遠喜慍不形於色遇僚
屬以禮議事不執己見人人皆得盡其言若大疑難事衆莫識所措者公沈機
獨斷雖萬口不能奪出仕西陲時拓地二萬餘里名臣宿將往來邊徼皆與之

上下諏咨洞悉利弊歇歷數鎮職事修舉不以察察爲明煦煦要譽所薦拔多
至大僚每入覲　命在南書房和詩備顧問所進古器物　御製詩文紀之
太上皇帝禪受禮成恭進典諡一篇淵雅得體　賞賚優渥前後所　賜御
筆及上方珍物不可勝紀性篤孝遇二親諱日哀慕涕零嘗以幼孤承母教始
得成立奏達　御前　上賜經訓克家四大字隨於靈巖南麓築樓以奉
御書待兩弟友愛視諸姪如己子兩妹早寡爲置產贍其孤甥生平篤於故舊
尤好汲引後進如吳中書泰來嚴侍讀長明程編修晉芳邵學士晉涵洪編修
亮吉孫觀察星衍等皆招致幕府公暇詩酒唱酬無虛日性好著書鉛槧不去
手謂經義當宗漢儒故有傳經表之作謂文字當宗許氏故有經典辨正及音
同義異辨之作謂編年之史莫善於涑水續之者有薛王徐三家徐雖優於薛
王而所見書籍猶未備且不無詳南略北之病乃博稽羣書考證正史手自裁
定始宋訖元爲續資治通鑑二百二十卷別爲考異附於本條下凡四易稾而
成謂史學當究流別故有史籍考之作謂史學必通地理故於山海經晉書地

理志皆有校注又有關中勝蹟圖記西安省志之作謂金石可證經史宦跡所至搜羅極博有關中中州山左金石諸記詩文下筆卽成不拘一格要皆自運性靈不違大雅之旨有靈巖山人詩集四十卷文集八卷公一生得力在善讓而肯爲人任事嘗直軍機期滿當出友人諸君重光屬公代公未及答而諸竟去公夜坐無事適陝督黃文襄廷桂疏至言新疆屯田事遂熟復之後數日廷對策問屯田事條對獨精核進呈擬第四卷　上改第一而諸君居其次其侍　親耕亦係代友值班是日　上詢布穀戴勝是二是一公對布穀卽戴勝　上稱善因垂詢出身甚悉此　簡在之所由也　上後語大臣朕曾於籍田中簡拔一人卽謂此云

劉文恪公事略

公諱權之字德輿號雲房湖南長沙人父暐譚字湘客雍正庚戌進士由主事遷郎中出知泗城府有政績兄校之乾隆辛巳進士授檢討晉中允改郎中典試浙江督學貴州皆稱職公舉乾隆二十五年進士選庶吉士習　國書由編

修晉中允洗馬母憂歸服除適四庫全書目錄提要成公嘗爲纂修官議敘補侍講轉右庶子五十年大考二等擢大理少卿晉本寺卿遷左副都御史五十二年大挑直省舉人公條陳積弊請派出王大臣於　命下之日卽赴內閣住宿其各部院司員俱迴避不令持稾入閣畫諾並請派科道官二人稽查及令步軍統領衙門會同五城御史一體巡察　上覽奏嘉納如所請行是年所選得人都人士翕然稱之公意蓋有所指也五十六年擢禮部侍郎嘉慶三年調吏部左侍郎四年　仁宗親政激揚彰癉飭官常首擢公左都御史時湖南採買頗爲民累公縷陳地方吏奉行不實往往藉端肥橐各情弊并請赴鄰邑採辦以免派累得　旨通諭各督撫嗣後採補倉穀務飭所屬在豐稔鄰縣按時值採買不許向本地派買并將向來胥吏積弊嚴行查禁至社倉原係本地殷實之戶好義捐輸爲備荒之用近來官爲經理大半借端挪移日久并不歸款遇歉歲顆粒全無以致殷富不願捐輸正人不願承辦是向來良法徒供官吏侵漁亦應一律查禁此後各省社倉仍聽本地殷富擇公正者自行辦理

不假官吏之手以杜弊端而裕民食四川舉人朱琬條陳軍務前後數萬言公悉爲代奏尋以編修洪亮吉投遞書函語多狂直未即呈進有　旨查詢公自請嚴議　上以公人品端正節次所陳奏事皆切實改爲降三秩留任未幾遷吏部尚書　賜紫禁城騎馬舊例部院截取人員祇歸單月銓選公議增京陞一班庶常散館以知縣用者五缺後用其一公議令到班即選大挑舉人除新科不計仍截止近三科不得與挑公請合新科一并計算皆著爲令七年充軍機大臣管理戶部三庫事　賜居海淀會三省教匪戡定　上以公素日陳奏多所建白兩次　命優敘九年考績　詔以公在軍機處小心勤慎復下所司優敘尋調兵部尚書出勘河南河工差還調禮部尚書協辦大學士加太子少保尋因保奏軍機章京欲將中書袁煦列入袁煦者公房師紀公昀女壻也侍郎英和劾公瞻徇有　旨降編修尋遷侍讀晉侍讀學士十一年遷光祿卿　命偕侍郎瑚素通阿往勘通州剝船虧損數并嚴禁封雇民船之弊旋命往真定勘獄還擢內閣學士九月遷左都御史十二年遷兵部尚書仍　賜

紫禁城騎馬十五年協辦大學士再充會典副總裁七月　上行秋獮禮
命偕儀親王永璇尚書明亮勒保等留京辦事十六年　上幸五台　命仍
司留鑰五月拜體仁閣大學士管理工部事務充國史會典館正總裁復太子
少保十七年管理戶部三庫事十八年考績　上以公襄贊綸扉夙夜匪懈
命優敘尋以目疾請假　賜御醫診視許原官致仕給半俸歸里後猶蒙
恩賜福字如意諸珍物二十三年六月有大星隕於湘東照江水皆赤越翼日
公薨壽八十　優詔悼憫　賜祭葬如例謚文恪公性精明而出以厚敭歷京
秩五十餘年以學行結　主知當官能舉其職所敷奏嘗不令人知雖至親骨
肉莫能述而疊典文衡實漢大臣中所罕覯計分校順天鄉試三校禮部試一
典江南鄉試二貴州鄉試一順天鄉試二主禮部試一督安徽山東江蘇學政
各一監臨順天鄉闈再讀　殿試卷四閱大考翰詹卷二門生故吏徧天下而
公鑑空衡平未嘗有所私昵也子若璹以廕授主事官貴州直隸州若珪由副
榜官員外郎出爲湖北知府署漢黃德道死粵寇之難

王文端公事略

國朝二百年來由大魁陟宰輔者凡數人順治丙戌則聊城傅公以漸丁亥則武進呂公宮己亥則崑山徐公元文乾隆丁巳則金壇于公敏中己未則番禺莊公有恭戊辰則會稽梁公國治辛巳則韓城王公杰也繼王而起者己亥則大庾戴公衢亨癸丑則吳縣潘公世恩而已數公相業皆可稱而王文端公風節爲尤著蓋公在相位實與和珅同列凡不附己者輒齮齕之公接以大體不爲悻悻壯頄之事而遇所當執屹不與和珅同卒能密贊 廟謨明正其罪此其所以尤難也公立朝四十餘年凡五典會試考前明三主禮部試者王元美輒推爲盛事我 朝范文肅李文勤陳文貞朱文端張文和史文靖皆三主會試諸城劉文正公長白介受祉宗伯則四主會試其五主會試者自熊文端公德定圃宗伯外得公而三然則公之勛歷遭逢疊司文枋可謂獨際其盛已公字偉人號惺園一號畏堂先世自山西洪洞遷陝西之韓城生而端凝好學由拔貢生得教諭未任遭父喪服終貧甚爲書記以養母尹文端陳文恭爲江南

督撫時皆禮公入幕府兩公皆名知人而最賢公謂爲正士乾隆庚辰舉鄉試次年舉會試先是　純皇帝嘗語近臣本朝百餘年來陝人無大魁者至是公應殿試讀卷官進列第三　上親拔爲第一人時值西陲甫定魁選適得西人比引見風度凝然　上益喜爲詩紀之由修撰累遷侍讀右庶子侍講學士少詹事入直南書房充日講起居注官旋晉內閣學士歷工刑吏禮四部侍郎擢左都御史　上詢及母夫人年歲　御書南陔承慶額賜之癸卯母憂歸甲辰卽家擢兵部尚書趨赴　行在謝恩　高宗曰汝來甚好君臣久別知汝應念我然汝儒者朕不欲奪汝情歸終制可也公感泣時朱文正公扈蹕相遇於行帳歎曰　上待公不薄哉乙巳服闋充經筵講官軍機大臣上書房總師傅　賜紫禁城騎馬乾隆五十一年丁未春拜東閣大學士總理禮部事　賜居第花園各一所戊申臺灣平圖形紫光閣　上親爲製贊明年平廓爾喀再圖形閣中　上製贊如初庚戌加太子太保甲寅冬公壽七十　御賜額曰贊元錫嘏　賜聯曰臚名芸館魁多士耆福台階引大年及珊

珠冠服上珍爲之書丙辰以足疾辭退兩書房軍機禮部事戊午仍值軍機歷
充四庫三通國史　實錄諸館總裁公爲人廉靜質直素行無瑕疵在政府誠
於奉職　純皇帝知公深和珅雖厭公卒莫能去也如此者十數年及
仁宗親政和珅以罪誅公意益得發攄矣然公嘗念大臣所當爲者非盡於所
能言獨居意嘗邑邑深念而不怡將告歸復上疏其略曰竊惟　皇上親政
以來　恩威並濟內外臣工無不洗心滌慮共砥廉隅臣年齒既衰智識愈鈍
更何有千慮之一得惟是積弊相沿有極重難返而又不可不亟加整飭者一
各省虧空之弊起於乾隆四十年以後州縣有所營求卽有所餽送往往以缺
分之繁簡分賄賂之等差此豈州縣私財直以　國帑爲夤緣之具上官既甘
其餌明知之而不能問且受其挾制無可如何閒有初任人員天良未泯小心
畏咎不肯接收上官轉爲說合懦者千方抑勒強者百計調停務使受代而後
已一縣如此各縣皆然一省如此天下皆然於是大縣有虧空十餘萬者一遇
奏銷橫征暴斂挪新掩舊小民困於追呼而莫之或恤靡然從風恬不爲怪名

爲設法彌補而彌補無期清查之數一次多於一次寬繳之銀一限不如一限
輾轉相蒙年復一年未知所底竊謂嘉慶四年以前之州縣此時或遷他處或
經物故原難責之現任補償然從前州縣用度不節因而侵挪倉庫今 皇
上整飭紀綱大吏皆以廉節相尚豈從前上司專講酬應州縣反覺寬舒今茲
上司各矢清廉州縣轉形拮据耶乃州縣則任催罔應上官亦莫展一籌意或
有苦樂不均未之調劑歟有賢否不分因以觀望歟固宜廣求整飭之法以冀
倉庫漸歸充實也一各省驛遞設立驛丞專司凡有差使各按品級乘騎之外
加增不過二三騎多則驛丞不能派之民閒也照常給廩之外一無使費使臣
及家人等知驛丞之位卑俸薄無可誅求也迨後裁歸州縣百弊叢生請先言
其病民者州縣管驛可以調派里民於是使臣乘騎之數日增一日有增至數
十倍者任意隨帶多人無可查詢由是管號長隨辦差書役乘閒需索差使未
到火票飛馳需車數輛及十餘輛者調至數十輛百餘輛不等驘馬亦然小民
舍其農務自備口糧草料先期守候苦不堪言又慮其告發也則按畝均攤甚

而過往客商之車羸羈留賣放無怪小民之含怨也至於州縣之耗帑又有無可如何者差使一過自館舍鋪設以及酒筵種種糜費并有夤緣餽送之事隨從家人有所謂抄牌禮過站禮門包管廚等項名目甚繁自數十金至數百金多者更不可知大抵視氣燄之大小以爲應酬之隆殺其他如本省上司及鄰省大員往來住宿亦需供應其家人藉勢飽慾不饜不止而辦差丁胥浮開冒領本官亦無可稽核凡此費用州縣之廉俸斷不能支一皆取之庫帑而虧空之風又以成矣議者謂驛站裁歸州縣當時係爲調劑郵政起見每年一驛錢糧自數百金至數千金付之微員既非慎重之道且遇緊要差使及護送兵差之類額馬不足必須借資民力是以定議裁改不知驛站未歸州縣以前豈無緊要差使豈無護送兵差之類當其時必已另設臺站或調撥營馬或籌款購買事竣各有報銷與驛站兩無關礙若州縣管驛則平常供應亦有不可數計者然則虧空之弊大半因之欲杜虧空先清驛站當亦轉移之要策也況體恤民隱尤爲急務乎今軍務既竣 皇上勤求治理似無大於此二者但以積

重之勢不可不思至當之方或改復舊章或博稽衆論斟酌盡善斷自 睿裁
從此倉庫盈而郵政肅天下幸甚疏入 上嘉納焉嘉慶四年公以腹疾乞
休 命公明安率太醫視之並 賜內府人薓九月復請告 温旨慰留許扶
杖入 朝七年秋復請 詔予在籍食俸加太子太傅八年二月 陛辭 詔
將 皇考御前陳設玉鳩杖一枝加恩賞給俾得敬承 遺澤朕賦詩二章
親書條幅幷書聯語以寵其行再加賜人薓一斤用資頤養幷頒饌品賜餞令
馳驛回籍所過地方官在二十里以內者妥爲照料以示朕優眷老成至意
賜詩有云直道一身立廊廟清風兩袖返韓城足以槪公生平矣五月公抵里
奏謝 手勅報云一路平安實深欣慰京師見望雨澤未能霑足川楚軍務略
有端緒亦未全靖也特諭卿知之又 賜香袋藥錠等物六月疏謝 手勅云
卿在家頤養努力加餐益增康健京中自四月半得雨麥收不過五六分晚禾
日見芃芃川楚軍情甚好大約五六月內可全靖矣嗣是公每有陳奏必奉
手詔垂問八月奏 勅云卿在家頤養想益康健中元日經略奏報邪匪全靖

朕承 天恩 考佑實深欽感特諭卿知之二十日起程幸山莊見住兩
閱房行宮遙望西秦彌增想念十月 手敕云卿在家安善覽奏欣慰今賜卿
神糕並如意願永茂遐齡長延福壽十二月 賜敕云嚴寒沍凍諸惟珍攝用
迓春祺益綿福履九年正月奉 手詔云新春介祉福履益綿遙望關雲曷深
記念親書福字幷荷包等物附使帶去賜卿以迓鴻禧是月十日公及程夫人
壽皆八十 御書福綏燕喜額幷壽佛如意等珍物 命巡撫方維甸於其生
日賚至家 賜之 賜詩有云 兩朝調鼎文思被八袟齊眉壽域宏十二月
公入都叩謝 詔許乘肩輿至隆宗門外扶杖入內朝 召見後屢有食物之
賜並疊前韻 賜之十年正月初十日薨於京邸 優詔悼閔 贈太子太
師入祀賢良祠 賞陀羅經被派榮郡王綿億帶侍衛十員往奠茶酒並 賞
內庫銀二千兩治喪 賜祭葬如例謚文端公既歷典乾隆乙未戊戌丁未己
酉庚戌禮部試又嘗爲湖南江南浙江順天考試官一督福建學政三督浙江
學政一典武會試所進多佳士其於門下士相待甚篤然未嘗少涉私引教以

必爲君子而已嘗訓及門云爲政之道當開誠布公不可有意除弊此弊除他弊興矣性寬厚然於世之以姑息爲寬大者極不然之曰縱惡以取名如　國家何少從武功孫西峯游聞關閩正學及見陳文恭聞性命躬行之說益自信生平於浮屠老子法未嘗言及亦不加排斥有語及者輒不對曰吾未嘗習此也所著有葆醇閣集惺園易說行於世

孫文靖公事略

公諱士毅字智治別號補山浙江仁和人生而穎異讀書目數行下初贈公以家貧欲俟其長卽服賈學使勞青岳先生見而異之乃使習舉業將應童子試期迫公書則誦習夜屬文漏三下思臥則起行庭中往還數四復搆思既而倦極沈沈睡矣夢中驚覺蹶然起以頭觸壁令極痛神氣大爽如此者屢日遂澈夜不倦藝大進補弟子員讀益勤蓋公一生自樞垣儤直以及宣力邊疆昕夕未敢憚勞皆少年磨厲所致也乾隆己卯舉於鄉年已四十辛巳成進士歸候選班其明年　上南巡　召試第一授內閣中書入直軍機處陞侍讀雲南

緬匪不靖大學士傅文忠公督師令主章奏師還遷戶部郎中庚寅典湖南鄉試督學貴州擢大理少卿授廣西布政使調雲南就遷巡撫總督李侍堯以贓敗坐不先舉劾落職發軍臺簿錄其家不名一錢　上轉嘉其廉瀕行　命纂校四庫書授編修書成超擢太常少卿復出為山東布政使時巡撫國泰以貪敗代之者為明興公遇事多所匡正明公出巡公慮其傔從索擾委丞倅官與偕行有婪索者即稟聞明公亦聽之會有　旨查虧帑實數明公數月未奏公以為不可明即令代草疏疏入　上曰國泰等罪不可逭矣立　賜自盡公尋遷廣西巡撫調廣東粵民多獷悍正供銀米州縣不能征及奏銷往往墊解黠者遂延抗不繳公詳核彙為冊賦法以清葵塘盜藪也屢治不悛復糾眾拒捕傷官公率兵張旗鼓環其寨而圍之命縛獻渠魁否則還其民赭其地遂獲盜首七人寘諸法總督富勒渾縱僕婪索公以實奏即　命公讞獄成上嘉其持正授兩廣總督臺灣林爽文反公以閩粵海道相接而潮州最近嚴兵為之備未幾　王師渡海果調粵兵且徵餉皆叱嗟辦　上大悅晉太子

太保　賞戴雙眼花翎一等輕車都尉會安南國王黎維祁爲其臣阮惠所逐其母妻幼子敂關籲救　上命公往公時在潮先馳赴龍州奏至而　旨方下公遂自請出關並詗知維祁在其國艮才縣境亦招聚義兵圖恢復飛驛以聞　詔公由廣西直抵黎城別　命雲南提督烏大經由蒙自進阮惠遣將拒於壽昌江又分兵屯嘉觀公至壽昌擊破之進兵至市球江賊守禦甚固會日暮我兵隔岸與相持陽於下游造浮橋作欲渡狀以綴賊密遣總兵張朝龍於上游暗渡繞出賊後賊大亂公卽勒兵乘筏鼓勇前殲其衆其屯嘉觀者游擊張純走之而副將慶成設伏要害亦擒僞指揮黎廷等天已明乘勝至富艮江賊大驚曰江在國門外無江是無安南也遂盡收戰艦泊南岸悉衆拒守公察賊陣弗整急覓船筏載兵百餘先勦江心賊奪其大船一賊稍退少閒復來凡五六戰斬獲甚多賊膽落公因昏黑中賊不知我兵多少遂以所有船筏盡載兵令提督許世亨等於次日五鼓直衝彼岸賊不知所爲我軍分路追奔賊死者不可勝計有十餘船順風而逸張純追及之賊反拒我兵圍其船焚而沈諸

江無脫者獲其僞印三遂克黎城黎氏宗族及百姓等俱伏迎道左阮惠遁歸富春是役也賊衆四萬守江我兵先至者僅千人公親統大軍入其國所向披靡爲大經之師但遙作聲援而已乃傳　旨復維祁封並馳報廣西巡撫孫永清送其家屬歸事聞　上封公一等謀勇公　賜寶石頂下　詔班師公亦藐視小醜遵　旨凱撤而黎維祁本孱主也孤立無助阮惠乘閒率餘黨傾國而來倉猝閒衆寡不敵維祁聞惠至輒攜家屬遁國內無主民皆竄賊勢復聚公欲以死報　國策馬直犯其鋒千總薛忠挽公馬泣曰損大臣有傷　國體公怒擊以鞭碎其兩耳而馬首已被牽回不能再進矣乃先率兵渡市球江奪據北岸以待後隊之至總兵李化龍行至浮橋失足溺水橋隨斷世亨等沒焉公遂入關維祁與其母子俱至安置南甯時乾隆五十四年正月三日也公上疏自劾辭公爵繳還　恩賞　上以撤兵太早引爲己過釋公罪允所辭公爵以福康安代之　命公仍駐鎮南關調度阮惠知得罪　天朝悔懼求內附公嚴斥之既察其誠且以黎氏昏亂不堪立國遂與福公偕奏安南不必用兵

狀　上從其議尋授公兵部尚書充軍機大臣入直南書房　賜第一區
賞紫禁城騎馬典順天鄉試是冬授四川總督蜀中多盜鑄百物騰踊公請發
價收繳以杜其弊　上韙之下其法於他省未幾江南書吏冒征事發總督
書麟獲罪調兩江總督公至民遮訴多涉官吏爲別其重輕躬親研鞫無枉縱
徐州王平莊漫口未合馳抵毛城鋪督工蕭碭山靈璧宿州及睢甯之十三社
皆被水力營疏洩及撫卹事宜胥稱　旨授吏部尚書協辦大學士西藏巴勒
布以貿易搆釁奪據攝拉木地川督鄂輝討之公往攝其任籌軍糈駐打箭爐
嗣以牛病轉運多遲親赴察木多途險峻馱載甚艱復至前藏藏地跬步皆山
有瓦合丹達拉利諸名其中七十二峯最高者上下三百里盛夏雪湧如潮自
峯頂順流下卽成冰淋滑不受趾公乃募土人立其巔以繩繫腰縋而上稍迤
處則步行然兩旁雪深無底一失足卽杳不復見拉利山下有海子徑十里夏
涉水春秋冬則踏冰而渡寒裂肌骨爲運道所必經公每遇險要必身先士卒
人人感奮芻茭糗糧得無誤壬子八月廓爾喀平　詔圖二十功臣像於紫光

閣公與焉　御筆親製贊旋拜文淵閣大學士偕福康安和琳駐藏謀善後凡所經畫可永守公年且七十矣事未竣而湖南苗反延及蜀之秀山公馳遏其衝頃之賊爲大軍所蹙潛來窺公發兵縱擊斬首二百餘級擒賊目二自後無敢入川境者嘉慶元年湖北莠民創白蓮教擾至酉陽州公營於苗容屢勦賊賊屯小坳公由閒道進攻出不意冒雨登山先分兵奪其坐仙坪賊驚竄無何喊聲四起我兵不及賊十之一公令參將何元卿固守山梁獨率二十人回營調防守兵六百率都司馬瑞圖等往斬賊數百元卿見賊陣忽動知公至大呼馳下賊前後受敵遂不支元卿愈奮厲殺賊直至小坳與公合聲勢益壯焚其巢俘獲無算以功封三等男公念賊巢林立惟茶園溪最多宜分道進勦時大雨旬日火藥不然俟其霽恐賊得預爲備乃貫夜分軍爲四人持短兵坌涌入呼聲震山谷賊俱竄聚茶園溪千總張超執長矛先登斬其魁我兵勇氣百倍賊敗績追逐四十餘里積屍徧野餘渡河遁後濟者多溺斃賊既被大創退據紅巖堡之旗鼓寨公移營而前六月薨於軍中年七十有七　上聞震悼復

還公爵　命內臣護其喪歸　賜金　賜祭葬　予諡文靖飾終之典有加禮長孫均襲伯爵入漢軍旗籍成公志也公性孝友事兩兄如父早歲與杭堇浦吳西林諸老輩相砥鏃故詩文能獨出機杼生平精力過人每日辨色起至中夜文檄填委應之綽綽若無事猶作酬答書或數千言未嘗起草兩江總督官尊向不甚理事公一反所爲所到撤前站謝供億不拘嚴鼓之節白事者應時即見尤刻意憐才一介之士輒與均禮故事軍機大臣例不見客不答拜獨公與故舊周旋宴飲如平生歡家本寒素能耐艱險凡繩行沙度之地人騎瑟縮而公視若康衢然亦有天幸出意外者從忠勇公征緬時虜氛甚惡公自防一利刃朝夕摩挲天雨糧斷公韡中藏筍脯五以其三奉忠勇公而留二以自給餓三日而糧始通過天生橋馬駭墜山澗中澗深數十丈暈絕良久馬忽蹶起負公掀淖以出曲折數十里竟達大軍性愛石有米顛之癖督學黔中時得文石百有一枚因自署曰百一山房所著奏議若干卷百一山房文集若干卷藏於家

董文恭公事略

公姓董氏諱誥字蔗林浙江富陽人父文恪公諱邦達雍正十一年進士選庶吉士授編修充日講起居注官累遷中允侍講侍讀學士乾隆十二年　命直南書房擢內閣學士母憂歸明年秋　命照前尚書梁詩正之例來京在內廷行走俟服闋時遇缺補用十五年補原官遷禮部右侍郎調工部旋調吏部充經筵講官二十七年晉左都御史再晉工部尚書二十九年調禮部尚書　賜紫禁城騎馬典陝西江西鄉試各一充會試副考官一武會試正考官二三十四年以年逾七十乞休　温旨慰留七月薨於位　賜祭葬　予諡文恪公登乾隆二十八年進士與館選授編修　命入懋勤殿寫金字經爲　孝聖憲皇后祝嘏三十四年遷右中允丁父憂服闋　命直南書房轉左中允先是文恪公工繪事　御製詩題詠甚多及是公繼武南齋簪筆之暇閒涉藝事甚精

上深賞焉尋以侍讀充日講起居注官以侍讀學士充經筵講官三十九年典江南鄉試還內閣學士明年擢工部右侍郎兼管錢法堂事務尋調戶部

充四庫館總裁　命輯滿洲源流考充武英殿總裁四十四年　命爲軍機大臣　賜第西直門外　賞紫禁城騎馬四十九年甘肅石峯堡逆回平　上以公勤勞懋著　命優敘五十一年擢戶部尙書明年臺灣逆匪林爽文就擒命與二十功臣之列圖形紫光閣　高宗皇帝親爲製贊五十五年加太子太保明年　詔刊石經於太學充副總裁又明年廓爾喀平　命與十五功臣之列再圖形紫光閣　上復親爲之贊五十五年拜東閣大學士總理禮部仍兼戶部事二年丁生母憂　特旨賞陀羅經被　遣御前侍衛豐伸殷德帶領侍衛十員奠茶酒並　賜祭葬三年三月葬母畢詣　闕謝　恩　諭暫署刑部尙書事以方辦理秋審一時未得其人也四年正月　太上皇晏駕仁宗皇帝命恭理喪儀仍充軍機大臣總裁　實錄晉太子太保五月服闋授文華殿大學士仍兼刑部尙書國史館總裁九月奉安　裕陵禮成命恭點　高宗純皇帝神主加太子太傅　賞黑狐端罩七年三省教匪平上以公自用兵以來票擬慎勤　特予騎都尉世職子淇由任子當爲員

外郎　詔以郎中用九年典順天鄉試尋管戶部三庫事十二月
錄成　詔董誥在館八年始終其事宜加優獎其父董邦達從前未祀賢良祠
可令入祀十三年典會試　賞密雲縣房屋一所十四年晉太子太師三月公
七十生辰　賜御書額曰贊樞錫慶他珍物稱是復　賜御製七言詩有　兩
朝知遇一身肩之句十五年充上書房總師傅十六年再典會試明年加太保
十八年九月逆匪林清等就誅　上以公晝夜宣勞　命加三級及滑縣平
有　詔優敘公次子員外郎醇　特旨以郎中用二十年冬因病請致政　溫
旨慰留弃以軍機處事繁　命改管兵部無庸兼管刑部事二十一年再典順
天鄉試二十二年春　命偕莊親王綿課等留京辦事六月復　命管理刑部
七月命管理行在刑部事務兼佩吏部印鑰二十三年二月再疏乞休　優詔
俞允十月病益篤　特派御前侍衛載銓帶御醫往視是月薨　詔曰予告大
學士董誥自其父董邦達供職內廷渥承　皇考知遇洊擢尚書嗣董誥通
籍詞垣荷　皇考眷注尤隆入直南書房供職書畫最勤且久洊躋卿貳用

爲軍機大臣兩經繪像賜贊褒嘉朕御極後晉擢綸扉宣力垂四十年奉職恪勤且聞邸寓清貧原籍並無田宅益徵其持躬端謹遽聞溘逝悼惜殊深已賞陀羅經被可晉贈太尉入祀賢良祠派定親王綿恩率侍衞十員即日前往奠醊十六日朕親臨 賜奠 賞內庫銀二千兩治喪其次子董醇服闋後以四品京堂卽補 御製詩輓之並傳 諭其家刻詩墓次尋 賜祭葬諡文恭公自擢閣學後受特達之知閱 殿試朝考並 御試翰詹及考試試差諸卷凡校文之役無弗與遇 巡幸秋獮諸大典罔不扈從每三載考績輒 獎敘有加嘉慶七年教匪平定 上明詔中外曰董誥經 皇考簡任多年克盡忠悃知無不言言無不盡蓋褒其實也其尤難者則在和珅用事時張威福排擠異己公與王文端諸公搘拄其閒遇事多所救正每獨居深念處若忘行若遺在堂則循階在室則繞柱其用意深隱不可驟識卒能仰贊 廟謨殲除大憝雖語秘外莫能知而公之識力深遠抑可得其大凡已公嗜學工詩古文好成就才儁當官能舉其職出入禁闥數十年進止皆有常度所進呈諸畫本

兩朝聖人並有題詠收入石渠寶笈三編然特公之餘技云

王文僖公事略 子宗誠

王公懿修字仲美安徽青陽人乾隆三十一年進士選庶吉士授編修入直南書房三十六年充陝西副考官明年分校會試三十九年典廣東鄉試提督廣西學政四十四年分校順天鄉試明年典試江西遷司業擢侍講轉侍讀晉侍講學士充日講起居注官四十八年再典廣東鄉試尋督湖北學政五十三年遷少詹事乞病歸旋丁內外艱嘉慶元年正月 太上皇帝舉行千叟宴公與焉 賜御製詩刻及玉鳩杖文綺等物七年補通政司副使遷光祿卿晉內閣學士明年補禮部侍郎提督順天學政十年擢左都御史晉禮部尚書管戶部三庫事 命紫禁城騎馬充經筵講官十二年充上書房總師傅 上以公部務殷繁不能逐日入直 命以部務餘暇入內廷不必拘定日期惟留心查察功課如有怠惰曠誤者即據實劾奏十三年以病乞休 溫詔慰留十四年恭遇 五旬萬壽慶典加太子少保典會試兩充殿試讀卷官當是時公子

宗誠已官學士嘗隨公扈　蹕東巡　睿皇帝賜翰林宴公父子同席
高宗實錄成宗誠以纂修官　賜宴禮部公適以尚書主席宗誠又繼直上書
房　奎章珍器　賞賚稠疊父子同朝極優渥之遇蓋近今所無雖　睿皇
帝亦以公兩世膺知遇廉謹自將時發　天音而垂　清問也十八年公致仕
又二年壽八十　特賚如意文綺諸珍物　命侍郎成格齎往公詣　宮門謝
適　上出御經筵解　御佩荷囊賜之二十一年薨　優旨悼惜　命慶郡
王永璘往奠舉照尚書例議卹　賜祭葬如禮　予諡文僖公性樂易與人交
無少長貴賤咸得其懽款語移日見者忘其爲達官好汲引後進孜孜若不及
多所成就應制諸作典雅純正詞林中事有資討論者率以屬公焉
宗誠字中孚又字廉甫乾隆五十五年一甲三名進士　賜及第授編修上書
房行走歷官禮部工部侍郎工部尚書終兵部尚書經筵講官　賜紫禁城騎
馬當乾嘉時嘗爲雲南四川陝甘鄉試主考官會試同考官文武會試總裁道
光時屢充閱卷大臣門下士既多顯貴矣又以貴公子早取甲第與文僖公同

直　禁廷海内推榮遇而公謙退自牧接同官後進皆自居敵以下姻友見者
多避去不能敵其謙任學政禮賢愛士然遇弊必發不稍受私謁歷官皆能舉
其職道光八年回疆戡定　宣宗皇帝御午門受俘兵部尚書以組縛逆酋
張格爾跪闕下宣　旨畢引交刑部尚書押赴西市誅之故事凡内地勦賊不
獻俘惟外夷獻俘故惟康熙雍正乾隆間舉行而嘉慶朝無之至是萬衆爭覩
歡歎詫爲盛事而宗誠實長兵部禮成以軍功受　賞公供職益久不懈任大
司馬凡十有六年以道光十七年薨於位年七十有四　賜祭葬如典例生平
篤内行和而有執守居京師宅當冠蓋衝軒居皆過不留其嚴峻不苟若是而
不有其名故人皆習其和而忘其介公之薨也　詔稱其清勤端愼清愼勤人
所知也若公之端則惟　聖主知之矣子元榜官兵部郎中

西元二〇一六年六月一日重製一版

國朝先正事略 冊二（清李元度撰）

平裝四冊基本定價貳仟柒佰元正
（郵運匯費另加）

發行人 張敏君
發行處 中華書局
臺北市內湖區舊宗路二段一八一巷八號五樓（5FL., No. 8, Lane 181, JIOU-TZUNG Rd., Sec 2, NEI HU, TAIPEI, 11494, TAIWAN）
客服電話：886-2-87978396
公司傳真：886-2-87978909
匯款帳戶：華南商業銀行西湖分行 179100026931
印刷：維中科技有限公司
海瑞印刷品有限公司

No. N1034-2

國家圖書館出版品預行編目(CIP)資料

國朝先正事略 / (清)李元度撰. -- 重製一版. --
臺北市 : 中華書局, 2020.04
冊 ; 公分
ISBN 978-986-5512-10-1(全套 : 平裝)

1.傳記 2.中國

782.2 109003731